これだけは
知っておきたい

英文ライセンス契約実務の基礎知識

小高壽一［著］

発行 民事法研究会

はしがき

　本書は、拙著『英文ライセンス契約実務マニュアル』（〔初版〕2002年5月9日、〔第2版〕2007年11月29日、民事法研究会）（本「はしがき」においては、以下総称して「拙著」という）の姉妹編である。拙著と本書の違いは、拙著が中級者向けとするなら、本書は初心者向けである。

　本書は、初心者向けとして、拙著で省いたライセンス契約や英米法の基礎知識並びに契約英語について詳述した。ライセンス契約や英米法の基礎知識については、第Ⅰ部で初心者の素朴な想定質問（後記）に答えた。契約英語については、第Ⅱ部で事例を使って解説した。事例を使った理由は、事例を読むことが、初心者が契約英語を習得する最も効果的な方法だからである。

　拙著〔第2版〕から厳選した事例は、「前文」「用語の定義」「実施許諾」「技術援助」「支払い」「競業避止」「秘密保持」「ライセンシーによる改良」「保証と責任」「ライセンサーの産業財産権」「契約期間と契約終了」「派生的損害」「完全な合意」「紛争処理」「準拠法」などである（ただし、訳文については、今回の執筆にあたり見直し、改訂した箇所もあることをお断りしておく）。

　これらの条項を選択した理由は、単に契約英語の習得に役立つというだけではなく、これらの条項を読めばライセンス契約の要諦を的確に把握できるからである。また、各条項について理解を深めていただくために、各条項の導入部において、各条項の契約における存在意義、各条項のポイントや各条項で取り上げるテーマの英米法特有な考え方等についても若干敷衍した。

　なお、ここでいう「初心者」とは、企業においてライセンス契約実務経験が1年から2、3年の方々や大学や大学院において知的財産契約を研究する学生諸君を想定している。そこで、初心者の目線で、下記のような質問を想定した。

　1）　英文契約と和文契約の根本的な違いは何か（⇨第Ⅰ部第1章）。
　2）　英米法について、これだけは知っておきたいこととは何か（⇨第Ⅰ部第2章〜第4章）。
　3）　ライセンス契約と売買契約の違いは何か（⇨第Ⅰ部第5章）。
　4）　秘密情報の取扱いについては、どこの国でも同じ考え方か（⇨第Ⅰ部第

i

はしがき

6章)。
5) ライセンシング・ガイドラインとは何か (⇨第Ⅰ部第7章)。
6) 英文ライセンス契約書の読み書きで、これだけは知っておきたいこととは何か (⇨第Ⅰ部第8章)。
7) ライセンシング・ポリシーとは何か (⇨第Ⅰ部第9章)。
8) 知財部員はどのようなスタンスで、ライセンス契約に取り組むべきか (⇨第Ⅰ部第10章)。
9) 英文ライセンス契約書を起草する場合に心得ておくべきこととは何か (⇨第Ⅰ部第11章)。
10) ライセンス契約の各条項にはどのような存在意義があるのか (⇨第Ⅱ部各章の導入部)。
11) ライセンス契約の各条項について、他社ではどのような考え方をしているか (⇨第Ⅱ部各章の「事例の紹介」「事例の訳文」および「事例のポイント」)。
12) ライセンス契約英語を読み・書きするうえで留意すべきこととは何か (⇨第Ⅱ部各章の「事例の英語表現」)。

本書が読者諸兄姉の学習の一環として、少しでもお役に立てれば幸いである。

2012年1月11日

小 髙 壽 一

凡　例

1　事例の表示について

本書では、説明の都合上、各事例（各条項）は、節または項目毎に分割して、「＜事例3＞（その1）」「＜事例3＞（その2）」……などと表示した。事例の引用は、説明項目または内容により、必ずしも1つの条項を完璧な形で引用していない。引用事例の条項の完全な形を確認したい場合は、引用個所には出典を明記したので、原典を参照していただきたい。

2　文献等の略称について

本書の中で参照または引用した文献等のうち、2回以上引用または参照した文献等について、それら文献等の名称を以下のとおり略称で記載する。文献等には、辞典、辞書類も含まれる。

(1)　各種文献

- C & F's Law of Contract　　"Cheshire, Fifoot & Furmstone's Law of Contract", Nineth Edition (1976, London Butterworths) または Fifteeth Edition(2006, Oxford)
- Contract　　"Contracts" by Farnsworth, Fourth Edition(2004, ASPEN Publishers)
- Dickerson's 2nd Ed　　"The Fundamentals of Legal Drafting"(Second Edition) by Reed Dickerson (1986, Little, Brown and Company, Boston, Tronto)
- リステイトメント2　　Student Edition, "Restatement of the Law, Second" (Contracts 2d)(Pamphlet No.1 -No.3 with Reporter's Notes as adopted and promulgated by the American Law Institute at Washington, D.C., May 17, 1979)(St. Paul Minn. American Law Institute Publishers, 1981)(7th Reprint 2002)
- 米国ガイドライン　　"Antitrust Guidelines for the Licensing of Intellectual Property" issued by the U.S. Department of Justice and the Federal Trade Commission, April 6, 1995
- EC委員会規則 No.772/2004　　COMMISSION REGULATION(EC)No. 772/2004 of 27 April 2004 on the application of Article 81(3) of the Treaty to categories of technology transfer agree-

凡　例

	ments
・公取指針	「知的財産の利用に関する独占禁止法上の指針」（平成19年9月28日公正取引委員会公表、平成22年1月1日改正）
・EC 競争法	バンバール・アンド・ベリス法律事務所編『EC 競争法』（商事法務、2007年10月30日発行）
・田中英米法	田中英夫著『英米法総論（上）』（東京大学出版、2001年5月10日第16刷）または田中英夫著『英米法総論（下）』（東京大学出版、2000年1月7日第15刷）
・早川英米法	早川武夫著『英米法』（早川武夫＝村上淳一＝稲本洋之助＝稲子恒夫共著『外国法の常識〔第2版〕』P.1-P.150（日本評論社、1975年5月30日第1刷）
・樋口契約法	樋口範雄著『アメリカ契約法〔第二版〕』（弘文堂、平成20年4月30日第1刷）
・日米比較	村上政博著『特許・ライセンスの日米比較〔第2版〕』（平成10年1月30日）または『特許・ライセンスの日米比較〔第3版〕』（弘文堂、平成12年5月30日）
・知財契約の法律相談	山上和則＝藤川義人編『知財ライセンス契約の法律相談』（青林書院、2007年4月2日）
・早川英語	早川武夫著『法律英語の基礎知識』（商事法務研究会、1992年7月23日）または『法律英語の基礎知識〔増補版〕』（商事法務、2005年10月20日）
・杉浦英語	杉浦保友著『イギリス法律英語の基礎』（Lexis Nexis 雄松堂出版、2009年3月20日）
・拙著実務マニュアル	小高壽一著『英文ライセンス契約実務マニュアル〔第2版〕』（民事法研究会、2007年11月29日）
・中村英文契約	中村秀雄著『新版　英文契約書作成のキーポイント〔第6版〕』（商事法務研究会、1996年4月15日）
・岩崎英文契約	岩崎一生著『英文契約書　作成実務と法理〔全訂新版〕』（同文館出版、1998年1月30日）
・JETRO マニュアル〔フィリピン〕	
	JETRO『摸倣対策マニュアル　フィリピン編』（2000年3月）
・JETRO マニュアル〔ブラジル〕	

　　　　　　　　　　　　　　　JETRO『摸倣対策マニュアル　ブラジル編』(2002年
　　　　　　　　　　　　　　　3月)

　(2)　辞書・辞典
・英米法辞典　　　　　　　　編集代表　田中英夫『英米法辞典』(東京大学出版会、
　　　　　　　　　　　　　　　1991年5月10日)
・英米商事法辞典　　　　　　鴻常夫＝北沢正啓編集『英米商事法辞典〔新版〕』
　　　　　　　　　　　　　　　(商事法務研究会、1998年4月)
・英和活用大辞典　　　　　　編集代表　市川繁治郎『新編　英和活用大辞典』(研
　　　　　　　　　　　　　　　究社、2003年第10刷)
・ジーニアス英和　　　　　　小西友七編集主幹『ジーニアス英和辞典〔改訂版〕』
　　　　　　　　　　　　　　　(大修館書店、1996年4月1日、第3刷)
・英和会計経理用語辞典　　　新井清光編『英和会計経理用語辞典』(中央経済社、
　　　　　　　　　　　　　　　1997年9月1日、第6刷)
・Black's Law Dic.　　　　　"Black's Law Dictionary" by Henry Campbell Black,
　　　　　　　　　　　　　　　M.A., Sixth Edition (1990, St. Paul Minn. West Pub-
　　　　　　　　　　　　　　　lishing Co.)
・Ballentine's Law Dic.　　　"Ballentine's Law Dictionary" by James A. Ballenti-
　　　　　　　　　　　　　　　ne; Third Edition by William S. Anderson (1969,The
　　　　　　　　　　　　　　　Lawyers Cooperative PublishingCompany)
・Hornby's Dic.　　　　　　　"Oxford Advanced Learner's Dictionary of Current
　　　　　　　　　　　　　　　English by A. S. Hornby"(オックスフォード、現代
　　　　　　　　　　　　　　　英英辞典)(開拓社、1987年3月)
・POD　　　　　　　　　　　The Pocket Oxford Dictionary of Current English
　　　　　　　　　　　　　　　first edited by F. G. and H.W. Fowler: Sixth Edition
　　　　　　　　　　　　　　　edited by J. B. Sykes (1978, Oxford at the Clarendon
　　　　　　　　　　　　　　　Press)

3　法律等の略称について

　本書の中で引用または参照する法律等の名称が、原則として、2回以上引用または参照する法律等の番号とともに使用される場合、それら法律等の名称は以下のとおり略称で記載する。ここでいう「法律等」には、法律ではないが、一般に、実務上、法律と同様に取り扱われているもの(例：リステイトメント2、UCC、公取指針および米国ガイドラインなど)も含む。
・リステイトメント2　　　　"Restatement of the Law, Second (Contracts 2d)"

凡例

	by American Law Institute
・UCC	"Uniform Commercial Code"
・オフィシャル・コメント	UCC のオフィシャル・コメント
・公取指針	知的財産の利用に関する独占禁止法上の指針（1997年9月28日公正取引委員会公表、2010年1月1日改正）
・米国ガイドライン	"Antitrust Guidelines for the Licensing of Intellectual Property" issued by the U. S. Department of Justice and the Federal Trade Commission, April 6, 1995
・EC委員会規則 No.772/2004	"COMMISSION REGULATION(EC)No. 772/2004 of 27 April 2004 on the application of Article 81(3) of the Treaty to categories of technology transfer Agreements"
・独禁法／独占禁止法	私的独占の禁止及び公正取引の確保に関する法律（昭和22年4月10日法律第54号）
・特	特許法（昭和34年4月13日法律第121号）
・著	著作権法（昭和45年5月6日法律第48号）
・不競法	不正競争防止法（平成5年5月19日法律第47号）
・民	民法（明治29年4月27日法律第89号）
・通則法	法の適用に関する通則法（平成18年6月21日法律第78号）
・憲	日本国憲法
・米特	United States Code Title 35 － Patents（米国特許法）

4 その他

・TRIPS協定	Agreement on Trade-Related Aspects of Intellectual Property Rights（知的所有権の貿易関連の側面に関する協定）（1995年1月1日発効）
・WTO	World Trade Organization（世界貿易機関）

目　次

- はしがき……………………………………………………………… i
- 凡　例………………………………………………………………… iii

第Ⅰ部　英文ライセンス契約の基礎知識

第1章　英文契約書と和文契約書の違いは何か……2
1　欧米の社会と日本の社会 ……………………………………2
2　英文契約書と和文契約書の書き方の違い …………………3
3　英文ライセンス契約書全体の構成 …………………………4

第2章　英米法と大陸法の違いは何か………………12

第3章　英法について、これだけは知っておきたい…16
1　コモンロー（Common law）………………………………16
2　エクイティ（Equity）………………………………………17
3　イギリスにおける契約絶対の考え方………………………18
4　イギリスにおける Frustration の考え方…………………19

第4章　米法について、これだけは知っておきたい…22
1　コモンローとエクイティ……………………………………22
2　米国統一商法典（UCC）……………………………………22
3　リステイトメント……………………………………………23
4　米国における契約の厳格責任………………………………24
5　米国における Frustration の考え方………………………24
6　契約を破る自由………………………………………………25

第5章　ライセンス契約と売買契約の違いは何か……29

vii

第6章　秘密情報の取扱いについては、どこの国でも同じ考え方か······30

  1　営業秘密（日本）······30
  2　トレードシークレット（米国）······30
  3　ノウハウ（EU）······31
  4　非公知情報（WTOとTRIPS協定）······32
  5　ブラジル······34
  6　フィリッピン······34

第7章　ライセンシング・ガイドラインとは何か······36

  1　公取指針······36
  2　米国ガイドライン······39
  3　EC委員会規則 No.772/2004······43

第8章　英文ライセンス契約書を読み書きするために、これだけは知っておきたい······47

  1　ライセンス契約英語の歴史的背景······47
  2　英文契約書起草上の文章作法······48
  3　英文契約書の基本用語······49

第9章　ライセンシング・ポリシーとは何か······57

  1　技術供与契約（ライセンス・アウト）······59
  2　技術導入契約（ライセンス・イン）······62

第10章　知財部員は、どのようなスタンスで、ライセンス契約に取り組むべきか······67

第11章　英文ライセンス契約書を起草する場合に心得ておくべきこととは何か……69

1. 価値観の違いを知れ……69
2. 契約書の起草は、契約交渉の土俵づくり……69
3. 英語に堪能なだけでは英文契約書は書けない……70
4. 専門家の知恵を活用する……70
5. 玉虫色の表現は使うな……71
6. 過去の合意がどうあろうとも現契約書がすべて……71
7. 権利と義務と履行手続……72
8. 条項間のバランス……72

第Ⅱ部　契約実務（事例）と契約英語

第1章　前文（Preamble）……74

1. 伝統的スタイルの前文＜事例1＞……74
2. 現代的なスタイルの前文＜事例2＞……81

第2章　用語の定義（Definition of Terms）……85

1. "Licensed Products"＜事例3＞（その1）……86
2. "Net Selling Price"＜事例3＞（その2）……97
3. "Licensor's Technical Information"＜事例3＞（その3）……102

第3章　実施許諾（Grant of Rights and License）……108

1. 実施権の許諾＜事例4＞……109
2. 実施権の許諾＜事例5＞……114
3. 実施権の許諾＜事例6＞……116

目次

第4章　技術援助（Technical Assistance）……119
1　技術情報の提供＜事例7＞（その1）……120
2　研修生の受け入れ＜事例7＞（その2）……123
3　ライセンサーの技師派遣＜事例7＞（その3）……137

第5章　支払い（Payments）……141
1　イニシャル・ペイメント＜事例8＞（その1）……143
2　ランニング・ロイヤルティ（料率法）＜事例8＞（その2）……145
3　ミニマム・ロイヤルティ＜事例8＞（その3）……148

第6章　競業避止（Non-Competition）……152
1　競業の権利と開発義務の免責＜事例9＞……153

第7章　秘密保持（Confidentiality）……161
1　秘密情報の秘密保持義務と公知情報＜事例10＞（その1）……162
2　公知情報を含む秘密情報＜事例10＞（その2）……166
3　秘密情報の契約目的外使用禁止＜事例10＞（その3）……168
4　守秘義務対象者＜事例10＞（その4）……169
5　修復し難い損害、差止請求権および損害賠償請求権＜事例10＞（その5）……171
6　守秘義務の地理的無制限と契約終了後の守秘義務＜事例10＞（その6）……174

第8章　ライセンシーによる改良（Modifications and Improvements by Licensee）……177
1　改良権の付与、改良限度および対価＜事例11＞（その1）……178
2　改良情報の提供義務＜事例11＞（その2）……181
3　改良技術の出願権等＜事例11＞（その3）……183
4　グラントバック＜事例11＞（その4）……184

5	契約終了後の改良技術の継続使用＜事例11＞（その5）……………186	

第9章　保証と責任（Warranties and Liabilities）…188

1	保証対象および保証範囲＜事例12＞（その1）……………………189
2	保証外事項＜事例12＞（その2）……………………………………191
3	許諾製品の保証＜事例12＞（その3）………………………………193
4	免責条項＜事例12＞（その4）………………………………………194
5	他者権利不侵害の不保証＜事例12＞（その5）……………………196
6	第三者の権利侵害とロイヤルティの分担＜事例12＞（その6）……199
7	契約解除＜事例12＞（その7）………………………………………201
8	保証の排他性＜事例12＞（その8）…………………………………203

第10章　ライセンサーの産業財産権（Licensor's Industrial Property Rights）……………207

1	ライセンサーの専権事項＜事例13＞（その1）……………………209
2	特許権等の有効性、支払義務および解約権＜事例13＞（その2）…210
3	侵害報告義務＜事例13＞（その3）…………………………………212

第11章　契約期間および契約終了（Term and Termination）……………………………214

1	契約の発効および契約期間＜事例14＞（その1）…………………216
2	契約の延長または更新＜事例14＞（その2）………………………217
3	契約違反および重大なる過失＜事例14＞（その3）………………218
4	破産宣告等　＜事例14＞（その4）…………………………………222
5	吸収合併等＜事例14＞（その5）……………………………………225
6	不可抗力事由＜事例14＞（その6）…………………………………228
7	損害賠償請求権＜事例14＞（その7）………………………………231

目次

第12章　派生的損害賠償（Consequential Damages） ……233
1　派生的損害賠償＜事例15＞ ……237

第13章　完全な合意（Entire Agreement） ……241
1　完全な合意＜事例16＞ ……243

第14章　紛争処理 ……245
1　WIPO仲裁による紛争解決＜事例17＞ ……248

第15章　準拠法（Governing Law） ……252
1　問題のある事例＜事例18＞ ……255
2　簡潔な表現の事例＜事例19＞ ……256
3　丁寧な表現の事例＜事例20＞ ……256

- 参考文献 ……258
- 事項索引（英文） ……261
- 事項索引（和文） ……270
- あとがき ……276
- 著者略歴 ……277

第Ⅰ部

英文ライセンス契約の基礎知識

第1章　英文契約書と和文契約書の違いは何か

1　欧米の社会と日本の社会

　欧米の社会は、よく「契約社会」であるといわれる。そのくらい契約観念が日常生活の中に溶け込んでいる。彼等の契約観念は、欧米の社会が今日まで発展してくる過程の中で、言語、習慣、文化が異なる多民族が平和に共存するために必要な生活の知恵である。お互いに約束したことをきちっと履行することで、相手との間に信頼関係を構築することができる。約束を担保するために文書に認める。それが契約書である。約束を言葉で表現するとなると、言語、習慣、文化の違いから、類似の表現ではあっても、一方が使った意味と異なる意味に相手が解釈するということが起こる。それを回避するために、英文契約では、同義語をいくつも羅列するという書き方が生まれた。また、一度契約で約束したことは、事情の如何を問わず、当事者は履行しなければならないという考え方も生まれた。そのため、不可抗力のような事態が起こった場合、契約のあり方が問題となった。このような歴史的経験の上に、今日の欧米人の契約観念は構築されている。

　他方、我々日本人の考え方はどうであろうか。日本は四方を海に囲まれた島国で、外国と隔絶された地理的条件の中で、長い間、同じ言語を使い、同じ文化を共有している。法律も日本法は制定法であって、基本的な事柄については明確にまた詳細に規定されており、誰でも知ることができる。そこには「和を以て貴し」とする文化が根づいている。契約書に書いていないことは話し合って解決すればよいという穏やかな発想である。

　我々、外国企業との契約に携わる者は、相手の国の文化に敬意を払いつつ、発想の違いをよくよく認識したうえで、業務をこなしていかなければならない。

2　英文契約書と和文契約書の書き方の違い

　伝統的な和文契約書に慣れ親しんでいる人が英文契約書に初めて接したら、どんな印象をもつであろうか。まず、前文について、前置きがなぜこんなに長いのだろうかと驚くに違いない。英語と日本語の構文の違いとはいえ、いきなり契約当事者の名前と住所から始まることに違和感をおぼえる人もいるかもしれない。和文契約書では契約当事者の名前や住所は、最後に書くのが一般的であるからである。Whereas-clause（⇨第Ⅱ部第1章1(4)6）参照）では、契約当事者がそれぞれのステータスから契約に至る経緯等まで長々と語られる。また、「前文」（⇨第Ⅱ部第1章参照）の締めくくりに出てくる「約因」（第Ⅱ部第1章1(4)11）参照）の概念も、よくわからない。「前文」をやっと読み終えて、本文に進むかと思いきや、第1条は用語の定義である。用語の定義がまた詳細で、時には、頭が痛くなる。さらに読み進むと、各条項では、詳細に権利と義務が語られるだけはなく、手続までも言及されることがある。どこの国だって法律はあるのだから、それほど細かく書く必要はないのではないかと、そんなふうに思う人も少なくないのではないだろうか。

　実は、前文も契約書全体も長くなるのには、それなりの理由があるのである。

　日本企業同士の契約では、共通の言語や共通の文化を共有しているので、一般的に一定の信頼関係が期待できる。よって、契約では、基本原則だけを定め、権利や義務の履行は、詳細に定められた日本法に従うということで足りるのである。事実、日本ではそうした合意で契約を締結するのが一般的であるから、契約書も必然的に薄くなる。万が一、契約上問題が生じた場合に備えて協議条項（⇨日本語の契約書によく出てくる協議条項：「本契約に関し疑義が生じたとき、または本契約に定めない事項については、信義、誠実の原則に従って甲乙協議するものとする」）を入れておけば足りると我々は考える。

　一方、外国企業との契約では、言語、文化、価値観が異なるので、契約によって明確な意思の確認と合意が必要なのである。相互の真の信頼関係は、一般的に、その契約の履行過程で構築されていくものである。特に、準拠法が英米法系の法律である場合、契約締結時に権利や義務として主張すべきこ

3

とはすべて契約書に明記しておく必要がある。さらに、契約で合意した権利や義務を担保する意味で、具体的な履行手続についても合意しておくことがよくあり、契約書は必然的に厚くなる。万が一、契約上問題が生じたときは、契約書が頼みの綱であり、すべてである（⇨「完全な合意」（第Ⅱ部第13章参照））。それは、契約書に書いてないことは権利や義務として主張することができないという考え方なのである。したがって、契約書の書き方も非常に重要で、できるだけ具体的で、詳細に作成し、誰が読んでも、同じ理解が得られるようでなければならないのである。そのために、キーワードは定義条項で明確に定義をすることで、契約条文の解釈の齟齬が生じないように工夫しているのである。

3　英文ライセンス契約書全体の構成

英文ライセンス契約書全体の基本構成は、次のとおり。
- 「表題」
- 「前文」
- 「本文」
- 「末尾文言」
- 「署名」

ここで、英文ライセンス契約書全体の構成例としてある米国企業の契約提案書を以下に紹介する。下記事例の説明として、特に注記を付していない部分については第Ⅱ部のそれぞれの該当条項を参照いただきたい。また、条項表題を自明の理と思われるものは、説明を省いた。とりあえず、ここでは、英文ライセンス契約書というのは、全体としてどのような構成になっているかを大雑把に把握していただければよいと思う。本書を読み進むうちに、その内容がおいおいわかってくるはずである。

3　英文ライセンス契約書全体の構成

<英文ライセンス契約書全体の構成例>

（表題）

LICENSE AND TECHNICAL ASSISTANCE AGREEMENT

（前文）

THIS LICENSE AND TECHNICAL ASSISTANCE AGREEMENT (this "Agreement") is made and entered into effective on ＿＿＿ by and between Company A , a Delaware corporation ("Licensor") and Company B ("Licensee"), a corporation organized and existing under the laws of the Country of Japan with its principal place of business at ＿＿＿.

RECITALS：

Licensor has substantial experience in the business of designing, developing, selling, and manufacturing ＿＿＿ and as a result, has developed unique, valuable and secret technology, know-how and other information relating to the manufacture, distribution and sale of such products.

Licensee desires to obtain from Licensor the right to use Licensor's unique, valuable and secret technology, know-how and other information relating to the manufacture, distribution and sale of such products, and Licensor is willing to grant to Licensee such a right and to provide technical assistance in connection therewith, upon terms and conditions set forth below.

NOW, THEREFORE, in consideration of the mutual promises and covenants herein contained, the parties hereto as follows:

（本文）

ARTICLE　1. Certain Defined Terms
ARTICLE　2. License
ARTICLE　3. Technical Assistance and Support
ARTICLE　4. Training and Provision of Personnel

ARTICLE 5. Trademark License and Quality Control
ARTICLE 6. Royalties, Per Diem Fees, Reimbursement and Other Payments
ARTICLE 7. Confidentiality
ARTICLE 8. Indemnification
ARTICLE 9. Warranties, Representation and Disclaimers
ARTICLE 10. Fillings, Registrations, Approvals and Taxes
ARTICLE 11. Term of Agreement
ARTICLE 12. Default and Termination
ARTICLE 13. Disputes and Arbitration
ARTICLE 14. Assignment
ARTICLE 15. General Provisions
15.1. Relationship between the Parties
15.2. Notice
15.3. Entire Agreement
15.4. No Waiver
15.5. Remedies
15.6. Governing Law
15.7. Obedience of the Laws of the United States of America and Exclusive Territory
15.8. Partial Invalidation of this Agreement
15.9. Language
15.10. Manner of Execution of this Agreement

（末尾文言）

IN WITNESS WHEREOF, Licensor and Licensee, by their respective duly authorized officers or representatives, have executed and delivered this Agreement on the day and year first above written.

（署名）
Company A（社名）
By:_____
Title:_____
Company B（社名）

By:＿＿＿＿＿＿＿＿
Title:＿＿＿＿＿＿

<英文ライセンス契約書全体の構成例の訳文>

（表題）

ライセンスおよび技術援助契約

（前文）

本ライセンスおよび技術援助契約（本契約）は、（　　）日〔⇨契約調印日をここに記載する〕に、アラウエア州法会社、A社（ライセンサー）〔⇨本来ここにライセンサーの住所を記載すべきところ、それが省略されている。ライセンサーとライセンサーの契約関係はこの契約を締結する時点で数十年になっていたので、ライセンサーとしては今更書くまでもないと考えたのかもしれない。しかし、本当は、ライセンシーと同じようにきちっと記載させるべきである〕と日本法に基づき設立され存続し、（　　）〔⇨ここにはライセンシーの住所が記載される〕に主たる事業所を有するB社（ライセンシー）との間で締結され、発効する。

説明：

ライセンサーは、（　　）〔⇨ここには許諾製品名が記載される〕の設計、開発、販売および製造の事業における実体験を有し、その結果として、こうした製品の製造、流通および販売に関するユニークで、価値ある、しかも秘密の技術、ノウハウおよびその他の情報を開発してきた。

ライセンシーは、ライセンサーから、こうした製品の製造、流通および販売に関するユニークで、価値ある、しかも秘密の技術、ノウハウおよびその他の情報を使用する権利を取得することを切望し、ライセンサーは、以下の条件に基づき、こうした権利を喜んでライセンシーに許諾し、それらに関する技術援助を提供する。

よって、本契約に包含された相互の約束を約因として、本契約当事者は以下のとおり合意する：

[第Ⅰ部]　第1章　英文契約書と和文契約書の違いは何か

(本文)

第1条　特定用語の定義
　　　〔⇨定義されている用語は、因みに、この事例では以下のとおり：Affiliate, Royalty Rate, Code, Effective Date, First Year, Net Sales Income, Products, Technology, Technical Assistance, Exclusive Territory, Trademarks, Open Territory, Patents などである。〕
第2条　ライセンス
第3条　技術援助および支援
第4条　人員の訓練および提供
第5条　商標ライセンスおよび品質管理
第6条　ロイヤルティ、日当、返済金およびその他支払い
第7条　秘密
第8条　補償
　　　〔⇨これはライセンシーの義務規定である。それは、ライセンサーがどのような形であれ本契約も含めてライセンシーの事業活動に関連して損害を被ることのないようにライセンシーがライセンサーを保護し、万が一、ライセンサーが損害を被ることがあった場合は、それを補償しなければならないという趣旨の規定である。〕
第9条　保証、表明および責任放棄
第10条　申請、登録、承認および税金
　　　〔⇨これはライセンシーおよびライセンサーの義務規定である。本契約の調印および履行に関して、ライセンシーおよびライセンサーはそれぞれの所在国内における必要な諸手続一切に責任を負う。ただし、契約の変更に関してはライセンサーの同意を必要とする。諸手続に関して、ライセンサーもライセンシーもお互いに必要な援助を行うという趣旨の規定である。〕
第11条　契約期間
　　　〔⇨これは契約発効日の規定である。ただし、ライセンシーが特定の契約条項に関して政府の承認を取得するために契約発効日を変更することはあり得る。ライセンシーが契約に関して政府の必要な承認が得られないためにライセンサーが何らかの損害を被ることがあった場合、ライセンシーがこれを補償するという趣旨の規定である。〕
第12条　不履行および終了

第13条　紛争および仲裁
第14条　譲渡
第15条　一般条項
　　〔⇨一般条項とは、ライセンス契約のみならず、契約一般に適用するべくそれぞれの企業、団体、その他法主体が独自に定める契約条件のことをいう。〕
15．1．　当事者間の関係
　　〔⇨これは純粋にリーガルな問題である。たとえば、ライセンス契約を締結したことによって当事者間に雇用関係など何らかの法的な関係が両当事者間に生じるものではないという趣旨の規定である。〕
15．2．　通知
　　〔⇨これは通知に関して定めた条項である。ここには、契約にかかわる諸連絡の正式連絡先（契約当事者名）、住所、名宛人名、電話番号、電子メールアドレスなどを明記する。後日変更した場合は、遅滞なく契約相手方当事者へ連絡しなければならない。ここに定められた宛先に送付されたものは、正式に送付されたものとみなされる。〕
15．3．　完全な合意
15．4．　権利放棄
　　〔⇨これは権利放棄をしないことを明記した条項である。契約にて一方の当事者が契約上の権利をたまたま行使しないことがあったとしても、それはその権利を以後権利放棄をし、権利行使しないことを意味するものではない趣旨を定めた条項である。〕
15．5．　救済
　　〔⇨これは救済規定である。契約で合意した救済の他に法の定めによって救済される権利がある場合は、この権利も留保する旨定めたものである。〕
15．6．　準拠法
15．7．　米国州法および排他的テリトリーの法律遵守
　　〔⇨これは米国および日本の法律規則を遵守する旨定めた規定である。〕
15．8．　契約の一部無効
　　〔⇨契約の一部の条項が裁判所によって無効とされた場合、当該条項

　　　　　　を許される範囲で修正することを認めるという趣旨の規定である。〕
15．9．　言語
15．10．　契約書の作成方法
　　　〔⇨これは契約書の作成に関する規定である。まず、契約書は同じ物を1通以上作成することができる旨定めている。次に、当事者はその同じ物を全部作成することによって、本契約を作成することができる旨定めている。〕

（末尾文言）
　以上の証として、ライセンサーおよびライセンシーは、それぞれの正当に授権された役員または代理人によって、頭書の日付で本契約書を作成した。

（署名）
（A社名）＿＿＿＿＿＿＿＿＿＿
（署名欄）＿＿＿＿＿＿＿＿＿＿
（署名者肩書）＿＿＿＿＿＿
（B社名）＿＿＿＿＿＿＿＿＿＿
（署名欄）＿＿＿＿＿＿＿＿＿＿
（署名者肩書）＿＿＿＿＿＿

　なお、上記に「付属書（APPENDIX）」を追加することがある。付属書を付ける場合は、何らかの注釈を付けるのが望ましい。たとえば、許諾製品の範囲などを規定するための補填資料としての仕様書や図面、あるいは契約締結を動機づけた過去の合意事項に関する打合せメモなどを契約書の付属書として付ける場合、これら文書が契約書の一部分を構成し、契約本文と同等の拘束力を持つようにしたい場合は、その旨明記（下記参照）しなければならない。そうした記載がなければ、それらの文書は、単なる参考資料と解され、法的には何の意味も持たなくなるおそれがある。付属書の下記説明は、「付属書」を定義する形で定義事項に挿入するか、あるいは本文中に付属書について言及するときに下記説明文を付けるなどの方法がある。

APPENDICES：

The following Documents are attached hereto and making an integral part hereof:

（下記文書は、本契約書に添付され、本契約書の一部を構成する。）

1. （文書名を列記する）
2. （同上）
3. （同上）

第2章　英米法と大陸法の違いは何か

　英米法（Anglo-American law）はよく大陸法（continental law）と対比される。ここであらためて英米法と大陸法の違いを整理しておくことにする（表2－1参照）。それは英文契約書を真に理解するうえで役に立つ。

　まず、日本法についていえば、日本法はローマ法系に属する。ローマ法は、「市民法（civil law）」または「大陸法」ともよばれている。それは判例、すなわち、司法の判決に依拠することなく、立法され、布告された「制定法（written law; statute law）」である。制定法では、厳格な枠組みの中で、法律上の権利、義務が明定される。

　これに対し、英米法は、判例法（case law）といわれるように、判例の積み重ねで構築された法体系である。判例法の国の制定法は、判例を整理したもので、その本質において、大陸法とは相違する。

　下表を作成するにあたり、主として早川英米法を参照した。引用箇所は、かぎ括弧（「　」）で示した。

〔表2－1〕　英米法と大陸法の比較

1	法体系	英　米　法	大　陸　法
2	世界の国々	アメリカ、カナダ、オーストラリア、ニュージーランド、インド、パキスタン、セイロン（現スリランカ）、南アフリカなど（早川英米法P.2（序論(1)英米法と大陸法）参照）（⇨スリランカおよび南アフリカ共和国については、早川武夫先生と田中英夫先生ではご見解を異にする。田中英夫先生は、田中英米法（上）P.4にて「第一に、かつて大英帝国の領土であった地域でも、英米法に属しない国がある。例えば、スリランカおよび南アフリカ共和国は、Roman Dutch	フランス、イタリア、ポルトガル、スペイン、中南米諸国、ドイツ、オーストリア、ギリシャ、日本、中国、タイなど（早川英米法P.1（序論(1)英米法と大陸法）参照）

		Law（オランダ古法）（⇨オランダが法典法国になる前に行われていたローマ法系の法）を基調とする法が行われている」と指摘している）	
3	淵　源	英米法の淵源は、イギリスの大英帝国時代に支配した国々に適用していた普通法（common law）にある。その普通法は、ノルマン王朝の国王裁判所が裁判の根拠とした全国共通に適用した慣習法から発展した。ゲルマン法的伝統に立脚したイギリス独自の法体系が確立されたのは15～16世紀頃といわれている（早川英米法 P.4（(1)系譜―ゲルマン法）；P.14（(2)ノルマン征服とその影響）参照）。	大陸法の淵源は、ローマ法にある。発展の中心が市民法であったことから、市民法とも称される。市民法はローマ帝国内で通用した慣習法がその基になっている（早川英米法 P.4「(1)系譜―ゲルマン法」参照）。
4	法典の編纂	英米法における法典や制定法の編纂は、基本的に、判例法を部分的に修正したり、変更したりして、整理統合したものにすぎないのであって、これら法典や制定法を集めても、まとまった法体系を形成するものではないといわれている（早川英米法 P.5（(2)法源―判例法）参照）。	古くは、ユスティニアヌスの古ローマ法の大法典編纂事業があり、近代ではドイツ法典、フランス法典、オーストリア法典、スイス法典などが編纂された（早川英米法 P.4（(2)法源―判例法）参照）。
5.	法　源	法源は、判例法である（早川英米法 P.4（(2)法源―判例法）参照）。	法源は、法典または制定法である（早川英米法 P.4（(2)法源―判例法）参照）。
6.	判　例	判例法は、裁判所が不文法や慣習法を適用して下した判例の積み重ねである（早川英米法 P.5（(2)法源―判例法）参照）。	判例は、法典の解釈例であって、法源としては二次的なもの（早川英米法 P.5（(2)法源―判例法）参照）。
7.	法律観	法律観は、ゲルマン的である。「法は太古から存在するもので、これを裁判官が発見し宣言するのだという考え方がある」（早川英米法 P.6（(3)法律観―法発見・法宣言））とされる。	法律観は、ローマ法的である。「法は立法者ないし立法府によって定立され創造される」（早川英米法 P.6（(3)法律観―法発見・法宣言））とされる。

8.	法思考	訴訟法中心主義（早川英米法 P.7（(5)訴訟法中心主義）参照）。具体的で、実際的。「判例は具体的事件を詳しく記し、これに対して下された判断を示しているから、いわば、極めて詳細な構成要件をもつ規範である。判例が当面の事件を拘束するかどうかは、両事件の具体的な事実状況が重要な相違をもっているかどうかどうかによって定まるので、その事実状況を諸要素に細かに分析し、一々比較検討し、そのうえで同様に扱うべきか（類推適用）、異なるものとして異なる扱いをすべきか（区別）を決定するのである」（早川英米法 P.6（(4)具体的・実際的法思考））とされる。	実体法中心主義（早川英米法 P.7（(5)訴訟法中心主義））。「法典の中の抽象的な法条の文言から出発するので一般的、抽象的そして往々思弁的である。論理操作は演繹的で、ことに典型的に三段論法的であって、法規を大前提とし事実を小前提として結論をひき出すことになっている」（早川英米法 P.6（(4)具体的・実際的法思考））とされる。
9	権利消滅	出訴期限（訴権時効）という考え方を採る（早川英米法 P.7（(5)訴訟法中心主義）参照）。	消滅時効という考え方を採る（早川英米法 P.7（(5)訴訟法中心主義）参照）。
10	司法と立法府の関係	事実上判例法を生み出すのは裁判官であり、裁判所であるので、司法が立法府より優位にあるといわれる。そこで裁判官の中立性を担保し、身分保障を行うためにイギリスやアメリカの裁判官は厚遇されているといわれている（早川英米法 P.8 参照）。	立法府が法を制定するので、立法府が司法より優位にあるといわれる（早川英米法 P.8 参照）。
11	裁判官と学者の関係	裁判官が学者より優位を占めるといわれる。学者は裁判官の言葉を研究し、これに注釈を加える。裁判官は、多数の裁判官が支持する説を多数説として、これを採用する（早川英米法 P.8 参照）。	学者が裁判官より優位を占めるといわれる。立法府が制定した法律を学者が研究し、注釈を加え、学者の研究を裁判官は研究する。裁判官は多数の学者が支持する説を多数説として、これを採用する（早川英米法 P.8 参照）。
12	法曹のあり方	弁護士が裁判官や検察官になる（法曹の一元化）。イギリスの法	弁護士は民間人である一方、裁判官や検察官は官僚である（法

		曹団体（Inns of Court）などはその典型（早川英米法 P. 9 参照）。	曹の独立・自治）（早川英米法 P. 9 ((7)法曹の一元と自治）参照）。
13	コモンローとエクイティ	コモンロー裁判所とエクイティ裁判所は19世紀末に統合されたが、民事法ではコモンローとエクイティという二元性は残っている（早川英米法 P. 9 ((8)法の二元性）参照）。	かつてローマ法にも市民法（ius civile）に対し、衡平法の役割を果たした名誉法（ius honorarium）や法務官法（ius praetorium）があったが、統合されたという経緯がある（早川英米法 P. 9 ((8)法の二元性）参照）。
14	陪審員制度	陪審員制度は民事事件にも刑事事件でも適用される。ただし、コモンロー上の事件に限られる（早川英米法 P.10 ((9)民主的制度―陪審など）参照）。	大陸法系の諸国では今までこの制度はなかった。しかし、その利点が評価され、日本でもアメリカの制度とまったく同じというわけではないが、民間人が裁判に参加する制度が近年スタートした。
15	歴史的連続性	イギリス最古の法典は6世紀のケント王、エセルバート王の治世まで遡るとされる。「どんなに長い間行われていなくても英米法の法規範は無効にならないとされる」（早川英米法 P.10 ((11)歴史的連続性））。	「大陸法では、法典の制定によって過去との断絶が可能であり、それによって全く近代的・合理的な法改革が行われた」（早川英米法 P.10 ((11)歴史的連続性））とされる。

第3章　英法について、これだけは知っておきたい

1　コモンロー（Common law）

　コモンローとは、広義でいえば、「判例法」という法体系を指す。しかし、狭義でいえば、コモンローは、エクイティ（後記）と対比される法制度である。また、コモンローは、「判例法」であることから、制定法とも対比される存在である。さらに、「判例法」は「英米法」そのものであるところから、大陸法の対極にある存在でもある。コモンローという言葉は、前記のほかにも、イギリスのコモンロー裁判所が発展させてきたいわゆる「慣習法」「教会法上の一般法・普通法」（⇨教会法）あるいは「教会法」と比較対照する形で使われて「世俗法」などを意味することもある。上記の多様な意味をもつコモンローの訳語は、日本では「コモンロー」と英語をそのまま片仮名表記し、あえて「慣習法」などと書かないのが多数意見のようである。したがって、我々は、「コモンロー」という言葉に出会ったならば、その含意は文脈によって測らねばならない。

　ところで、判例法とはどのように形成されてきたのであろうか。

　話は、1066年にNorman人がイングランドを征服して、ウイリアム1世がイングランド王位に即位した時代に遡る。ウイリアム1世は、統治を開始するに際し、それまでイングランドで認められていた法（Anglo-Saxon law）を尊重する旨宣言した。当時、イギリスには全国共通の法律がなく、各地方はそれぞれの諸侯によって支配され、それぞれ独特の慣習が支配的で、多様な裁判所が多数存在し（⇨県裁判所、百戸村裁判所、領主刑事裁判所、荘園裁判所、各都市の裁判所、教会裁判所など（田中英米法（上）P.66））、それぞれがそれぞれの慣習法を適用していた。

　そうした状況下で、ウイリアム1世は、地方行政の監督や徴税のために、コミッショナーを地方に巡回させているうちに、紛争事案を裁くようになったといわれている（杉浦英語P.18参照）。このようにして発生してきた国王の

裁判所は、他の裁判所に比べて、手続面でも、判決内容もより公平で、妥当性のあるものであったといわれている（田中英米法（上）P.67および杉浦英語 P.18参照）。国王の裁判所は、当初、重要な刑事事件のみを扱っていたが、1285年以降民事事件も扱うようになり、Kings Bench（王座）の巡回裁判所という形に発展し、1971年まで存続した（杉浦英語 P.18参照）。

　国王の裁判は、各地の習慣、ノルマンディの法、ローマ法、教会法等を参照しながら、自由に法創造を行っていたようだといわれている（田中英米法（上）P.67（§215　コモンロー）参照）。このようにしてコモンローは、地方の慣習と判事によって生み出されたルールといえる。コモンローでは、先例は法的拘束力を有する法源である。コモンローが体系化されたのも、先例拘束性の原則が確立されて以降であるといわれている（杉浦英語 P.18参照）。

2　エクイティ（Equity）

　エクイティとは、一言でいえば、コモンローでは救済されない事案について、「正義と衡平の見地から救済」を与える法制度である。一般的に、どのような場合にエクイティの判断を求めることができるかというと、次のような場合である。

- 原告が修復し難い損害（金）（irreparable damages）を受けたような場合
- コモンローに基づく損害賠償では、救済が不十分であるという場合
- 原告の被害と被告の困難の程度（hardship）を比較した場合に、衡平法による救済が正当であると考えられるような場合
- 本案的差止命令（permanent injunction ⇨ 本案について完全に事実審理を終え、その結果に基づいて、訴訟の最終的解決を意図して下される差止命令のこと）を下すことによって、公益が損なわれないような場合

そのほか、
- 「契約の訂正命令の請求」「契約の解除と原状回復の要求」および「離婚の要求」

などもエクイティの取扱範疇に入る。

　エクイティについてもその歴史的発展経緯をみてみると、コモンローに基づく裁判結果に対する不満を当事者が直接国王に請願するようになったのが

エクイティの始まりである。請願の内容は大きく分けて2種類であった。一つは、本来コモンローで救済を受けられるものが、貴族など地方有力者による圧迫等により救済を受けられないケース。二つ目は、コモンローでは救済を受けることができないことになっているが、それが正義に反する結果をもたらしているので、衡平の見地から救済を求めるケースである。前者は、貴族など地方有力者の専横を抑制する必要があるところから、王の統治全般に関与していた国王評議会（curis regis）が判断をした。他方、後者については、国王の第一の大臣である大法官（Lord Chancellor）に判断が委ねられた。1474年までにはコモンローとは別に独立した大法官府裁判所（Court of Chancery）が創設された。この裁判所は民事のエクイティを専門に取り扱い、判例を積み重ねた。それがエクイティである。

　エクイティに基づく判断は、裁判所（裁判官）の判断であり、そこに民意は反映されない。イギリスでは、コモンローとエクイティは、上述のとおり、別々の裁判所で運用されてきたが、18世紀になるとエクイティも判例の積み重ねで、先例に拘束されるようになった。その結果、コモンローとエクイティとでは、その運用において、差異がなくなり、イギリスでは1875年に裁判所の統合が行われた。裁判所の統合により、手続も一本化された（⇨上記エクイティの歴史的経緯については、田中英米法（上）P.95（§217　エクイティ）および杉浦英語P.19（②エクイティの発生）を参照した）。

3　イギリスにおける契約絶対の考え方

　「契約絶対の原則」は、17世紀イギリス、Paradine v. Jane 事件（1647 Aleyn,26. Simpson 9I L.Q.R.247 at 269-273.）によって確立された法理である。この判例で、法律が人に対して課した義務については、本人の過失に因らずしてその義務を果たすことができない場合は、不履行の責を免れるが、ある事柄を絶対にやるということを契約で約束した場合は、何事かが起こり、履行が無意味となりあるいは履行不能となったことを立証しても損害賠償責任を免れることはできないと判示された。

　この厳しい判決に対応する原則として、契約当事者は、不測の事態に対抗するには明確に規定することで常に自らを守ることができる。しかし、契約

当事者が自ら進んで絶対的なしかも無条件の義務を引き受けた場合には、事態が彼に不利益に変化したというだけでは、異議を唱えることはできない。

たとえば、建築家が一軒の家を特定の期日までに建てることに同意したが、ストライキが起こりまたは土壌に隠れた瑕疵があって作業が中断したためにその期日までに家を建てられないという場合、彼はそれでも責任を負うことになる。

その後、英国では1863年の Taylor v. Caldwell (3 B. & S. 826) 事件をきっかけに、実体的で特別な法理が裁判所によって徐々に展開されてきて、Paradine v. Jane 事件の厳しい原則が緩和されるようになり、契約の履行がいずれの当事者の責めにも帰すべき事由ではない、抗し難い外的原因によって突然に阻まれたような場合には、契約は即刻終了し、契約当事者は免責されるという考え方になった。この法理を適用する最も顕著な原因であり、しかも Taylor v. Caldwell 事件で問題を提起したものは、履行期日前に契約の主題となる物が物理的に破壊されてしまった場合である。

その次に、19世紀において数多くの判例を残し、この法分野に急速な発展をもたらしたのがいわゆる "Frustration of the common venture"（共通の事業の目的不達成）の考え方である（C & F's Law of Contract 1976 P.544-P.545 参照）。

4　イギリスにおける Frustration の考え方

Frustration とは、英米法の一つの概念で、「契約締結後、当事者の予見が不可能であり、当事者のいずれの責めにも帰し得ない事態の発生により当事者が予期した契約の目的が達成不能になること」（英米法辞典）とされる。

履行自体は可能であるが、当事者が共通に企画したことがもはや実現できず、当事者が予期した履行とは本質的に異なる履行となる状態が Frustration の状態であるといわれている。この状態の中には、「契約の目的物が滅失した状態」、あるいは「法律の変更によって契約の履行が違法となるためにその契約を履行できない状態」、いわゆる "Impossibility"（履行不能）（⇨第Ⅰ部第4章5（米国における Frustration の考え方）参照）または "Impracticability"（実行困難性）（⇨第Ⅰ部第4章5参照）という状態も含めて Frustration ということもある。Frustration が成立すると、契約は、将来に向かって自動的に消滅し、

履行期の到来する債務を免れる。イギリスの Law Reform (frustrated contract) Act 1943 によると、金銭債務も免れ、既払いの金銭の不当利得返還請求および信頼利益の返還請求も認められる（英米法辞典参照）。

　イギリスの裁判所が Frustration と認めた典型的なケースについて、C & F's Law of Contract 1976（P.545〜P.546；P.548〜P.552 参照）は下記のように分類している。ただし、Frustration が適用される状況が、常に、下記分類に当てはまるとは限らないとしている。下記分類は原著者によるが、下記分類の説明は、著者がポイントを要約したものである。

(1)　「契約目的達成に不可欠な特定物の滅失」＜履行不能＞（Taylor v. Caldwell 事件（1863年）（1863 3 B. & S. 826））
　⇨ A は B がコンサートを開催するために特定日にミュージックホールを使用することに同意をしたが、そのホールが契約日の 6 日前に偶発的に火災で崩壊してしまった。B は A に対して契約違反を理由に損害賠償を請求した。この事案で、Blackburn J. 判事はそれまでの「契約絶対」の考え方を否定し、「契約は、時には、絶対的なものであると解釈すべきではない」とした。その理由要旨は、次のとおりである。
　　契約目的を果たすためには特定な物の継続的存在が不可欠でありまた同時にその取引の前提である場合に、「契約違反以前に、契約の履行が、契約当事者の過失に因らずして、その（特定の）物が滅失したために不可能となった場合には、契約当事者双方が免責されるべしとの黙示条件がその契約には付いている」とした（C & F's Law of Contract 1976、P.546 参照）。

(2)　「一身専属的な役務提供契約において役務提供者の病気または死亡」＜履行不能＞（Boast v. Firth (1868), L.R.4 C.P. ⇨ ; Condor v. The Barron Knights, Ltd.,[1966] ⇨ W.L.R.87）
　⇨ Taylor v. Caldwell 事件では、特定な物の継続的存在が取引の前提となっていたが、この考え方を「人」に適用したのが上記判例である。約諾者（promisor）個人にしか提供することのできない（⇨一身専属的な）役務契約では、約諾者が現在自己の義務を果たせるだけの良好な健康状態にあり、その状態が変わらずに継続することを想定するが（⇨契約

の前提条件)、この状態が約諾者の死亡または病気によって継続しなくなった場合、裁判所は契約当事者双方に対してそれ以上の責務を免じるとした。もちろん、病気なら何でも契約終了事由になるというわけではない。留意すべきは、病気の程度や契約の性質や条件が必ず考慮されるということである（C & F's Law of Contract 1976、P.548 参照）。

(3) 「契約締結後、法律の変更による契約義務の履行不能」＜実行困難性＞（Denny, Mott and Dickson, Ltd. v. Tames B. Fraser & Co., Ltd., [1944] A.C. 265, at p.272; [1944] ⇨ All E.R. 678,at p.681）

　⇨政府干渉の多くの事件では、等しく、契約解消の正当化事由として、それ以上履行すれば違法となったというものである。これについてMacmillan 卿は「それは簡単なことである」といった。「行えば違法となることを行う契約は、法的に執行できないということである」と。たとえば、外国企業と商品の販売契約を締結しても、たまたま法律が制定されて、その契約の対象商品の輸入が禁止されれば、その契約はその法律が施行された後は履行できなくなり、終了せざるを得なくなるということであるとしている (C & F's Law of Contract 1976、P.552 参照)。

(4) 「後発的事件の発生によって、契約の履行は可能だが、契約当事者の実質的な契約目的が不達成」＜契約目的不達＞（Krell v. Henry 事件 (1903)＜2 K.B. 740＞）

　⇨原告は、被告がエドワード七世の戴冠式祝賀パレードを見るために部屋を貸したが、王の病のためパレードが中止されたために部屋の賃貸契約が解消された事件で、控訴裁判所は、契約の前提 (the foundation of the contract) はパレードで、パレードの取りやめの効果として、契約当事者は双方が義務の履行を免除されるとした。裁判所は、「契約の実質的目的をもはや達成することはできなかった」とした。賃貸された部屋は存続しているので、賃貸することも、賃借することもできるが、パレード自体が行われないので、賃貸借する意味がなくなったわけである（C & F's Law of Contract 1976、P.545 参照）。

第4章　米法について、これだけは知っておきたい

1　コモンローとエクイティ

　米法は基本的に英法を継承し、それを独自に発展させてきた。したがって、その法体系はコモンローを継承し、エクイティも継承してきている。米国の制定法の多くは、判例を成文化したもの（＝成文法）である。

　エクイティといえば、コモンローを補完するアメリカの民事法上の制度を指すことが多い。契約上の多様な問題は、原則として、コモンローに従って処理される。コモンローは判例主義であるので、先例に拘束される。その結果、事案によっては、先例では衡平に解決できないこともあり得る。そうした場合に、より客観的な視点から「正義と衡平の見地から救済を与える」というのがエクイティの基本的な考え方であることは前章でも述べた。

　しかし、米国でも、エクイティとして独自の発展をしたものは「信託」「特定履行」「差止命令」など特別な問題に限られる一方、技術的な面からみれば、コモンローと同じように先例に拘束されるようになり、裁判所を独立させる意味が薄れてきた。そこで、コモンロー裁判所とエクイティ裁判所の統合が1848年のニューヨーク州から始まり、現在では多くの法域で、手続も含めて一本化されている（英米法辞典参照）。

2　米国統一商法典（UCC）

　米国では各州が独立した法域（jurisdiction）を形成し、それぞれ州法を有する。かつては州により商事法が相違したため州をまたがる取引などでは不都合が多く、通商が阻害されていた。これを是正するため、1890年から1910年にかけてアメリカ法律家協会（American Bar Association = ABA）が、統一州法全国会議（National Conference of Commisioners of Uniform State Laws）を設立し、1942年以降、アメリカ法律協会（American Law Institute = ALI）と共同して制定作業を行い、1952年に UCC を採択、公表した。

現在、ルイジアナ州を除く（⇨ルイジアナ州はフランス法系であるが、UCC 第 2 編＜売買＞を除き他の部分を採択している）49州、ワシントン D.C. およびバージンアイランドにおいて、UCC は、商法典（制定法）として多少の変更（⇨ルイジアナ州やアーカンソー州では Articles の代わりに Chapters を使い、またカリフォルニア州では Articles の代わりに Divisions を使い、ハイフンは使わないなど）を加えるなどして、採用されている。内容は日本の民法と商法にまたがるものである。なお、UCC そのものは法律の案文であって、法律そのものではない。しかし、上述のとおり、ほとんどの州がその案を自州の商法典として取り入れているので、実務上は法律と同等の取扱いをしている。本書が参照するのはその第 2 編「売買」である。UCC は頻繁に改正されているので、実務においてはその都度確認する必要がある。

ちなみに、UCC の構成は次のとおり（2010年版 Official Text：WEST 社発行 "Selected Commercial Statutes For Secured Transactions Course, 2010 Edition, including Uniform Commercial Code, Official Text with Comments; Advisory Panel: Carol L. Chomsky, Christina L. Kunz, Linda J. Rusch, Elizabeth R. Schiltz" から）。下記カッコ内は最新改訂年を示す。

- Article 1.　　General Provisions（総則）（2010年）
- Article 2.　　Sales（売買）（2002年、2003年、2005年）
- Article 2A.　 Leases（リース）（2002年、2003年、2005年）
- Article 3.　　Negotiable Instruments（流通証券）（2010年）
- Article 4.　　Bank Deposits and Collections（銀行預金および回収）（2010年）
- Article 4A.　 Funds Transfer（資金移動）（2010年）
- Article 5.　　Letter of Credit（信用状）（2010年）
- Article 6.　　Bulk Transfers（詐欺的大量売却）（2010年）
- Article 7.　　Documents of Title（権原証券）（2010年）
- Article 8.　　Investment Securities（投資証券）（2010年）
- Article 9.　　Secured Transactions（担保取引）（2010年）

3　リステイトメント

「リステイトメント（Restatement of the Law）」とは、判事、法律家、大

学教授などが会員となって構成される ALI が、それぞれの分野の第一人者の協力を得て、判例を中心に発達してきた法分野で判例の合理性を重視しながら、取捨選択し、条文形式に整理し、説明と事例を付してまとめたものである。リステイトメントは、法源（⇨法源とは、「裁判官が判決理由でそれを援用して裁判の理由としうる法形式を意味する」（『法律学小辞典〔第3版〕』（有斐閣）））としての拘束力はないが、裁判所によって引用されることもあるくらい信頼性が高く、権威もある。この作業は、アメリカ法の統一に大いに寄与していると高く評価されている。実務において、アメリカの法の考え方を知るうえで非常に重要な資料である。ALIで出版し、販売しているので、手元において常に参照するのが便利である。

4　米国における契約の厳格責任

英国では17世紀の Paradine v. Jane 事件（1647）で「契約絶対」の法理が確立されたが、その後 Frustration の法理などが確立され「契約絶対」に対する例外が認められ今日に至るが、米国では契約の厳格責任の考え方が根強く、それは、リステイトメント2第11章（Impracticability of Performance and Frustration of Purpose）の「序」（Introductory Note）にも表れている。

「契約責任は厳格責任である。最大限に甘受すべきは、約束は守られなければならないということである。ゆえに、債務者は、己に過失が無くてもまた周囲の状況が想定していた以上に契約を厳しいものにし、好ましからざるものにしようとも、契約に違反すれば損害賠償の責任を負う」。

したがって、契約を締結する場合「事情変更」の事由に基づき「解約権」や「条件変更の権利」などを確保したいと希望するならば、その旨契約書に明記して合意しておく必要がある。

5　米国における Frustration の考え方

以下、樋口契約法（P.240〜P.241）を参照し、ポイントを説明する。米国においても Frustration の法理は認められているが、「この法理の利用に消極的である」といわれる。すなわち「当事者の契約目的を広く解し、目的達成不能は完全な不能でなければならないとされ、さらに往々にして、当事者が当

該リスクは負担していたと認定し、第4の要件のハードルを高く設定する」。たとえば、「80歳の高齢者が高齢者用ホームに試験的に入ることにし、そのため料金8500ドルを支払ったが3日後に死亡した場合にも、目的達成不能の主張を認めなかった」(Gold v. Salem Lutheran Home Assn., 347 P.2d 687 (Cal.1959))。ここでいう「第4の要件のハードル」とは、「当事者が、当該リスクを負担している場合でないこと」である。

「履行不能」(Impossibility)および「実行困難性」(Impracticability)について、リステイトメント2は次の条項に規定している。その趣旨は次のとおり。

(1) §261. Discharge by Supervening Impracticability（実行困難性）
　　実行困難な事態が契約締結後付随的に起こったために、契約の履行ができなくなったとしても、その場合は免責される。

(2) §262. Death or Incapacity of Person Necessary for Performance（履行不能）
　　履行に必要な人が死亡しまたは無能力であったために、契約の履行ができなくなったとしても、その場合は免責される。

(3) §263.Destruction, Deterioration or Failure to Come into Existence of Thing Necessary for Performance（履行不能）
　　履行に必要な物が破壊されたり、劣化したりまたは滅失したために、契約の履行ができなくなったとしても、その場合は免責される。

(4) §264. Prevention by Governmental Regulation or Order（実行困難性）
　　政府の命令や規則によって義務を果たすことができなくなったために、契約の履行ができなくなったとしても、その場合は免責される。

6　契約を破る自由

すでに故人とはなったが、現代における米国契約法の著名な学者、元コロンビア大学ロー・スクール教授、Farnsworth氏(June 30, 1928 − January 31, 2005)は、その名著"Contracts"§12.1(Purposes of Remedies)(P.730)において次のように述べ、「契約の自由、契約破棄の自由」を説いている。

「驚くかもしれないが、我が国の契約救済制度の大方は、最終目的として、約諾者(promisor)に履行強制をしない。それは自己の約束を履行しない者に刑罰として罰金を科すのではなく、また一般的に、懲罰的損害賠償金の支払

いを人に命じるものでもない。我が国の契約救済制度は、強制的に約諾者が契約違反しないように仕向けているのではない。それどころか、我が国の契約救済制度は受約者（promisee）の救済を目指し、契約違反を補償する。この制度の関心は、『約諾者にいかに自分の約束を守らせるか？』という問題ではない。この制度の関心は、『人々がいかに勇気をもって約束をする人々と付き合うことができるか？』という問題である。その結果、時には、約諾者に対して約束を履行強制することがあるかもしれないが、これは他の目的を果たすべく設計された制度の付帯的効果にすぎない。おそらく、自由な企業にしてみれば、約諾者にその約束を履行強制するのではなくて、契約を大いに活用して、勇気をだして他者の約束に依存する方が、矛盾がない。どのような場合にも、契約を締結する自由と共に、同じように契約を破る相当な自由がある」。

　すなわち、契約を締結したからといって必ずその契約を履行しなければならないと考えなくてもよい。契約相手方当事者の履行利益を賠償すれば、契約をやめてもよい。そういう自由を法的に保障している。それゆえ、安心して契約を締結できるのだとしている。以下に紹介する判例は、まさにこの考え方を実践したものである。

　それでは「契約を破る自由」に基づいて契約不履行をした場合に支払う損害賠償の内容はどういうものか。後記判例では、契約金額と市場価格の差額が損害賠償金として認められた。これはどういう考え方からきているのか。樋口契約法 P.54（損害賠償の内容）は、次のように説明している。

　「そこでアメリカ契約法は、債務者に不履行の自由を認める代わりに、損害賠償の支払を条件とし、かつその損害賠償の内容を、債務者が契約を履行したのと同じ状態・地位に債権者をおくようなものでなければならない。契約違反による損害賠償によって、債権者を契約締結前の状態に復帰させるだけでは十分ではない。契約は有効に締結されたのであるから、債権者にも契約の利益を享受する権利がある。契約締結によって期待していた利益（expectation interest）、言い換えれば、債務者が契約を履行していたならば債権者側が得たであろう履行利益を賠償すること（expectation damages の賠償）によって、債務者は初めて正当に契約不履行ができるのである」。

6　契約を破る自由

　「アメリカ法上、契約とは、約束の違反に対して法が救済を与えるような約束である」といわれる。その代表的な判例（Pratt Furniture v. McBee (1987)）の概要を紹介する（樋口契約法 P.43（第3章　契約を破る自由）参照）。

〔概　要〕
　被告は、最初に「椅子の契約」を締結したが、その後に利益率の良い「テーブルの注文」の話がきたので、最初の「椅子の契約」を破棄して、後からきた「テーブルの契約」を締結した。被告は、損害賠償を支払って余る利益を享受したというものである。その論拠は、「効率的契約違反の法理」に依拠したのである。

　以下、具体的事実関係を述べる。
・原告：バーモント州の大きな家具販売会社
・被告：ハンプシャー州の家具製造会社

〔椅子の契約〕
・契約内容：1脚10ドルの椅子を9万脚
・納　　期：7月3日引渡し
・製造原価：1脚8ドル
・見積利益：18万ドル

〔テーブルの契約〕＜椅子の製造開始前の3月5日に注文を受けた＞
・注文内容：1個32ドルのテーブルを5万個
・製造原価：1個25ドル
・見積利益：35万ドル

〔その他の取引環境〕
・被告の工場の製造能力：椅子かテーブルかどちらかしか作れない。
・被告の工場の特殊能力：この種のテーブルは被告の工場でしか作れない。

〔弁護士の見解〕
・契約違反に基づく損害賠償額の想定：「原告が契約違反を知った日の椅子の市場価格と契約価格との差額以上のものではない」。
・効率的契約違反の法理（doctrine of efficient breach）：「もっとよい取引のチャンスがあったらいつでも、法律はそれに飛びついてよいといっている」。ただし「損害賠償だけは支払わなければなりませんが」。

〔被告の商取引上の損得の計算〕
- 上記弁護士の見解どおりであれば、椅子の価格が11ドルまで値上がりした場合を想定して損害賠償額を計算すると、9万ドル。テーブル受注の利益は35万ドルであるから、26万ドルの純益となる。

〔契約破棄の通知〕：3月23日

〔原告の訴えの内容〕
- 訴 え 日：4月1日
- 差止要求：テーブルの製造差止め
- 損害賠償額の算定：テーブル製造から得る利益を通常の損害賠償額に加えて支払え
- 懲罰的損害賠償の請求：故意の契約違反であるから、懲罰的損害賠償を支払え

〔第一審および最高裁判決〕
- 第一審（1984年）：4月10日に開催。弁護士の見解どおり、3月23日時点での市場価格と契約価格の差額の9万ドルだけが認められた。
- 最高裁（1987年）：第一審どおり確定。

第 5 章　ライセンス契約と売買契約の違いは何か

　著者は機械輸出営業や海外駐在を約16年、プラント輸出契約の法務管理を約 6 年経験した後、知財部門に移った。したがって、海外の契約にはひととおりの経験、知識を持っていると自負していた。しかし、知財部門に移籍し、担当した知財の契約は全くつかみどころがなく戸惑った。

　知財の契約について「つかみどころがない」と著者が感じた理由の第一は、契約の対象が「物」ではなく「技術」という「情報」であったからだ。つまり、ライセンス契約は情報の取引を取り扱う契約であるから、非常に緻密な論理の糸で編まれているが、その編み方がよくわからなかったのである。

　「物」と「情報」の取扱い上の本質的な違いは、「物」は占有できるが、「情報」はしばしば占有できないことがあるという点にある。情報には、誰でも、いつでも、どこでも、同じ情報を、同じ目的で、利用することができるという特質があり、個人的に秘匿しない限り情報を占有することはできない。これがライセンス契約上「情報」の取扱いを複雑にし、緻密な論理が要求される理由である。緻密な論理を組み立てるうえで、判例や法理の裏づけが欠かせない。この緻密な論理を理解するのにライセンス契約担当の初心者は、おそらく誰でも苦労するのではないか。これがライセンス契約の難しさであり、また興味深いところでもある。

第6章　秘密情報の取扱いについては、どこの国でも同じ考え方か

　ライセンス契約の主題は、知的財産権と秘密情報である。知的財産権は各国で法律によって保護されているが、秘密情報はその性質上知的財産権に比べて、法的保護が弱いといわれている。また、秘密情報の取扱いについては、万国共通のルールや理念があるわけではない。一般的には、先進諸国ではルール化され、ほぼ近似の理念が形成されているが、秘密情報そのものをあまり重視しない国もある。しかし、ライセンス契約実務においては、秘密情報は、知的財産権をサポートする重要な役割を担うことがしばしばある。以下、日米欧の関連規定やTRIPSの概念などを参照し、同時に秘密情報そのものをあまり重視しないブラジルやフィリッピンの事情なども概観する。

1　営業秘密（日本）

　不競法2条（定義）6項は、「営業秘密」について次のように定義している。
「この法律において『営業秘密』とは、秘密として管理されている生産方法、販売方法その他事業活動に有用な技術上又は営業上の情報であって、公然と知られていないものをいう」。
　すなわち、それは「生産方法、販売方法その他事業活動に有用な技術上又は営業上の情報」であるが、「秘密として管理されて」いて、しかも、非公知な情報でなければならないとされている。「有用性」「秘密管理」および「非公知性」を営業秘密の3要件という。この規定の適用については、実務の実情に照らして、過去の判例等で確認しておくのが望ましい。

2　トレードシークレット（米国）

　米国統一トレードシークレット法（the Uniform Trade Secrets Act　以下、「UTSA」という）とは、統一州法全国委員会会議（the National Conference of Commissioners on Uniform State Laws）が起草したモデル法である。すでに46の州がこのモデル法をベースにしてトレードシークレット州法を制定している。さ

らに、2007年にはニュージャージー州およびニューヨーク州も、UTSAを州法に取り入れた。したがって、UTSAを採用せず、これまでどおりコモンローを適用しているのは、コロンビア特別区（the District of Columbia）、米国領バージンアイランド（the U.S. Virgin Islands）、マサチューセッツ州およびテキサス州のみである（2010年6月現在Wikepedia英語版参照）。

米国の大部分の州が採用しているUTSAは、トレードシークレット（1985年改訂）について次のように定義している。

「第1条　定義

本法において使われる場合、文脈上反対の要請がない限り、

トレードシークレットとは、方式（formula）、配列（pattern）、編集（compilation）、プログラム（program）、考案（device）、方法（method）、技術（technique）または工程（process）などの情報であって、以下の状況にある情報を意味する。

(i) それは、他の人には一般的に知られておらず、しかも正当な手段では容易に確かめることができないが、その他の人でもそれが開示され、使えば経済的価値を得ることができるような、実際のもしくは潜在的な、独立した経済的価値を生み、しかも

(ii) その秘密性を維持するためにその置かれた状況下において合理的であるような努力の対象となる情報である」。

米国においても、「非公知性」「秘密管理」「有用性」の3要件を具備した情報であることがうたわれている。しかも、UTSAの定義は、営業秘密の定義に比べて、「有用性」や「秘密管理」についてより具体的に規定されている。この規定の適用については、実務の実情に照らして、過去の判例等で確認しておくのが望ましい。

3　ノウハウ（EU）

「一定範疇の技術移転契約への条約85条3項適用に関する2004年4月27日付委員会規則No.722/2004（COMMISSION REGULATION(EC) No.722/2004 of 27 April 2004 on the application of Article 81(3) of the Treaty to categories of technology transfer agreements）」（以下、「EC委員会規則No.722/2004」という）は、ノウハウ

31

について次のように規定している。
「第1条　定義
1．本規則では、下記定義を適用するものとする：
　(i)　『ノウハウ』とは、特許されていない一つのまとまった実用的な情報であって、経験および試験の結果得られた情報で、以下の状態にある情報である：
　　(i)　秘密である、すなわち、一般的に知られておらずまたは容易に接近できず、
　　(ii)　実体のある、すなわち、許諾製品の製造上重要でしかも有用であり、しかも
　　(iii)　同定される、すなわち、それが秘密性および実体について判断基準を満たしていることを立証できるような十分に理解できる方法で説明されている」。

EC委員会規則 No.722/2004 においても、「非公知性」「秘密管理」「有用性」の3要件を具備した情報であるとしている点では同じである。ただし、その情報には、実体が伴わないとノウハウとして認知されない点で、日米の考え方と相違している。ある作業上のコツのような情報は、ノウハウとして認められ難いおそれがある。この規定の適用については、実務の実情に照らして、過去の判例等で確認しておくのが望ましい。

4　非公知情報（WTOとTRIPS協定）

(1)　WTO

WTOはWorld Trade Organizationの略称で、「世界貿易機関」という。「1995年1月1日、ウルグアイ・ラウンド交渉の結果を受け、GATT（貿易と関税に関する一般協定）を発展的に解消する形で成立した」。本部はジュネーブにある。WTOの目的は、各国が自由にモノやサービスの貿易ができるようにするためだけではなく、「アンチ・ダンピングや知的所有権等を幅広く貿易に関するルールを定め、世界経済発展に貢献している」。2007年5月現在150の国と地域が加盟している（以上の引用は外務省国際機関人事センターホームページ <http://www.mofa-irc.go.jp/link/kikan_info/wto.htm> による）。

WTOを設立するための協定を、マラケシュ協定（通称：WTO設立協定）という。この協定書には、下記4つの附属書が付帯している。

附属書1
① 附属書1Ａ：物品の貿易に関する多角的協定
② 附属書1Ｂ：サービスの貿易に関する一般協定（通称：GATT）
③ 附属書1Ｃ：知的所有権の貿易関連の側面に関する協定（通称：TRIPS協定）

附属書2　紛争解決に係る規則及び手続に関する了解（通称：紛争解決了解）

附属書3　貿易政策審査制度

附属書4　複数国間貿易協定

上記4つの附属書のうち附属書1から附属書3までは、WTO設立協定と一体不可分の関係にある。したがって、加盟国となるためには、WTO設立協定とこれら3つの附属書を一括受諾しなければならない。附属書4は加盟国の義務とはなっていない。これら附属書の1つ「附属書1Ｃ」を通称TRIPS協定という。

(2) TRIPS

TRIPS協定第7章（非開示情報の保護）39条は、「非開示情報」（undisclosed information）について次のとおり規定している。

「第39条
1．パリ条約（1967）第10条の2に規定された不正競争に対する効果的な保護を確保するために、加盟国は、非開示情報を2項に従っておよび政府または政府機関へ提出されたデータを3項に従って、保護するものとする。
2．自然人および法人は、適法に彼等の管理している情報が、下記の状態にある限り、誠実な商慣行に反する方法で彼等の同意を得ずに、他者に開示され、取得されまたは使われることを防止することができるものとする。
(a) それが、一体としてまたは構成部分の正確な配列および組み立てとして、当該情報に類する情報を通常取り扱う業界内の人々の間で一般に知られておらずまたは容易には入手できないという意味で秘密であること。
(b) 秘密であるがために商業的価値を有すること。

(c) 当該情報を適法に管理する者によって、当該情報を秘密に保持するために、その状況に応じて合理的な措置が講じられていること」。

TRIPS協定では日本の不競法でいうところの「営業秘密」に類似した概念として「非開示情報」(undisclosed information) という用語が用いられている。それは米国のトレードシークレットでもなければ、EU のノウハウとも違う。米国はトレードシークレットという用語を使うことを主張したが、それを使うと米国の判例法に基づき蓄積された法概念に引きずられることから、undisclosed information という用語が採用されたといわれている。

5　ブラジル

ブラジルの場合、営業秘密の法的保護は、法規定としては存在しない。よって、当事者間の契約によって営業秘密を保護する以外に手立てがない（JETRO マニュアル〔ブラジル〕P.100－P.101（(2)営業秘密）参照）。

また、契約終了後のノウハウの秘密保持期間については、「契約終了後、IMPI（国家工業所有院）は、契約当事者間の機密性が5年間のみ維持されることを許可する」（JETRO マニュアル〔ブラジル〕P.101、上から13行目から14行目）としている。

6　フィリピン

フィリピンの場合、ライセンス契約に含めることが禁止される規定の一つとして「ライセンシーの責めに帰すべき原因で契約を早期終了した場合を除き、契約終了後までも許諾技術の使用を制限する規定」というのがある（JETRO マニュアル〔フィリピン〕2(2)A、6）。ただし、免責規定があって、契約終了後も有効な特許、著作権、商標、商秘密もしくは他の知的財産権がある場合には考慮する（JETRO マニュアル〔フィリピン〕2(2)A、11）としている。さらに、この免責規定が適用されるのは、「高度技術内容」「外国為替獲得拡大」「雇用創出」「地域原材料によるもしくはその使用による産業の地域拡散及びまたは代替」あるいは「投資部への登録企業がパイオニアの地位を保有すること」など、「経済に相当な利益がもたらされるような例外的もしくは価値のある場合」に限られるとしている（JETRO マニュアル〔フィリピン〕

2(2)A、8)。よって、免責規定が適用される技術の範疇に属さない許諾技術については、たとえ「商秘密」が含まれていても、契約終了後に許諾技術の使用に制限を課すことができないとされている。

第7章　ライセンシング・ガイドラインとは何か

　ライセンス契約を規制するガイドラインや規則がある。その代表的なものとして、日本の公正取引委員会（以下、「公取」ともいう）が公表している公取指針、米国司法省が公表している米国ガイドラインおよび EC 委員会規則 No.772/2004 について、「位置づけ」「全体構成」「特徴」および「特記事項」について概説する。いずれのガイドラインも、独占禁止法や競争法の裏づけがあるので、違反すれば、強制措置がとられるので、強行法規と考えて実務対応する必要がある。

1　公取指針

(1) 位置づけ

1)　適用対象

　本指針の適用対象は、知的財産のうち技術に関するものである（公取指針第1の1柱書）。「本指針において技術とは、特許法、実用新案法、半導体集積回路の回路配置に関する法律、種苗法、著作権法および意匠法によって保護される技術ならびにノウハウとして保護される技術を指す」（公取指針第1－2(1)）。

2)　目　的

　本指針の目的は、「技術の利用に係る制限行為に対する独占禁止法の適用に関する考え方を包括的に明らかにする」ことである（公取指針第1の1柱書）。

3)　適用の考え方

　本指針の考え方は、事業活動の場所が日本国内外を問わず、「我が国市場に影響が及ぶ限りにおいて適用される」（公取指針第1の1(3)）。

(2) 全体構成

・第1　はじめに

1　公取指針

　　　1．競争政策と知的財産制度
　　　2．本指針の適用対象
　　　3．本指針の構成等
　・第2　独占禁止法の適用に対する基本的な考え方
　　　1．独占禁止法と知的財産法
　　　2．市場についての考え方
　　　3．競争減殺効果の分析方法
　　　4．競争に及ぼす影響が大きい場合の例
　　　5．競争減殺効果が軽微な場合の例
　・第3　私的独占及び不当な取引制限の観点からの考え方
　　　1．私的独占の観点からの検討
　　　2．不当な取引制限の観点からの検討
　・第4　不公正な取引方法の観点からの考え方
　　　1．基本的な考え方
　　　2．技術を利用させないようにする行為
　　　3．技術の利用範囲を制限する行為
　　　4．技術の利用に関し制限を課す行為
　　　5．その他の制限を課す行為

(3)　**特　徴**

1) 「権利の行使とみられる行為であっても、……知的財産制度の趣旨を逸脱し、又は同制度の目的に反すると認められる場合は、……独占禁止法が適用される」（公取指針第2の1）。

2) 「公正競争阻害性」とは、市場において「公正な競争を阻害するおそれ」（公取指針第2および第4－1(2)）を意味する。「公正競争阻害性」があれば、「不公正な取引方法」（独禁法19条）（後述）に該当する。「公正競争阻害性」の有無について、「競争減殺効果があるかどうか」、「競争手段として不当かどうか」、および「自由競争基盤を侵害しているかどうか」の3つの観点から検討する（公取指針第4－1(3)）。

3) 「不公正な取引方法」については、独禁法2条9項にその基本的な概念と行為類型の大枠が定義されている。その行為要件は、「独禁法2条（定義）9項に列挙された行為に該当すること」「公正競争を阻害するおそれ

37

があること」および「公正取引委員会が指定した行為であること」などである。

4) 公正取引委員会は、15の行為類型を不公正な取引方法として一般指定している（昭和57年6月18日公取告示第15号、平成21年10月28日公取告示第18号改正）。15の行為類型のうち競争品の製造や販売の制限あるいはライセンサーの競争者から競争技術のライセンスを受けることの制限に関連するものは、「一般指定第2項」「一般指定第11項」および「一般指定第12項」の3つである。

5) 公取指針「第4　不公正な取引方法の観点からの考え方」は、ライセンス契約におけるライセンサーのライセンシーに対する諸制限について、独占禁止法の「不公正な取引方法」の観点から検討し、独占禁止法違反に該当するか否か、または特定の状況下では違反に該当するかなどについて、具体的に次の3つの範疇に分類して説明している。「原則として該当する」、「該当する場合がある」、および「原則として該当しない」などである。

6) 「原則として該当する」ケースについて

　a．販売価格や再販売価格の制限は、「流通業者の事業活動の最も基本となる競争手段に制約を加え」、「競争を減殺する」ので、原則として、不公正な取引方法に該当する（一般指定第12項）（公取指針第4－4(3)）。

　b．輸出価格の制限が「国内市場の競争に影響する限り」、原則として、不公正な取引方法に該当する（公取指針第4－3(3)オ）。

　c．ライセンス技術またはその競争技術に関し、ライセンシーが自らまたは第三者と共同で研究開発することを禁止することは、「将来の技術市場または製品市場における競争を減殺するおそれ」があり、公正な競争を阻害するので（⇨ただし、プログラムの改変禁止は、一般的に、著作権法上の権利行使とみなされている）、原則として、不公正な取引方法に該当する（一般指定第12項）（公取指針第4－5(7)）。

　d．ライセンシーの開発技術をライセンサーまたは指定業者に権利を帰属させる義務またはライセンサーに独占的にライセンスする義務は、「技術市場または製品市場におけるライセンサーの地位を強化」する一

方、「ライセンシーの研究開発意欲を損なう」ので、原則として、不公正な取引方法に該当する。ただし、ライセンシーが特許等の出願を希望しない国・地域について、ライセンサーに対して特許等の出願をする権利を与える義務をライセンシーに課すことは、本制限に該当しない（一般指定第12項）（公取指針第４－５(8)ア）。

(4) その他特記事項

1)「該当する場合がある」ケースおよび「原則として該当しない」ケースについては、紙幅の都合で割愛するので、公取HPを参照されたい。

2) 公取指針に関する前記説明は、内容をわかりやすく説明するために、詳細説明を割愛した結果、正確性は犠牲になっているおそれがある。よって、最終的には、前記説明を参考に原文に当たって確認されたい。

2　米国ガイドライン

(1) 位置づけ

1．0項の冒頭において、「本ガイドラインは、特許法、著作権法、トレードシークレット法によって保護された知的財産およびノウハウのライセンスに関する米国司法省およびFTC（Federal Trade Commission 連邦通商委員会）の反トラスト法実施政策（antitrust enforcement policy）を述べる」としているように、本ガイドラインは、米国司法省およびFTCの基本的考え方を示したものであって、裁判所に対する法的拘束力を有するものではない。

(2) 全体構成

```
1．知的財産保護と反トラスト法
2．一般原則
  2.1　知的財産へは標準的な反トラスト分析が適用される。
  2.2　知的財産とマーケット・パワー
  2.3　ライセンシングの競争促進利益
3．反トラスト問題と分析手法
  3.1　問題の性質
  3.2　ライセンシング契約によって影響を受ける市場
  3.3　水平的関係と垂直的関係
```

3．4　ライセンシング制限を評価するためのフレームワーク
 4．合理の原則に基づく当局によるライセンシング契約の評価に関する一般原則
　4．1　反競争効果の分析
　4．2　競争効能と正当化事由
　4．3　反トラスト「セーフティ・ゾーン」
 5．一般原則の適用
　5．1　水平制限
　5．2　再販価格維持
　5．3　抱き合わせ契約
　5．4　排他的取引
　5．5　クロスライセンス契約とプーリング契約
　5．6　グラントバック
　5．7　知的財産権の取得
 6．無効な知的財産権の執行

(3)　特　徴

1)　ライセンス政策

　　特許権の行使について許容範囲を一層拡大しようとするものであると指摘されている（日米比較 P.224〜P.228参照）。

2)　個別制限条項の違法性

　　明確な契約上の違法制限（⇨「価格指定」「生産量制限」「水平的な競争者間の市場分割」「特定グループのボイコット」「再販価格維持」）（ガイドライン3．4項）を除き、その他の制限については、基本的な考え方や基本原則を示すのみにて、個別案件毎に関連市場への影響等を考慮して判断するとしている。そのため、判断基準が不明確との指摘がある（日米比較 P.224〜P.228参照）。

3)　一般原則（ガイドライン2．0項）

　　a．反トラスト法上、知的財産権は他の財産権一般と同様に扱われる。
　　b．知的財産権があるということだけで、それが、即、マーケット・パワー（ガイドライン2．2項）とはならない。

c．知的財産権を実施許諾することは、一般的に、競争促進的効果がある。
4) 3つの市場概念（ガイドライン3.2項）
　　ライセンス契約の制限条項の違法性を分析するための手段として、ライセンスによって影響を受ける製品市場（ガイドライン3.2.1項）、技術市場（ガイドライン3.2.2項）および研究開発市場（ガイドライン3.2.3項）の3つの市場が設定されている。ライセンス契約の制限条項がこれら3つの市場にそれぞれ及ぼす悪影響と競争効果とを比較衡量して、その違法性が判断される。
5) 違法性の判断基準（ガイドライン3.4項）
　ａ．合理の原則
　　「多くの場合、知的財産ライセンス契約における制限は、合理の原則に基づき判断される」とする一方、「価格指定」「生産量制限」「水平的な競争者間の市場分割」「特定グループのボイコット」および「再販価格維持」は、「当然違法」（⇨それ自体で違法と判断される）としている。
　ｂ．競争促進効能と競争制限効果との比較衡量（ガイドライン4.2項）
　　「制限が合理的に必要である場合、当局は競争促進効能と反競争効果を比較衡量し、各々の関連市場における競争に対する相当な正味効果を判断する」としている。
　ｃ．セーフティ・ゾーンの設定（ガイドライン4.3項）
　　(a)　「製品市場」については、ライセンサーとライセンシーのシェアを合わせて関連市場の20％を超えない。
　　(b)　「技術市場」または「研究開発市場」については、4つ以上の代替技術がある。
　　(c)　「イノベーション・マーケット」については、ライセンス契約当事者とよく似た研究開発活動をしている企業が四つ以上いる。
　　(d)　「この『セーフティ・ゾーン』は、吸収合併の分析が適用されるような知的財産権の譲渡には適用されない」（ガイドライン4.3項柱書）。
6) 個別の行為類型

a．水平的制限（ガイドライン5.1項）
　一般的に、合理の原則に従って判断されるが、その制限が、価格指定、市場・顧客の分割、生産量削減協定、または特定グループのボイコットにつながる場合、当然違法となる。
b．再販価格維持（ガイドライン5.2項）
　これは、当然違法である。
c．抱き合わせ契約（ガイドライン5.3項）
　(a)　抱き合わせ契約が問題となるケース
　　　a）売手が抱き合わせ製品においてマーケット・パワーを有する場合
　　　b）その契約が、抱き合わされた製品の関連市場の競争に悪影響を及ぼす場合
　　　c）その協定の効能の正当化事由の方が、反競争効果より勝らない場合
　(b)　1つの製品をライセンスする場合に、他の別な製品のライセンスの受諾を条件とするようなパッケージ・ライセンスは、抱き合わせ契約となり、他の抱き合わせ契約に適用さるのと同じ原則に基づき、その競争効果は判断される。
　(c)　排他的取引（ガイドライン5.4項）
　　「排他的取引契約は、合理の原則に基づき判断される」。その判断基準は、次のとおり。
　　　a）ライセンサーの技術開発を促進する程度、および
　　　b）競合技術の開発を妨げ、競合技術間の競争を害する程度
　(d)　クロスライセンス契約とプーリング契約（ガイドライン5.5項）
　　　クロスライセンスおよびプーリングが、価格協定または市場分割を遂げるメカニズムであるとき、それらは当然違法。
　(e)　グラントバック（ガイドライン5.6項）
　　　a）「ライセンサーがその関連技術市場またはイノベーション・マーケットにおいてマーケット・パワーを有しているかどうか」が、当局がグラントバックを分析する際の1つの重要な要素となる。

b) 「……許諾技術の改良に投資しようというライセンシーの意欲を著しく殺ぐと当局が判断」する場合、「その競争促進的効果を相殺する程度」が問題となる。
  (f) 知的財産権の取得（ガイドライン５．７項）
   知的財産権の譲渡については、合併の分析に使われる原則および基準、特に、1992年の「水平的合併ガイドライン」（"the 1992 Horizontal Merger Guidelines"）が適用される。特に、排他的実施許諾を得るような取引には、クレートン法7条、シャーマン法1条および2条、さらにFTC法5条に基づき評価を受ける可能性がある。

(4) その他特記事項
 1) これらガイドラインは、「知的財産ライセンス契約」（"Intellectual Property Licensing Arrangements"）第Ⅰ部3．6条、および「米国司法省1988年国際取引に関する反トラスト法執行ガイドライン」（"the U.S. Department of Justice Antitrust Enforcement Guidelines for International Operations"）第Ⅱ部判例6、10、11および12に優先する（米国ガイドライン表紙注記より）。
 2) 米国ガイドラインに関する前記説明は、内容をわかりやすく説明するために、詳細説明を割愛した結果、正確性は犠牲になっているおそれがある。よって、最終的には、前記説明を参考に原文に当たって確認されたい。

3　EC委員会規則 No.772/2004

(1) 位置づけ
 1) ローマ条約（＝EC設立条約）81条1項の適用免除
   ローマ条約81条1項で禁止された競争制限であっても、「契約による利益が競争上の制限を上回る場合」81条3項で免除されることがある（EC競争法P.68参照）。この免除規定が下記特定のライセンス契約に適用されることを定めたものがEC委員会規則No.772/2004（以下、本項では「本規則」という）である。
 2) 本規則の適用対象（特定のライセンス契約）

本規則の適用対象は、「特許ライセンス契約」「ノウハウライセンス契約」「ソフトウエア著作権のライセンス契約」「特許、ノウハウもしくは著作権の混合ライセンス契約」または「商品の売買規定、その他知的財産権のライセンシング規定、または知的財産の譲渡規定を含む契約」などで、2当事者間の契約に限られる（本規則1条1項(b)号）。

(2) 全体構成

```
前文
 1条　定義
 2条　適用除外
 3条　市場占有率
 4条　妥協を許さない制限
 5条　適用除外から排除される制限
 6条　個別ケースでの本規則の利益撤回
 7条　本規則の非適用
 8条　マーケットシェアの計算根拠
 9条　廃止
10条　移行期間
11条　有効期限
```

(3) 特　徴

1) ライセンサーとライセンシーとの間の競合関係の有無によって本規則の適用基準が異なる。

　a．競争者間の契約

　　当事者の総合シェアが、その影響を受ける関連技術および製品市場において20％を超えない（本規則3条1項）（前文(10)項参照）。

　b．非競争者間の契約

　　当事者のそれぞれのマーケットシェアがその影響を受ける関連技術および製品市場において30％を超えない（本規則3条2項）（前文(11)項参照）。

　c．ライセンサーのマーケットシェアの評価

ライセンサーのマーケットシェアは、ライセンサーとライセンシーが製造した契約製品の関連製品市場の合計マーケットシェアとする（本規則3条3項）。

2) 適用除外が受けられない契約上の制限（本規則4条）

この制限も契約当事者が競争関係にあるか否かで異なる考え方をする。

　a．競争関係にある場合（本規則4条1項）
　(a) 再販価格制限
　(b) 契約製品の生産量制限
　(c) 市場または顧客の分割（詳細説明省略）
　(d) ライセンシーの独自技術の活用の制限または研究開発の制限。ただし、許諾ノウハウの第三者への開示防止のために研究開発を制限することはできる。

　b．競争関係にない場合（本規則4条2項）
　(a) 再販価格制限（⇨固定価格、最小販売価格、最大販売価格、価格推奨など）
　(b) テリトリーや顧客に対する販売制限（消極的ではあっても）
　(c) 卸売りを商うライセンシーが最終需要家に対する販売制限を受けること（積極的、消極的を問わない）

　c．契約締結後競争関係になった場合（本規則4条3項）
　　契約時競争関係にない契約当事者が、その後競争関係になっても、契約時の適用条件（本規則4条2項）は契約有効期間中適用される。ただし、契約内容に重要な変更が伴う場合は、再審査される（本規則4条3項）。

3) 適用除外が受けられない契約上の義務（本規則5条）

　a．下記義務は、条約81条3項の規定に基づき審査される。
　(a) 「分離可能な」改良技術の排他的実施許諾義務
　(b) 「分離可能な」改良技術の譲渡義務
　(c) 許諾知的財産権の有効性を争わない義務

　b．ライセンシーの技術開発力等を制限する義務
　　競争関係にない契約当事者間の契約で、ライセンシーの技術開発力

や研究開発力を制限する直接・間接の義務。ただし、その制限が、許諾ノウハウの第三者への開示防止のために不可欠な場合は、この限りにない。
  4) 本規則の発効日：2004年5月1日。
(4) その他特記事項
  1) 欧州委員会の説明では、「企業」には個人も該当することがある。その判断基準は、それが有する機能による。公共サービスを提供するような公企業等は「企業」に不該当（EC競争法P.56参照）。
  2) 親子会社間で仕事を分担する目的で締結された協定には81条は適用されない（EC競争法P.58参照）。
  3) 81条1項の適用には、私法上の契約などは不要である。一方が意図的に他方の行動の自由を制限すれば足りるとされる。契約が終了しても、効果が継続していれば、適用対象となる。水平的契約にも、垂直的契約にも適用される（EC競争法P.60－P.61参照）。
  4) 一括適用除外規則と上記81条3項の適用免除条件と不合致の効果が加盟国内で生じた場合、加盟国の当局が一括適用除外を取り消すことができるとされる（EC競争法P.73参照）。
  5) 本規則には「委員会通知」として「EC条約81条の技術移転契約への適用に関するガイドライン（2004/C 101/02）」と称する41頁に及ぶ分厚いガイドライン（2004年4月27日付）が公表されている。これは、委員会の考え方を知るうえで重要である。しかし、個別案件で判断に迷う場合は、専門家に相談するのがよい。
  6) 本規則に関する前記説明は、内容をわかりやすく説明するために、詳細説明を割愛した結果、正確性は犠牲になっているおそれがある。よって、最終的には、前記説明を参考に原文に当たって確認されたい。

第8章　英文ライセンス契約書を読み書きするために、これだけは知っておきたい

1　ライセンス契約英語の歴史的背景

　ライセンス契約の英語といっても、英語に変わりはない。ライセンス契約は契約であるから、それは契約に関する英語でもある。また、ライセンス契約の主題は知的財産であるから、それは知的財産にかかわる英語でもある。

　外国企業とのライセンス契約書が英語で起草されることが多い理由の1つは、英語が国際的な商取引において最も多く利用されているという現実があるからである。勿論、国によっては自国の言語で作成された契約書でなければ、契約書として国が認めないという場合もある。あるいは、相手企業との力関係で相手国の言語で契約せざるを得ない場合もあろう。そうしたいくつかの例外を除けば、ライセンス契約書は一般的に英語で締結されることが多い。

　ライセンス契約書が英語で締結されるもう1つの理由は、以下に述べるようにライセンス・ビジネスの歴史的発展の経緯がある。高い技術やノウハウを所有している者がそうした技術やノウハウを持たない者に対して一定の対価と引き換えに実施許諾または使用させるというのが、ライセンス契約である。こうしたライセンス・ビジネスは、日本企業の場合、第二次世界大戦後の復興期に、主として米国企業から優れた多くの産業技術を導入し、技術革新を行い、経済成長を支えた。米国企業は、その高い技術力をもって、日本企業のみならず世界各国の企業に対してもライセンス・ビジネスを展開し、ライセンス・ビジネスの慣行を創り上げた。

　ライセンス・ビジネスの発展とともに、ライセンス契約にかかわるトラブルも発生した。そうしたトラブルは司法の場で決着してきた。そのようにして判例が積み重ねられ、ライセンス・ビジネスとしての判例の考え方が、契約書にも取り入れられた。その結果、今日の契約書の理論構成、形態および

[第Ⅰ部] 第8章 英文ライセンス契約書を読み書きするために、これだけは知っておきたい

専門用語や表現方法などが完成されてきたと考えられる。そのとき使われたのは、多くの場合、英語である。

ライセンス契約英語にはそうした歴史の裏づけがある。このことをよく認識したうえで英文ライセンス契約書を読み、書きしなければならない。

2 英文契約書起草上の文章作法

以下に英文契約書を起草する際の重要なポイントについて、簡単に説明する。

(1) 平易な英語を用いる

できるだけ平易な英語で契約書を起草するのがよいとする考え方は、米国を中心にかなり普及している。

(2) 短い文章を心がける

1つの文章が長いのは、決して好ましいものではない。契約書において契約条件を規定する場合、前提条件や但書の条件が付く書き方は一般的である。さらに、それらの前提条件や但書にまた一定の前提条件や但書がつくということがある。このように、契約書では正確にものごとを規定しようとするために、どうしてもいろいろな条件を付け、1つの文章が長くなってしまう傾向がある。文章が長くなると、どの文言がどの単語、どの句、どの節またはどの文を修飾しているのか読み取り難くなるおそれがある。そうなれば、正確に文章を書こうとした起草者の意図とは反対に、読み手にとっては読み難い文章になり、ときには読み手に大きな誤解や曖昧な意味を誘発することになりかねない。したがって、できるだけ短い文章で、簡素な構文で、契約条件を起草する努力が肝要である。

文章が長くなるときは、コンマ、コロン、セミコロン、コーテーション・マーク等を有効に活用する工夫も必要である。

(3) 直接話法を用いる

表現は単刀直入で、伝える内容は明快でなければならない。すなわち、契約書は、権利や義務の主体となる者（⇨ライセンサーまたはライセンシー）を主語として、受動態ではなく能動態で書き、できる限り直接的に表現するのがよい。間接的な表現や受動態で書くと（たとえば、"It is agreed (understood) that ……"などという書き方)、権利や義務の主体がぼやけてしまうことがある。もちろん、こうした客観的な表現が常に不適当というわけではないが、少なくとも、ライセンサーやライセンシーの権利や義務を規定するときに、こうした表現形式を使うことは好ましくない。

(4) 曖昧な表現を回避する

玉虫色の表現は絶対に回避したい。玉虫色の表現は、トラブルの解決を後回しにしただけではなく、紛争になれば起草者に不利な解釈を誘発するおそれがある（第Ⅰ部第11章5項参照）。

3　英文契約書の基本用語

英文契約書の用語は、我々が日常的に使っている一般用語と同じであっても、英文契約書の中で使われたときには、特別の意味を有する用語がある。そうした用語の中で基本的な用語について、以下簡潔に説明する。

(1) 基本用語

ここでは、英文契約書に一般的によく出てくる基本用語の意味や用法について Black's Law Dic.、Ballentine's Law Dic.、英米法辞典などを参照しながら確認する。

 1)　"shall"

  成文法、契約書などで使われる場合、一般的に、"shall" は「命令」（imperative / mandatory）に使われることが多く、法的拘束力が高いといわれている。「shall は may（できる）ないし be entitled to（する権利がある）と区別して用いられることが多く、その順（＊）に法的拘束力の程度が逓減していくのが通例」（英米法辞典）といわれている。また "shall" には裁量権を排除するニュアンスがあるともいわれている（英米法辞典および Black's Law Dic. 参照）。（＊著者注：" shall" ⇨ "may" ⇨ "be entitled to"）

  したがって、"shall" は法的に義務の履行を強制する意図がある場合に、一般的に使われ、「……しなければならない」「……する義務がある」「……するものとする」などと訳される。

  しかし立法趣旨との関係で、「（許容的に）できる；かもしれない」などと "may" と同じ意味に使われることもある（英米法辞典および Black's

Law Dic.)。

2) "will"

　これも法的義務を表わす助動詞であるが、"shall" と比べて強制力が弱いといわれている。"will" は、法的強制力がない場合にも使われるので、義務履行を明記する場合は、"shall" を使う方が望ましい。"shall" に代えて "will" を使って起草された契約書を読むときは、それが「義務」を表しているのか、「単純未来」を表しているのか注意深く読まなければならない。"shall" と "will" を峻別せずに使って、起草されている契約書の場合には、後日 "will" の解釈をめぐって紛争になることも考えられるので、法的に義務の履行を強制する意図がある個所については、契約の起草者側と交渉し、"will" を "shall" に変更してもらうのが望ましい。

　しかし、現実には、契約書の起草は多くの場合弁護士が行うことを考えれば、起草者側が契約書そのものの変更を簡単に受け入れないかもしれない。そのような場合は、疑義が生じる可能性のある部分について、契約当事者間で "Memorandum of Understanding"（覚書）などを作成し、解釈の統一を図るのが望ましい。さらに、そうした覚書を契約文書の1つとして契約書に付属させて、契約書と一体化し、同一の法律効果を持たせるようにしておくべきである。

3) "may"

　助動詞で、「……することができる」の意。

　"may" は、助動詞として「動詞」の意味に「能力（ability）、適格性（competency）、自由（liberty）、許可（permission）、可能性（posssibility）、蓋然性（probability）、偶然性（contingency）」などを付加する。"may" という言葉は、通常は「許される（permissive）」「任意の（optional）」「随意の（discretional）」などの意味で使われ、命令的な（mandatory）行為や行動を意味するものではない。それにもかかわらず、憲法、成文法、捺印証書、契約書などについて、裁判所は、往々にして "may" を "shall" と解釈する。

　一般原則としては、"may" を命令用語としては扱わない。ただし、文

脈上何かがあり、あるいはそうした意味に使われたことを示す行為の主題がある場合はこの限りにないとする。成文法の解釈や連邦規則の解釈では、"may" は "shall" と対比されて、「随意」または2つ以上の選択肢の中からの「選択」を示すとしている。

しかし、"may" の解釈を最終的に決める要因は、"may" が使われている文脈によるとしている（以上 "may" について Black's Law Dic. 参照）。

英米法辞典は、"may" について「契約書では当事者の right（権利）、power（権限）を意味する場合に使うのが通例」としている。

4) "be entitled to ……"

「……する権原を有する」「……する権利がある」「……する資格がある」の意で、契約書では "may" と同じく「権利」や「権限」を主張する場合に使われる。

「権利性を弱めて privilege（恩恵的利益）にすぎないという趣旨の場合に "may" に代えて "be entitled to"（…の資格がある）を用いることがあるが、最終的には裁判所の解釈による」とされる（英米法辞典）。

5) "above"; "above-mentioned"; "aforementioned"; "aforesaid"

いずれも「上記の」「既述の」の意。

6) "hereafter"; "herein"; "hereinbefore"; "hereinafter"; "heretofore"; "hereto"

　a．"hereafter"

　　これは副詞で、「今後」「以後」「将来」「来世」の意。これは成文法および法律文書において「未来の時」を表現する言葉として使われ、現在および過去を含まない（Black's Law Dic. 参照）。時には「不滅（perpetuity）」を表すこともある（Ballentine's Law Dic. 参照）。

　b．"herein"

　　これは場所を示す副詞で、その意味は、文脈によって変わる。1つの文書のある特定部分を指すこともあるし、1つの文書のある特定の頁を指すこともあるし、また1つの文書のある特定の文節を指すこともある。あるいはまた、成文法または私的な文書において使われる場合に、その文書全体を指すこともある（Ballentine's Law Dic. 参照）。ライ

センス契約ではしばしば「本契約では」、「本節では」または「本条では」などの意味で使われる。
- c．"hereinbefore"
  これは、私的な文書または成文法において直前の部分で述べられたことまたは述べられたものにかかわる言葉（Ballentine's Law Dic. 参照）で、副詞として「上に」「上文に」「前条に」などと訳される。"hereinabove"も同じ意味である。
- d．"hereinafter"
  これは、私的な文書または成文法において後の部分において述べられたことまたはものにかかわる言葉（Ballentine's Law Dic. 参照）で、副詞として「下文に」「下に」などと訳される。
- e．"heretofore"
  この言葉は、単純に過去を指す言葉で、現在時制および未来時制と峻別して、それ以上の明確なまた正確な意味はない（Black's Law Dic. 参照）。副詞として「これまで」「今まで」「従来」「過去においては」などと訳される。
- f．"hereto"
  分解すると、"to this"（「これ（に）」）となる。「これ」は、文脈により「この文書」「本契約」「本条」「本法」などと訳される。

7) "wherein"；"thereby"；"thereof"
- a．"wherein"
  これは関係詞として「その中に」「その点で」「そこに」などの意。
- b．"thereby"
  これは副詞として「それによって」「その方法によって」「その結果」「そのために」「それに関して」などの意である。
- c．"thereof"
  分解すると、"of that"となる。副詞として「それの」「その」；「そこから」「そのために」などの意である。

8) "foregoing"；"preceding"
- a．"foregoing"

「上記の」の意。それまでに既述されたすべてを指す。
　　　b．"preceding"
　　　「前記の」の意。時間的、場所的に「直前」を指す。"the preceding page"（前頁）
9）"referred to as ……"
　　「……という」「……と称す」の意である。
10）"premises"
　　「前記事項」「上述のこと」の意。「構内」の意ではない。
11）"said"
　　「上記の」の意である。
12）"the same"
　　直前に出てきた事物を指す。定冠詞"the"を常に伴う。
13）"whereas"
　　法律、契約書、条約などにおいて使われる言葉で、「……なので」「……という次第であるから」の意である。
14）"witnesseth"
　　"witnesses"の古語で、三人称単数現在形。「（以下のこと）を証する」の意である。

(2) コモンローとエクイティの用語の違い

法律文書によく出てくるコモンローを表す特有な表現とエクイティを表す特有な表現を下表に示す。

米国企業との契約書の中で"legal"といえば、「コモンロー上の」という意味で、単に、「法的な」という意味ではない。換言すれば、単に「法的な」という言い方をしている場合でも、その法的解釈は「コモンロー上の」という意味になることを理解しておく必要がある。また同様に"in equity"という言葉が出てきたときは、それは単純に「衡平に」という意味ではなく「衡平法に基づき」「衡平法上の」などと衡平法の考え方に言及していると理解しなければならない。

しかし、近年、そうした厳密な区別が薄れ、"suit"または"action"といえば、「訴訟」一般を指すことも少なくないともいわれている。たとえば、

"cause of action"（訴因）などと使われる（英米法辞典）。

項　　目	"common law"（コモンロー）	"equity"（エクイテ〈衡平法〉）
権利	"legal interest"（「法的な権利」ではなく「コモンローに基づく権利」の意）	"equitable interest"（「衡平な権利」ではなく「衡平法に基づく権利」の意）
救済	"legal remedy"（「法的な救済」ではなく「コモンローに基づく救済」の意）	"equitable remedy"（「衡平な救済」ではなく「衡平法に基づく救済」の意）
コモンローとエクイティの区別	"at law"（「法律上の」ではなく「コモンロー上の」の意）	"in equity"（「衡平に」ではなく「衡平法上の」の意）
（コモンローまたはエクイティに基づく）訴訟	"action at law"（「法律上の訴訟」ではなく「コモンロー上の訴訟」の意）	"suit in equity"（「衡平な訴訟」ではなく「衡平法上の訴訟」の意）
事実審理	"trial"（「試み」ではなく「コモンロー上の事実審理」の意）	"hearing"（「聴取」ではなく「衡平法に基づく事実審理」の意）
判決（⇨ "judgment" や "decree" に代わって使われることもある。"judgment" や "decree" よりも意味が広い。中間的な判断も含まれる（早川英語 P.34））	"judgment"（または decision）（「判断」ではなく「判決」の意）	"decree"（または decision）（「法令」ではなく「衡平法に基づく判決」の意）

(3) 専門的な意味を持つ用語

普通の用語でも契約書などで使われると、専門的な意味を持つ例を以下に示す。

単　　語	通常の意味	専門用語としての意味
alien	外国人、宇宙人	譲渡する
appearance	出頭	出廷；応訴

3 英文契約書の基本用語

assign	割り当てる	譲受人（assigns; assignee）
avoid	回避する	無効にする
bar	棒	弁護士（集団）
charge	料金	（陪審へ）説示（⇨正式事実審理の終結後陪審が評議に入る前に、裁判官が陪審に対し当該事件の法律問題について説明すること）；告発；担保権
damages	損害（単数形）	損害賠償金（複数形）
deed	行為	捺印証書
exception	例外	異議（事実審における裁判官の決定に対する）
find（finding）	見つける（発見物；調査結果）	事実を認定する（事実認定）
hand	手	署名
hear（hearing）	聞く（聞くこと）	審理する（審理）
hold	保つ	判示・判決する
letters（複数）	文字	文書（1通でも複数）（letters patent 特許証）
move（motion）	動く（動作）	動議を出す（申立て；動議）
of course	勿論	権利としての；裁判所の許可の要らない
prejudice	偏見	権利の喪失、不利益
presents（複数）	贈り物	本状・本文書（⇨1通でも通常 these presents という）
purchase	買う	無遺言相続または法規定によらずに不動産の所有権を取得すること（不動産法において）
serve（service）	仕える（サービス・役務）	送達する（送達）
specialty	専門；特産品	捺印証書契約
standing	立つこと	訴えの利益；当事者適格

55

[第Ⅰ部]　第8章　英文ライセンス契約書を読み書きするために、これだけは知っておきたい

try（trial）	試みる（試みること）	審理する（正式事実審理）
virtue	美徳	効力（by virtue of）

第9章　ライセンシング・ポリシーとは何か

　企業は技術戦略として、自社の開発技術について特許権を取得すべきか、またはノウハウとして秘匿すべきかについて明確な判断基準を示すのが望ましい。たとえば、リバースエンジニアリングによって容易に技術解明ができるものは、ノウハウとして秘匿するにはあまり適しない。また、リバースエンジニアリングによって構造的には技術解明ができたとしても、その製作方法には、いろいろな工夫が施されていて模倣が難しく、しかも製作者の熟練度合いに左右されるなどの技術的要素が求められるような場合は、ノウハウとして秘匿するほうが好ましいといえる。あるいは、高度な技術的知識や訓練を要するが、丁寧にそうした技術的知識の習得や訓練を行うことによって一定品質の製品を製作できるという性質の技術であれば、特許権を取得することが適している。特許権を取得することができれば、独占権を享受できる。

　以上のような技術戦略に基づき確保した特許権やノウハウなどの自社技術をどのような形でどのような条件で他社に対して実施許諾を与えるべきかについて基本的考え方を考えるのが本章の課題である。そこで、あらためて、ライセンシング・ポリシーとは何かについて考えてみる。拙著実務マニュアルでは、次のように定義している。

　「ライセンシング・ポリシーとは、企業が長年に亘り多大の人・物・金を投じて開発したその企業に固有の技術である貴重な知的財産を、経営資源の一つとして、如何に活用するかを経営的視点に立って策定する一連の事業実行基本政策である」(拙著実務マニュアルP.10)。

　ライセンシング・ポリシーはライセンサーの基本的な経営姿勢を示すものであるから、その考え方は長期を見据えたものでなければならない。しかし、現代の複雑な政治・経済の仕組みや動きの中にあって「一度決めた政策は変えない」とはいかないのが現実である。一企業の破綻が世界経済を不況に追い込む引き金にもなり得る時代である。ライセンシング・ポリシーも、その時の経営環境等に応じて臨機応変な対応が求められることもある。だからと

いって、それは朝令暮改を容認することでは決してない。いずれにしても、企業実務においては、ライセンシング・ポリシーとしてのこのように重要な判断を下す責任者が誰であるかを組織上明確にしておくのが望ましい。

それでは、ライセンシング・ポリシーとは具体的にどのような事柄について判断をすることをいうのか。著者の経験に照らして、その考え方を例示する。著者の経験は、産業機械の製造に関する特許・ノウハウライセンス契約にかかわるものである。取り扱う業種や技術の種類が変われば、ライセンシング・ポリシーについても、考え方が相違することは十分に考えられる。そういう前提で、主としてどのような事柄について、ライセンシング・ポリシーを明確にすべきか、具体的に、技術供与契約および技術導入契約のそれぞれについて、〔表9-1〕にまとめた。

〔表9-1〕 ライセンシング・ポリシーの項目

ライセンサーの ライセンシング・ポリシー	ライセンシーの ライセンシング・ポリシー
1．知的財産の自社活用と他社への実施許諾	1．自社開発か、他社技術の活用か
2．技術供与目的の明確化 　(1)　開発投資の回収および収益の確保 　(2)　販売拠点の確保 　(3)　海外生産拠点の確保 　(4)　技術的な相互補完 　(5)　権利侵害等のトラブル解消 　(6)　M&A または J/V のツール	2．技術導入目的の明確化 　(1)　開発投資の節約 　(2)　開発時間の節約・短縮 　(3)　導入技術依存か、参考技術か 　(4)　技術的な相互補完 　(5)　権利侵害等のトラブル解消または回避 　(6)　M&A または J/V のツール
3．ライセンシーの選択基準の策定	3．ライセンサーの選択基準の策定
4．許諾技術の価値評価	4．導入技術の価値評価
5．供与技術の許諾形態の判断基準の策定	5．導入技術の導入形態の判断基準の策定
6．グローバルな技術戦略、販売戦略の策定	6．グローバルな技術戦略、販売戦略の策定

以下、表9-1について、簡潔に説明する。

1　技術供与契約（ライセンス・アウト）

(1)　知的財産の自社活用と他社への実施許諾

　企業が独自に技術開発した知的財産（ノウハウ）を専ら自社で活用して製品化して市場へ提供することで収益を確保すると考えるのか、あるいは特許権など知的財産権を自社で活用して製品化して市場へ提供すると同時に、そうした製品を提供することのできない市場に対して自社の特許技術などを他社へ実施許諾する権利を与えることで、他社の製品という形で当該市場へ参入し、ロイヤルティという収益を確保するという考え方もあり得る。あるいは、特許権とノウハウの混合した技術情報を他社に実施許諾することで同様に収益を確保するという考え方もある。

　世界のどの国や地域にどのような方法で参入するかの判断は、ライセンサーのライセンシング・ポリシーとして、当該技術や当該市場の特質等を考慮し、しかも中長期の経営戦略に基づいて多角的に検討されねばならない。

(2)　技術供与目的の明確化

　自社が開発した技術情報を他社に実施許諾する際、ライセンシング・ポリシーとして、実施許諾の目的を明確にすることが重要である。実施許諾の目的は、当然、時の経営方針に合致するものでなくてはならない。実施許諾の目的を明確にすることによって、実施許諾のあり方が定まる。実施許諾のあり方は、実施許諾の目的を実現するための最良の策であることが望ましい。しかし、それが最良の策ではなくても、セカンドベストであっても、合意できる範囲で選択されたものである限り、ライセンサーのライセンシング・ポリシーに則ったものと考えるのが実務である。しかも、実際の契約では、下記に列挙した契約目的が単一のこともあれば、複数のこともあり得る。

　1)　開発投資の回収および収益の確保

　　　たとえば、開発した技術が客観的にみてそれほど寿命が長くはないと判断したと仮定する。その技術的リードタイムが仮に5年くらいというような場合、5年間で投資資金を回収し、なおかつそれを上回る収益を回収したいということになる。その場合、どのような手法がベストかということになる。一般的にいえば、1社のライセンシーから投資額を全

額回収するということは考えられないから、複数のライセンシーと契約することを考えねばならない。そのように考えると、契約条件もグローバルな販売戦略もいろいろ検討が必要である。この場合、許諾技術の寿命を5年と判断し、5年間で投資を回収し、最低限の収益をいくら確保すべしとする経営判断は、ライセンサーがライセンシング・ポリシーとして決めるべきものである。

2) 販売拠点の確保

発展途上国においては、自国で未発達な産業分野における国内産業の保護・育成のため、政府が特定の機械設備の輸入を制限することがある。外国企業メーカーとしては、完成品の輸出はできないが、現地企業とライセンス契約を締結できれば、ロイヤルティ収入の他に部品の輸出が期待できる。また、将来は、ライセンシーをその国における販売拠点とすることなども考えられる。このように海外に自社の技術力をもって販売拠点を確保すべしとする経営判断は、ライセンサーがライセンシング・ポリシーとして決めるべきものである。

3) 海外生産拠点の確保

安価で、良質な原材料の入手が可能な外国において一定水準以上の技術力を持った安い労働力を提供できる企業に対して、日本から技術指導をしながら、技術供与をすることで、より競争力のある製品を確保することができる場合がある。この手法は今日ではよく知られているが、このように海外に自社の技術力をもって製造拠点を確保すべしとする経営判断は、ライセンサーがライセンシング・ポリシーとして決めるべきものである。

4) 技術的な相互補完

お互いに補完できるような技術を所有している企業同士が、技術的に相互補完し合うためにライセンス契約を締結することがある。これも今日ではよく知られた技術取引の形態で、いわゆるクロスライセンス契約である。特定の企業と技術的に相互補完し合うためにライセンス契約の締結が必要であるとする判断は、ライセンサーがライセンシング・ポリシーとして決めるべきものである。

5) 権利侵害等のトラブル解消

　　侵害行為を止めさせ、ライセンサー（権利者）がライセンシー（権利侵害者）に対して侵害された技術を適正な条件で技術供与するために、ライセンシーとの間でライセンス契約を締結することがある。これは侵害行為にかかわるトラブル解決の有効な1つの手段である。この手法も今日ではよく知られているが、個別の事案でこの手法を採用すべしとする判断は、ライセンサーがライセンシング・ポリシーとして決めるべきものである。

6) M&AまたはJ/Vのツール

　　ライセンサーが他社を吸収する一連の手続過程において、自社技術を相手方企業に実施許諾することがある。あるいはまた、外国企業と相手国において合弁事業を展開する過程で、自社投資分または投資の一部として自社技術をその合弁事業に実施許諾する場合がある。このようにM&AまたはJ/Vのツールとして自社技術の一部を他社に実施許諾すべしとする判断は、ライセンサーがライセンシング・ポリシーとして決めるべきものである。

(3) **ライセンシーをどのような基準で選択するか**

　ライセンシーの選択はそのライセンス契約の成否を左右する。ライセンシーの評価は多面的なものでなくてはならない。たとえば、ライセンシーが許諾技術を消化できるだけの「基本的な設計能力」「技術陣体制」および「製造設備能力」などを具備しているかどうか、ライセンシーの「社会的信用」も含めたライセンシーの「営業力」「財務体質」、経営者としての先見性などについて、調査データに基づき、数多のライセンシー候補企業の中から特定のライセンシーを選択すべしとする判断は、ライセンサーがライセンシング・ポリシーとして決めるべきものである。それはまさにライセンサー側の力量も問われる重要な判断である。

(4) **許諾技術の価値をどのように評価して、技術を供与するのか**

　供与技術がその供与目的に適ったものであるか否か（⇨契約目的への適合性）および供与技術の性質、例えば、それが特許技術（⇨法的保護期間は20年）であるのか、あるいはノウハウ技術（⇨法的安定性に欠けるが、保護期間は無

期限⇨不競法2条6項）であるのかによっても、その判断や評価は異なる。すなわち、技術態様に応じた供与技術の適正性を確認し、技術的リスクを計算することが許諾技術の価値評価につながる。こうした許諾技術の価値評価を踏まえて、特定のライセンシーに許諾技術を実施許諾すべしとする判断は、ライセンサーがライセンシング・ポリシーとして決めるべきものである。

(5) **供与技術の許諾形態をどのような基準で判断するのか**

許諾形態について排他的実施権とするか、非排他的実施権とするか、または再実施権を付与するかなどについては、ライセンス目的に照らして慎重に判断しなければならない。同時に、ライセンサーとして、許諾技術も含めた自社技術のグローバルな技術戦略、販売戦略面からの検討も欠かせない。こうした総合的な判断は、ライセンサーがライセンシング・ポリシーとして決めるべきものである。

(6) **グローバルな技術戦略、販売戦略をどのように考えるか**

ライセンサーの中長期の技術戦略として許諾技術をどのように位置づけ、世界市場においてどのように今後展開するか、また許諾製品については、そうした技術戦略に基づき世界市場においてどのように販売を展開すべきかについての判断は、ライセンサーがライセンシング・ポリシーとして決めるべきものである。

2 技術導入契約（ライセンス・イン）

(1) **自社開発か、他社技術の活用か**

ある特定技術について、自社開発を貫くのか、自社開発を諦め他社技術を導入するのか、あるいは自社独自の技術開発を促進するために参考技術として他社技術を導入するのかなどの判断は、ライセンシーがライセンシング・ポリシーとして決めるべきものである。

(2) **技術導入の目的は何か**

他社の開発技術を他社から導入する際、ライセンシーのライセンシング・ポリシーとして、技術導入の目的を明確にすることが重要である。技術導入の目的は、当然、時の経営方針に合致するものでなくてはならない。技術導入の目的を明確にすることによって、技術導入のあり方が定まる。技術導入

のあり方は、技術導入の目的を実現するための最良の策であることが望ましい。しかし、それが最良の策ではなくても、セカンドベストであっても、合意できる範囲で選択されたものである限り、ライセンシーのライセンシング・ポリシーに則ったものと考えるのが実務である。しかも、実際の契約では、下記に列挙した契約目的が単一のこともあれば、複数のこともあり得る。

1) 経営資源および開発時間の節約

　許諾製品の販売価格の数パーセントを許諾技術の実施料としてライセンサーに支払うなど一定の条件の下で許諾技術を使用し、収益を稼げることができるのであれば、それはライセンシーにとって経営資源（人・物・金）および開発時間の節約となる。その節約できた人・物・金は、別な開発投資に振り向けることができる。また開発時間の節約によって、ライセンシーは許諾製品の販売市場において競合先行者に短時間で追いつくことができ、短縮できた時間分だけより早く利益享受が可能となる（⇨市場競争への早期参画による利益享受）。こうした判断は、ライセンシーがライセンシング・ポリシーとして決めるべきものである。

2) 導入技術依存

　ライセンシーは、以下のような理由により、専ら導入技術に依存する方が得策であると判断することがある。そのような判断は、ライセンシーのライセンシング・ポリシーとして決めべきものである。

　a．独自の研究開発では費用対効果の点から採算がとれない（⇨経済性）。

　b．関連製品の受注がしやすくなるなど他の関連商品の販売政策などとの関係で営業政策的に品揃えの必要があるが、独自の研究開発では時間的に間に合わない（⇨営業政策）。

　c．ライセンサーが許諾製品のメーカーとして世界的に著名で、許諾製品に関し豊富な製造実績を誇るだけはなく、技術的にも高い信頼性があり、許諾技術に依存する方がリスクが少ない（⇨ブランドの活用、技術的安定性、経済性）。

3) 技術的な相互補完

　クロスライセンス契約に関しては 1 (2) 4)「ライセンサーのライセンシング・ポリシー」の項に同じ。クロスライセンス契約では、契約当事者

はお互いにライセンサーであり、ライセンシーでもある。
4) 権利侵害等のトラブル解消

　　権利侵害者がそれとは知らずにライセンサーの権利を侵害した場合、または自社技術を完成させるためにライセンサーの技術がどうしても必要な場合、権利侵害者は、ライセンサーと協議をして、ライセンサーの当該技術の実施許諾を受けることがある。これは、権利侵害が発生した場合の有効な解決策の1つであり、または権利侵害を犯すおそれがる場合の予防策としても有効である。こうした判断もまた、ライセンシーがライセンシング・ポリシーとして決めるべきべきものである。

5) M&A または J/V のツール

　　企業が他社に吸収または合併される一連の手続過程において、相手方企業から相手方企業の技術を導入するよう要請される場合がある。あるいはまた、合弁事業を展開する過程で、相手方企業から、その投資分またはその一部として、相手方企業の技術を導入するよう要求されることがある。いずれの判断も、ライセンシーがライセンシング・ポリシーとして決めるべきものである。

(3) ライセンサーの技術をどのような基準で選択するか

　ライセンシーがライセンサーを選定する場合、一般的に、2つの動機が考えられる。「1つは、ライセンシーがライセンサーから特定技術について積極的な売り込みを受けて導入を決意する場合である。もう1つは、ライセンシーが自らの調査に基づき、それがライセンシーの導入目的に合致した技術であるとの評価をして導入する場合である」(拙著実務マニュアル P.19)。

　ライセンサーの選択は、ライセンシーのライセンシング・ポリシーとして判断すべきものである。技術導入契約の履行がうまく行くか否かは、ライセンサーの技術協力の如何にかかっている。一般的に、ライセンサーの評価基準として、「技術力」「信用度・知名度」および「経営基盤」等が考えられる。

　「技術力」については、ライセンシーを十分に支援できるだけの技術力（⇨基本的な設計能力、技術陣体制、研究開発設備等）の有無を確認しておく必要がある。特に、ライセンサーがベンチャー企業の場合、その所在地の確認、技術内容（⇨技術陣の年齢構成、経歴なども含む）の調査なども必要である。ラ

イセンス契約対象技術以外の技術に関しても、過去の実績や顧客の技術的評価を調査しておくのが賢明である。

　ライセンサーの「信用度・知名度」の調査は、ライセンサーの企業としての社会的信用度を測る１つの目安になる。ベンチャー企業の場合は、ベンチャー企業家本人の知名度、経歴、人柄などが調査対象となる。

　健全な経営体質、「経営基盤」を持ったライセンサーを選定しなければならないことは、いうまでもない。

(4)　**導入技術の価値をどのように評価して、技術を導入するのか**

　導入技術の価値評価は、ライセンシーのライセンシング・ポリシーを策定するうえで重要な要素になる。導入技術について多角的に総合判断をして、導入すべきかどうかの判断は、ライセンシーのライセンシング・ポリシーとして決めるべきものである。導入技術がその導入目的に適ったものであるか否か（⇨契約目的への適合性）および導入技術の性質、たとえば、それが特許技術（⇨法的保護期間は20年）であるのか、あるいはノウハウ技術（⇨法的安定性に欠けるが、保護期間は無期限⇨不競法２条６項）であるのかによっても、その判断や評価は異なる。技術態様に応じた導入技術の適正性を確認し、技術的リスクを計算する必要がある。

(5)　**導入技術の導入形態をどのような基準で判断するのか**

　技術導入の形態に関しても、技術供与契約の場合と同様な発想が必要である。

　契約によって特定技術の実施許諾を受ける場合、独占的な製造・販売権の実施許諾を受けるか、非独占的な製造・販売権にとどめるか、または独占的な製造・販売権と共に再実施権も受けるかは、ライセンシーのライセンシング・ポリシーとして慎重に判断しなければならない。

　さらに、その選択に際しては、実施許諾を受ける技術を自社の経営資源としてどのように位置づけるのか、また許諾を受けた販売テリトリーをグローバルな市場戦略の中でどう位置づけるかについても、ライセンシーがライセンシング・ポリシーとして判断しなければならない。

(6)　**グローバルな技術戦略、販売戦略をどのように考えるか**

　ライセンシーは、導入技術や許諾製品について、自社技術や自社製品との

調整も含めて、世界市場においてどのように活用または販売を展開するのかなどの戦略を、ライセンシング・ポリシーとして策定しなければならない。

第10章　知財部員は、どのようなスタンスで、ライセンス契約に取り組むべきか

　契約業務を遂行するうえで最も重要なことは何か。それは「バランス感覚」であると思う。
　「バランス感覚」とは何か。それは、一連の契約実務をこなすうえでの「法務感覚」「営業（経営）感覚」および「相手方当事者との間の信頼感を醸成できる感性」という3つの要素を契約実務の各場面でコントロールできる平衡感覚と定義する。企業において契約に携わる人間は、この「バランス感覚」を磨くことを心がけるべきと考える。それは、一朝一夕に習得することはできない。日々真摯に仕事をこなす中で体得する以外に方法はない。それは「個人の感性」の問題であり、個人差があることも否めない。
　「法務感覚」とは、法律の考え方に沿ったものの考え方ができる実務感覚である。それは、会社の社会的責任に照らして正しいか、あるいは営利主義に走ってはいないかなどを常に冷静に物事を判断する姿勢である。また、法律では、よく反対解釈ということが行われるが、これに慣れることでもある。それは、別な言い方をすれば、複眼思考ができることである。
　「営業（経営）感覚」とは、会社の事業全体を見渡すような広い視野で物事を観て、判断することのできる実務感覚である。それは合理性の追求だけはなく、相手との協調性や社会との調和なども視野に入れて物事を判断できる実務感覚である。この「営業（経営）感覚」には、本質的に超法規的な発想につながる傾向がある。その典型的な事例は、社長の経営的判断である。営業部門は、いわば社長の意を体して行動する部隊ともいえる。「営業感覚」が強すぎると「法務感覚」は萎んでしまう。「法務感覚」が強すぎると、法規則や合理性の呪縛に囚われて、「営業感覚」が委縮して、自由な判断や行動ができず、ひいては会社全体の事業展開が委縮してしまう。そうなると、会社として事業発展を遂げることができなくなり、本末転倒ということになる。
　「営業感覚」と「法務感覚」の微妙なバランスを上手にとることが契約実務で

は最も難しい。

　「相手方当事者との間の信頼感を醸成できる感性」とは何か。それは、個人としても会社としても、契約相手方当事者との間に信頼関係を醸成できる感性である。契約は「人」と「人」との約束事である。約束を履行するのは、「人」である。どのように立派な契約書ができても、「人」がこれをきちんと履行しなければ、その立派な契約は生きてこない。契約当事者は常に相手方当事者を意識して契約を履行しなければならない。つまり、一方の当事者の行いは、他方当事者に跳ね返ってくる。ライセンシーが許諾製品の製造、販売を順調に進めることができれば、ライセンサーにはロイヤルティという形で利益が還元される。ライセンサーとライセンシーの関係は、一心同体ともいえる。契約当事者間に本当の信頼関係がなければ、契約の履行はうまくゆかない。その信頼関係をどのように醸成できるかがその契約を成功に導く鍵といっても過言ではない。

　契約交渉は、お互いの利害損得をぶつけ合う場である。しかし、自分の利益を100％追求すれば、契約相手方当事者はその分不利益を被る可能性がある。弱肉強食のビジネスの世界では、強者が勝ち、弱者が負けるのは、当たり前といえば当たり前である。そんなとき、当方の少しの譲歩が、契約相手方当事者にとっては大きな利益に資するということがあるとすれば、そんな譲歩は好ましい。いわゆる「win-winの関係」である。そんな選択ができる感性を契約に携わる者は磨いてほしい。そうした交渉姿勢は、相互の信頼関係の醸成につながり、契約締結後の契約履行過程で発生するかもしれない諸々の問題について友好協議をする際の基礎となり得るし、またそうなれば、円満な問題解決も期待できるというものである。

　契約に携わる者は、「法務感覚」および「営業（経営）感覚」を磨くと同時に、「相手方当事者との間の信頼感を醸成できる感性」も身に付けながら、契約実務の多様な場面でこれらを上手にコントロールできる能力を求められている。

第11章 英文ライセンス契約書を起草する場合に心得ておくべきこととは何か

　契約書の起草は、まさに契約交渉というビジネスの戦いを開始するための土俵づくりの作業である。そうした作業を行うにあたり、起草者として注意を払うべき、また日頃から心がけておくべきと思われることを著者の経験に照らして列挙する。

1　価値観の違いを知れ

　契約締結の前向きの議論の中で契約不履行や破産・倒産の話題を持ち出すのは、結婚の段取りを決めているときに、離婚の条件を決めるようなもので、日本人の伝統的な発想からすれば、そぐわない。しかし、契約時には、予想されるすべてのリスクを契約書で合意するというのが、英米法系の諸国の人々の契約の考え方である。契約相手方当事者が英米法系の国の企業であるとするならば、彼らの価値観を十分に理解してたうえで、契約書を起草しなければならない。

2　契約書の起草は、契約交渉の土俵づくり

　契約書を起草するということは、契約交渉の土俵づくりをすることであると心得るべきである。
　契約交渉は理論闘争であるから、契約交渉の土俵は、理論闘争の場、すなわち、議論の場である。議論を展開するとき、議論の枠組みが予め決められていれば、すべての議論はその枠組みの中で行われ、その枠組みの外へはみ出すことはなかなか難しい。
　契約の起草者は自社のライセンシング・ポリシーに基づいて契約書を起草する。たとえば、契約相手方当事者が契約書を起草し、その契約書案をベースに契約条件の交渉をするとするならば、その交渉はあくまで契約相手方当事者が提案したライセンシング・ポリシーの枠の中で細かい契約条件につい

て交渉をしていることになる。

「契約交渉の土俵づくり」をするということは、「契約交渉の議論の枠組みづくり」をすることにほかならない。そうした「土俵づくり」や「議論の枠組みづくり」は、「契約書の起草」によって実現する。それゆえに、「契約書の起草」をどちらが担当するかによって、その契約交渉の成否はほとんど決まってしまう。ライセンシーであっても、自社のライセンシング・ポリシーを実現しようと思えば、契約書の起草を積極的に引き受けるのが望ましい。

一般的には、ライセンサーが契約書を起草し、ライセンシーはライセンサーが起草し、提案した契約条件についてライセンシーが注文をつけるという流れである。そこには、明確にライセンサーの意思、つまり、ライセンシング・ポリシーが反映されている。その場合、ライセンシーの立場とすれば、ライセンサーのライセンシング・ポリシーを基本的に受け入れるという大前提で、細かい契約条件について交渉をするということになる。それが自然であり、一般的である。

3　英語に堪能なだけでは英文契約書は書けない

英語が堪能なだけでは、英語の契約書を起草することはできない。たとえば、英語でライセンス契約書を起草しようと思えば、まず、英米法の契約の考え方やルールについて知らなければならない。次に、契約の種類が売買契約ではなくライセンス契約であるから、ライセンスの対象となる知的財産について自国および相手国の法制度や考え方について習熟していなければならない。契約法や知的財産制度等についての知識があっても、それを使って英語で契約書としてまとめるには、ライセンス契約や英文契約に使われる英語の歴史的な背景や判例の裏づけ等についても熟知していなければならない。かように、ライセンス契約担当者には、英文でライセンス契約書を起草するために通常の英語以外の多くの知識や経験が求められる。

4　専門家の知恵を活用する

ライセンス契約は、法律面を見ても関係する分野は非常に広い。民法、商法、会社法、破産法、税法、経理関連法、独占禁止法、知的財産法、仲裁法、刑

事・民事訴訟法、裁判所法、２国間条約、国際条約、その他多くの法律が関連している。許諾技術についても、時には、詳細な部分についてまでも知る必要があることもある。それを全部１人の知財契約担当者がマスターすることは至難の業である。さらに、英文契約書を読み、書き、交渉する能力が要求される。それぞれの専門分野の専門家の知恵を有効に活用することを考えるのが、知財契約担当者の知恵である。

5 玉虫色の表現は使うな

契約書は、常に、起草者に厳しく解釈されるという英米法の考え方がある。これを「曖昧性の法理（Vagueness Doctrine）」という。この法理（⇨「法律の原理」または「法哲学」の意。つまり、法律を考える原則的なこと）を踏まえ、契約書の起草者は、多様な解釈を許容するような玉虫色の表現を回避し、常に明確な文章表現を心がけなければならない。

リステイトメント２の206条は「起草者に不利な解釈」と題して「曖昧性の法理」について次のように規定している。

「約束や合意の持つ合理的な意味、あるいは約束や合意を表す用語（term）が持つ合理的な意味の中から選択をする際には、一般的に、その言葉（words）を提供する当事者あるいはその言葉を提供しなくても文書を作成する側の当事者に不利に作用するような意味を選択するのが好ましい」。

つまり、約束の文書や合意文書あるいはそれらの文書の中で使われた用語の意味が問題になり、いくつかの合理的な意味が考えられ、その中からどれか選択をしなければならないときは、その言葉を提供したほうの当事者、すなわち、その文書の起草者に不利な解釈となる意味を選択するか、あるいは、起草者ではなくてもその文書の出所に当たる当事者に不利な解釈となる意味を選択するのがよいというのが一般的であるとしている。

6 過去の合意がどうあろうとも現契約書がすべて

英米法に基づく契約では、契約交渉の過程でどのような合意がなされたとしても、あるいは了解があったとしても、契約をいったん締結したならば、契約書に書かれていることがすべてである。これを「完全な合意（entire agreement）」（第Ⅰ部第1章(2)および同＜注3＞参照）という。

　契約書の起草にあたって、または契約の調印にあたって、過去の契約交渉で合意した事柄で契約に含めるべきものが的確に含まれているかどうかを確認することを忘れてはならない。

7　権利と義務と履行手続

　契約書には権利や義務だけではなく、その履行手続を定めておくのが実務的であり、重要である。履行手続を具体的に定めることによってはじめて、権利や義務の履行が担保される。

8　条項間のバランス

　ある条項で権利として述べたことが、別な条項では曖昧になるというような論理的な矛盾があってはならない。契約全体を通して論理的な一貫性を維持しなければならない。これが大原則である。

　他方、契約は利害の対立の中から生れた妥協の産物でもある。現実の契約では、論理的な一貫性が必ずしも維持できないこともあり得る。理論と実務のズレをどう調整するかは、交渉担当部門の腕の見せ所といえる。

第Ⅱ部

契約実務（事例）と契約英語

第1章　前　文（Preamble）

前文には、一般的に、下記事項が明記される。
① 　契約締結日
② 　契約締結場所
③ 　契約当事者の住所
④ 　契約当事者の設立準拠法
⑤ 　契約当事者の資格、能力、事業経験など
⑥ 　契約当事者の意思
⑦ 　契約目的
⑧ 　契約に至る経緯
⑨ 　約因

前文に事実として記述されたことは、後日翻すことが許されないことになっている。これを「表示による禁反言」という。英米法の法理の1つである。したがって、前文を読めば、契約締結にかかわる事実を確認できる。その契約がどのような契約当事者の間で、どのような経緯を経て、どのような目的で締結されたのかなど、契約書全体のイメージがつかむことができる。将来、契約解釈をめぐって契約当事者間に争いなどが生じた場合に、裁判所が当事者の意思を確認しあるいは問題の契約条文の解釈をする際に、「前文」に明記された契約当事者の意思、契約目的および契約経緯などを確認し、契約を解釈するための補足資料ともなり得る。ここに「前文」の大きな存在意義がある。

1　伝統的スタイルの前文＜事例1＞

(1)　＜事例1＞の紹介

> THIS AGREEMENT, (a)made and entered into this (　) day of(　), (　) ,by and between Company X, (b)a corporation duly organized and existing under the laws of (　　), (c)having its principal office at (　　) ((d)hereinafter re-

ferred to as "Licensor"), and Company Y, a corporation duly organized and existing under the laws of (　　　)having its principal office at (　　　) (hereinafter referred to as "Licensee"),
(e)WITNESSETH:
(f)WHEREAS, (g)Licensor has long been engaged in the manufacture and sale throughout the world of various industrial machineries and equipment such as, among others, certain reciprocating gas compressors for use in various general industries, energy industries, petroleum refining industry, chemical industry, petrochemical industry, and other miscellaneous applications, and
WHEREAS, Licensee is engaged in the manufacture and sale of, among others, reciprocating compressors, and
WHEREAS, (h)Licensor possesses a considerable amount of valuable technical knowledge and proprietary and confidential information concerning the said reciprocating gas compressors, and
WHEREAS, (i)Licensee is, being convinced of the potential market in （ライセンシーの所在国名） and Licensee's own ability to penetrate into it, strongly desirous of acquiring from Licensor a license and technical assistance to enable Licensee to manufacture and sell the said reciprocating gas compressors in （ライセンシーの所在国名） ,and
WHEREAS, (j)Licensor is, relying on Licensee's forecast and aggressiveness, willing to grant and render such license and technical assistance to Licensee under mutually acceptable terms and conditions,
(k)NOW, THEREFORE, in consideration of the aforesaid premises and the mutual covenants herein contained, and intending to be legally bound, the parties hereto hereby agree as follows:

(2)　＜事例1＞の訳文

　　（ライセンサーの所在国の）法律に基づき正当に設立され存続している、（ライセンサーの住所）にその主たる事務所を有する法人、X社（本契約書において以後「ライセンサー」と称する）と（ライセンシーの所在国の）法律に基づき正当に設立され存続している、（ライセンシーの住所）にその主たる事務所を有する法人、Y社（本契約書において以後「ライセンシー」と称する）との間で（　年）（　月）（　日）付で締結された本契約書は、

[第Ⅱ部]　第1章　前　文（Preamble）

> 　　　　　　　　　　以下のことを証する：
>
> 　ライセンサーは、長年にわたり世界中で各種産業機械、とりわけ、さまざまな一般産業、エネルギー産業、石油精製産業、化学産業、石油化学産業及びその他多様な用途のために往復動ガス圧縮機の製造および販売に今日まで従事してきた；
> 　ライセンシーは、とりわけ、往復動ガス圧縮機の製造及び販売に従事している；
> 　ライセンサーは、上記往復動ガス圧縮機に関する貴重な技術知識及び財産的秘密の情報を相当量保有している；
> 　ライセンシーは、（ライセンシーの所在国）に潜在需要がありその市場に入り込むことができる確信があるので、（ライセンシーの所在国）において上記往復動ガス圧縮機の製造及び販売ができるようにライセンサーからライセンス及び技術援助を得たいと切望している；
> 　ライセンサーは、ライセンシーの見通しと積極的な姿勢を信頼して、お互いに受諾可能な条件に基づきライセンシーに対して同ライセンスを喜んで許諾し、技術援助を与える；
> 　よって、上記事項および本契約に包含された相互の約束を約因として、また法的拘束力をもって、本契約当事者は本契約によって以下のとおり合意する：

(3) ＜事例1＞のポイント

　前文においては、それぞれの契約締結の事情や相互の意思などを確認する。具体的な内容は、契約により相違する。前文の様式は、前記のような"WITNESSETH"を使ったワンセンテンスの伝統的なスタイルが依然として広く使われている。前文の存在意義については、冒頭で述べたとおりである。

(4) ＜事例1＞の英語表現

　1)　"made and entered into"
　　　「（契約が）締結された」の意。"make"も"enter into"も「（契約を）締結する」の意。伝統的な表現形式で、今も、広く使われている。

　2)　"a corporation duly organized and existing under the laws of（　）"

（　）内には国名を記入する。「（……）の国の法律に基づき正当に設立され存続している法人」の意。ここでは、設立準拠法の明記と現存の事実（幽霊会社ではないこと）を明示している。この表現形式は、ライセンス契約の前文では、ほとんど慣用的である。"the laws of" の後に国名がくるが、たとえば、「日本法」というとき、"the laws of Japan" というが、"Japanese law" ともいえる。前者には "laws" と "s" がついて複数形となっているが、後者は "law" と単数形になっていて、しかも "Japanese law" と定冠詞の "the" が付いていないことに注意。この違いは慣用的な表現として理解するのがよい。強いて理屈をいえば、"laws" は個々の法律を意識している表現であり、"Japanese law" は日本法全体を一括りにして抽象的にとらえているといえよう。

3) "having its principal office at (　)"
　　（　）内には住所を記述する。「（　）にその主たる事務所を有する」の意。「主たる事務所」は、必ずしも本社とは限らない。ライセンス契約の仕事を実際に主体的に行っている事務所であればよい。当事者の所在地を明確にすることが重要である。

4) "hereinafter referred to as "＿＿""
　　"＿＿" 内には、略称を記入。「以下本契約においては『　』と称す」の意。これも決まり文句である。"referred to as" に代えて、"called" のほうが簡明だとして後者を好む人もいる。

5) "WITNESSETH"
　　"WITNESSETH" は "witnesses" の古語。WITNESSETH の後に "that" が省略されている。「(that 以下のこと) を証する」の意味になる。ここまでが前文の導入部である。この導入部では、契約締結日、契約当事者名、設立準拠法、主たる事務所の所在地などを明記する。契約相手の正確な住所や設立準拠法を知っておくことは、訴訟を起こすときにも必要である。

6) "WHEREAS" ／ "WHEREAS-CLAUSE"
　　"WITNESSETH" の後に "WHEREAS" に導かれる節がくる。これらの節を "WHEREAS-CLAUSE" と称する。

[第Ⅱ部] 第1章 前　文（Preamble）

　　"WHEREAS-CLAUSE"では、当事者の能力表明としてライセンサーおよびライセンシーの事業実績や経験について述べる。ライセンサーの許諾技術が第三者との共同開発技術である場合には、その旨を述べる。共同開発技術の場合には、ライセンサーが許諾技術についてライセンスできる立場にあることも明記する必要がある。

　　また、"WHEREAS-CLAUSE"では、ライセンシーが、ライセンサーと秘密保持契約を締結し、契約締結前に必要情報の開示を受けて、コストおよび技術の両面からライセンス契約対象技術を検討した場合には、そうした事実についても表明する必要がある。

　　"WHEREAS-CLAUSE"では、ライセンシーがライセンサーの技術の実施許諾を切望し、これを受けて、ライセンサーがライセンシーに対して実施許諾の意思を表明するという形をとるのが一般的な書き方である。

7）　"Licensor has long been engaged in the manufacture and sale of（　）"
　　（　）内には、許諾製品（名）を記入。「ライセンサーは長い間（　）の製造および販売に従事してきた」の意。ライセンス契約の前文では、ライセンサーが許諾製品の長い製造および販売の経験を誇示するのは、よくあることである。

8）　"Licensor possesses a considerable amount of valuable technical knowledge and proprietary and confidential information concerning（　）"
　　（　）内には、許諾製品（名）を記入。「ライセンサーは、（　）に関する貴重な技術知識および財産的秘密情報を有する」の意。この表現も、ライセンス契約の前文では、ライセンサーが価値ある情報の正当な所有者であることを宣言する1つの表現形式としてよく使われる。情報の量を表わすのには、"amount"を使う。情報を持っていることを表わすのに"possess"を使っている。"possess"は「所有する」の意。

9）　"Licensee is desirous of acquiring from Licensor a license"
　　「ライセンシーは、ライセンサーからライセンスを得たいと希望する」の意。この表現も、ライセンス契約の前文では、ライセンシーが許諾を得たいとの願望意思の表現としてよく使われるスタイルである。

10）　"Licensor is, relying on Licensee's forecast and aggressiveness, willing to grant"

「ライセンサーは、ライセンシーの見通しと積極的な姿勢を信頼して、許諾をする」の意。「ライセンサーは喜んで……を許諾する」という表現は、ライセンス契約の前文では、ライセンサーの許諾意思を表わすスタイルとして定着している。本事例では、「ライセンシーの見通しと積極的な姿勢を信頼して」という文言が挿入されている。これは、将来、許諾製品の販売がうまくいかなくなった場合に、ライセンシーがライセンサーに責任転嫁をしたり、あるいはこの技術導入は嫌々ながらしたなどの言訳をさせないことを予防する意味もある。著者は、事実、そうした苦い経験をしたことがある。

11) "NOW, THEREFORE, in consideration of the aforesaid premises and the mutual covenants herein contained, and intending to be legally bound, the parties hereto hereby agree as follows"

「ゆえに、前記事項と本契約に包含された相互の約束を約因として、また法的拘束力をもって、本契約当事者は本契約によって次のとおり合意する：」の意。これは、前文を締めくくるほとんど決まり文句である。

"consideration"は、「考慮」ではなく、「約因」である。「対価」と訳されることもある。これは英米法の契約の特有な考え方で、英米法辞典は、次のように説明している。

「Considerationは、契約を構成する約束に拘束力を与える根拠であって、promisor（約束者）に生じた権利もしくは利益、またはpromise（受約者）が与え、被りもしくは引き受けた不作為、損失もしくは責任である。リステイトメント2 §71は、considerationを約束者が彼の約束と引換えに与えた履行または約束であるとしている。……」。

たとえば、特許ライセンス契約においてライセンサーがライセンシーに対して提供する約因は「実施権」であり、これに対しライセンシーが提供する約因は「ロイヤルティ」である。同様に、物の売買契約では、売主が買手に対して提供する約因は「物」であり、買手が売手に提供する約因は、「代金」である。

"intending to be legally bound"について、これは「法的に拘束される

つもりで」という意味である。なぜこうしたことをいう必要があるのか。それを理解するためには、"agreement"と"contract"の法的解釈の相違について述べなければならない。"agreement"は、「2人以上の当事者間の合意（書）」の意で、契約（書）と同義に使われることもある。

　UCC/1-201(3)<"agreement">によると、「"agreement"とは、"contract"とは峻別されるものであって、事実上当事者間の取引（bargain）を意味し、それは当事者の言葉の中から見つけられるかまたは履行過程、取引過程または取引慣行などその他の状況から推認される」と定義されている。"agreement"は、"consideration"（約因）などの契約成立要件を必要としないことから、法的拘束力を持たないとされる。

　他方、"contract"は、UCC/1-201(12)<contract>によると、"agreement"とは峻別されて、「……当事者の合意の結果生じたすべての法的義務を意味する」と定義されている。よって、合意を履行しない場合は、法的な救済が与えられるとされる。

　ライセンス契約という場合、通常"License Agreement"という。そこで、"License Agreement"と呼称してもこれは契約であって、拘束力があることを当事者間では十分承知のうえでこの契約を締結するのだということを、契約書の前文で明記したのが、"intending to be legally bound"である。また、契約の構成要件である"consideration"についても、"License Agreement"の前文において明記される。本事例については、すでに前述したとおりである。

　また、"Intending to be legally bound"について、リステイトメント2・21条は次のように規定している。

　「約束に法的拘束力を持たせようとする意思が現実のものであろうと、表面的なものであろうと、契約の形成に必須なものではないのであって、約束は法律関係に影響を及ぼさないという意思表示さえすれば、契約の形成を阻止することができる」。

　上記規定について、「コメントa」として、次のように述べられている。

　「裁判所や法律規則があることも、約束には拘束力がある場合もあるという事実も、多くの人は知っている。取引の当事者は、適用法につい

て合理的な正確さを以て理解しているし、また法律関係に影響を与える意思も持っている。こうした事実は彼らの意思表示を解釈するうえで、また法的結果を判断する上では重要であるが、こうした事実は契約の形成に必須なものではない。当事者というのは、特定の法律規則について間違いをすることが多いものだが、こうした間違いがあったからといって、必ずしも彼らの行為に法的効果がなくなるものでもない」。

つまり、裁判所や法律規則があることや、約束によっては守らなければならないこともあることを承知していることと、契約の成立とは別なことであって、約束を契約の成立と結びつけるためには、その約束によって法的に拘束を受ける意思があることを明確に意思表示しさなければならないということである。いわゆる「意思表示主義」の思想である。

また、リステイトメント2・21条の「コメントb」では、現実問題として、法的拘束力を持たない合意が認められれば、解釈上多様な難しい問題が出てくると指摘している。

2　現代的なスタイルの前文＜事例2＞

(1)　＜事例2＞の紹介

事例1を現代的なスタイルに書き直すと、次のようになる。

"This Agreement (a)is made and entered into effective on （年月日）, by and between （ライセンサーの会社名）, a corporation duly organized and existing under the laws of （ライセンサーの所在国）, having its principal office at （住所）, and （ライセンシーの会社名）, a corporation duly organized and existing under the laws of （ライセンシーの所在国名）. ＜⇨導入部＞

(b)RECITALS ＜→事実説明＞:

(1) Licensor has long been engaged in the manufacture and sale throughout the world of various industrial machineries and equipment such as, among others, certain reciprocating gas compressors for use in various general industries, energy industries, petroleum refining industry, chemical industry,

petrochemical industry, and other miscellaneous applications. ＜⇨ライセンサーに関する事実の陳述＞
(2) Licensee is engaged in the manufacture and sale of, among others, reciprocating compressors. ＜⇨ライセンシーに関する事実の陳述＞
(3) Licensor possesses a considerable amount of valuable technical knowledge and proprietary and confidential information concerning the said reciprocating gas compressors. ＜⇨ライセンサーが許諾技術の正当な所有者である旨の宣言＞
(4) Licensee is, being convinced of the potential market in（ライセンシーの所在国名）and Licensee's own ability to penetrate into it, strongly desirous of acquiring from Licensor a license and technical assistance to enable Licensee to manufacture and sell the said reciprocating gas compressors in（ライセンシーの所在国名）. ＜⇨ライセンシーの意思表明＞
(5) Licensor is, relying on Licensee's forecast and aggressiveness, willing to grant and render such license and technical assistance to Licensee under mutually acceptable terms and conditions. ＜⇨ライセンサーの意思表明＞
NOW, THEREFORE, (c)<u>in consideration of the aforesaid premises and the mutual covenants herein contained, and</u> intending to be legally bound, the parties hereto hereby agree as follows：

(2) ＜事例2＞の訳文

　本契約は、（ライセンサーの所在国の）法律に基づき正当に設立され存続している、（ライセンサーの住所）にその主たる事務所を有する法人、X社（本契約書において以後「ライセンサー」と称する）と（ライセンシーの所在国の）法律に基づき正当に設立され存続している、（ライセンシーの住所）にその主たる事務所を有する法人、Y社（本契約書において以後「ライセンシー」と称する）との間で（　年）（　月）（　日）付で締結された。

事実説明：

(1)　ライセンサーは、長年にわたり世界中で、とりわけ、各種一般産業、エネルギー産業、石油精製産業、化学産業、石油化学産業及びその他多様な用途のために往復動ガス圧縮機の製造および販売に今日まで従事してきた。

(2) ライセンシーは、とりわけ、往復動ガス圧縮機の製造及び販売に従事している。

(3) ライセンサーは、上記往復動ガス圧縮機に関する貴重な技術知識及び財産的秘密の情報を相当量保有している。

(4) ライセンシーは、（ライセンシーの所在国）に潜在需要がありその市場に入り込むことができる確信があるので、（ライセンシーの所在国）において上記往復動ガス圧縮機の製造及び販売をできるようにライセンサーからライセンスおよび技術援助を得たいと切望している。

(5) ライセンサーは、ライセンシーの見通しと積極姿勢を信頼して、お互いに受諾可能な条件に基づきライセンシーに対して同ライセンスを喜んで許諾し、技術援助を与える。

よって、上記事項および本契約に包含された相互の約束を約因として、また法的拘束力をもって、本契約当事者は本契約によって以下のとおり合意する：

(3) ＜事例2＞のポイント

ポイントは事例1に同じである。

(4) ＜事例2＞の英語表現

1) 1行目"This Agreement"の後に"is"を挿入し、ライセンシーの所在国名の後に「ピリオド」を挿入して、ここまでで「一文」とした。

2) "Witnesseth"（……を証する）に代えて"Recitals"（事実説明）とすることで、その後に続く"whereas-clause"を導く"whereas"を削除し、以下箇条書きにして、事実を列挙する形とした。シンプルで、わかりやすくした。

3) "in consideration of the aforesaid premises and the mutual covenants herein contained, and"の部分は、現在では省くことも多い。「約因」や「対価」の存在確認は、ライセンス契約のような有償契約・双務契約では、契約書面上から明確である。また、「書面契約の場合、多くの州（⇨特に、捺印契約廃止州）では、約因の推定規定を設けているから、約因条項は必要ではない」（⇨早川武夫「英文契約の解釈とドラフティング⑳－約因条項、9」（国際商事法務20巻6号（1992）P.715）、長谷川俊明『新法律英語のカギ

[第Ⅱ部] 第1章 前 文 (Preamble)

契約・文書』(LexisNexis 雄松堂出版) P.11「(3) 約因理論と方式契約・非方式契約の区別」参照) ともいわれている。

第2章　用語の定義
（Definition of Terms）

　定義条項を置く理由は、一般的に、2つの理由が考えられる。1つは、契約書起草上のテクニックとして、契約書で多用する用語を契約書の冒頭で一回定義することで、その後の反復説明を回避し、契約書を読みやすくすることである。2つ目は、契約書で多用する用語、すなわち、キーワードを定義することでキーワードの解釈を確定することである。キーワードの解釈が明確であれば、契約もおのずと明確になる。

　定義すべきキーワードの選択は、許諾技術の種類や性質、ライセンシング・ポリシーまたは取引の事情などによって相違し得る。一般的に、特許・ノウハウライセンス契約書において頻出する定義用語には、「許諾製品」「テリトリー」「ライセンサーの技術情報」「ライセンサーの知的財産権」「正味販売価格」「会計期間」「契約年」「契約発効日」「契約終了日」などがある。

　また、定義の仕方もいろいろある（野口良光著＝石田正康補訂『特許実施契約の実務―ノウハウ実施契約を含む契約書詳説《改訂増補版》』P.50－P.52参照（発明協会、平成14年11月1日））。

　「列挙型」は、たとえば「許諾特許」の特許番号を列挙することで定義する。

　「追加型」は、例示的な事柄を列挙し、「これに限るものではない」という文言を挿入する。

　「控除型」は、＜事例3＞（その2）のように控除できる項目を指定し、それ以外はすべて含むとする。

　「限定型」は、＜事例3＞（その1）のようにその用語が示す内容と範囲を限定する。

　「併用型」は、上記4つの手法を組み合わせて、定義する。

[第Ⅱ部] 第2章 用語の定義（Definition of Terms）

1 "Licensed Products" ＜事例3＞（その1）

(1) ＜事例3＞（その1）の紹介

> (a)"Licensed Products" shall mean and be limited to the following specific models of （機械名） of Licensor's design, (b)of which general specifications and illustrative layouts are shown in the Licensor's literature (c)attached hereto as Appendix No.1 and (d)making an integral part hereof:
> - the following models of（機械名）
> - (e)all parts and components for the above（機械名）; and/or
> - (f)any and all normal modifications, improvements and/or developments of the above（機械名）and/or the parts and components therefor subject to the provisions of （関連条項）

(2) ＜事例3＞（その1）の訳文

> 「許諾製品」は、ライセンサー設計の（機械名）の中の下記特定モデルを意味し、下記に限定されるものとし、その一般仕様書および説明用配置図は、付属書№1として本契約書に添付されたライセンサーのカタログに表示され、本契約書の一構成部分となる。
> － （機械名）の中の下記モデル：
> － 上記（機械名）用すべての部品および構成部品；およびまたは
> － 上記（機械名）のすべての通常の修正、改良およびまたは開発並びに、（関連条項）の規定に基づくそれ用の部品および構成部品

(3) ＜事例3＞（その1）のポイント

　許諾製品の定義には、仕様書や図面その他の技術資料を使用することがある。その場合、仕様書や図面その他の技術資料は、契約書の付属書として契約書に添付されるのが一般である。これら契約書の付属書に契約書と同等の法律効果を持たせたい場合は、これら付属書が契約書の一部を構成するものであることを当該付属書に関する記述の中で明記するか、あるいは「付属書」を定義条項の定義項目の1つとして「付属書は契約書の一部を構成するもの

1　"Licensed Products"＜事例3＞（その1）

とする」と定義するか、の2つの方法が考えられる。
(4)　＜事例3＞（その1）の英語表現
　1)　""Licensed Products" shall mean and be limited to the following specific models of （機械名）of Licensor's design"
　　a．"means" と "shall mean"
　　　(a)　"means"

> "The term "Net Selling Price" means the gross invoice price billed by LICENSEE for any Licensed Product(s) manufactured and sold or otherwise disposed of by LICENSEE hereunder ……"
> 　　　　　　　　　　　（拙著実務マニュアル P.51 ［1.5］から）

　　　　用語の定義は「事実の記述」であるから、上記事例のように "means" のほうが適当という意見がある。日本の学者や弁護士が書いたものでは、"means" と現在形のほうが多いようである。
　　　(b)　"shall mean"

> ""Affiliate" shall mean any corporation, company, partnership or other entity directly or indirectly controlling, controlled ……"

　　　　上記事例のように、米国の弁護士の書いたものには "shall mean" が使われる例も多い。"shall mean" は「解釈の仕方を指示」するものと解されている。
　　b．"be limited to"
　　　　この事例では、許諾製品の定義として、許諾製品本機のほかに、部品や構成部品並びに改良品も含めて、許諾製品としている。かように許諾製品に含めるものを列挙し、これに限定して、定義する場合（列挙型）（追加型）、"shall mean and be limited to ……" という表現は適切である。
　　c．"of Licensor's design"
　　　　機械名の後に "of Licensor's design" となぜ付けたか。この機械がた

87

[第Ⅱ部]　第2章　用語の定義（Definition of Terms）

とえばポンプであるとしよう。その種ポンプは世の中に多数あり、多くの企業が製造、販売している。多数のポンプの中で、ライセンシーのオリジナル設計のポンプは1つしかない。そういうポンプをここでは"of Licensor's design"と短い形容詞句を許諾製品に付して限定的に表現している。

2) "of which general specifications and illustrative layouts are shown in the Licensor's literature"

　　a．"of which general specifications and illustrative layout"

　　　"of which"の先行詞は、"of Licensee's design"が修飾する「特定の機械」である。その機械のスペックと配置図は、添付したカタログに掲載されていると説明している。

　　　同じように機械のスペックを添付して許諾製品を定義している別な事例を紹介しよう。

"The term "Licensed Products" means and is to be limited to the following of certain machines of Licensor's design:
-Model-A for which general specifications are described on Appendix I-1 attached hereto and making an integral part hereof, ……"
　　　　　　　　　（拙著実務マニュアル P.50［1．1］［1．1．1．］から）

　　　上記"for which"の"for"は、"general specifications for Model-A"の"for"である。

　　b．"are shown in the Licensor's literature"

　　　ライセンサーの印刷物、すなわちカタログに表示されているという意味であるが、これを"are as shown in the Licensor's literature"と表現しても同じ意味。書き方は起草者によって個性が出る。

3) "attached hereto as Appendix No.1"

　　a．分詞構文

　　　このフレーズは、"being attached hereto as ……"の"being"が省略された分詞構文である。こうした分詞構文では"being"はなくても意味が通じるので、しばしば省略される。分詞構文では、意味上の主

88

1 "Licensed Products" ＜事例 3＞（その 1）

語が必要である。ここでは "Licensor's literature" が意味上の主語である。

b．分詞構文の意味上の主語

"Licensor's literature" は、"being attached hereto as ……" と "making an integral part hereof ……" という 2 つの分詞構文の共通の意味上の主語となっている。分詞構文を上手に使うことで、簡潔で明快な契約条文を書くことができる。

c．"hereto" など
(a) "hereto"

"hereto" ⇨ "to this" ⇨ "to this Agreement"（ここでは）の意。この "to this" の "this" は、"this Agreement"、"this Article"、"this Section"、"this Act" などその文脈によりさまざまに解釈される。契約書では、「本契約」という言葉が頻繁に使われ、時には、読み手には煩わしく思える。それを "here" という簡単な言葉に置き換えているわけである。それでもわずらわしさを感じる人は多いであろう。契約書に特有な用語といってよい。"here" を伴う類似用語を以下に解説する。

(b) "hereby"

ライセンス契約では、"Licensor hereby grants to Licensee a non-transferable, exclusive license" などと使われる。ここでは "by this Agreement" の意味である。上述したように、"hereby" の "here" は "this" という意味であるが、その "this" は文脈によりさまざまに解され、特定の部分、頁、文節、あるいはまた文書全体を指すこともある。

(c) "herein"

第Ⅰ部第 8 章 3 (1) 6) b 参照。代表的な類似の使い方をいくつか列挙する。

a) "hereinto" ⇨ "into this Agreement"
b) "hereof" ⇨ "of this Agreement"
c) "hereunto" ⇨ "to this Agreement"

[第Ⅱ部] 第2章 用語の定義（Definition of Terms）

　　d）"hereupon" ⇨ "upon this Agreement"
　　e）"herewith" ⇨ "with this Agreement"
(d)　"hereinafter"
　　これは、個人の文書または成文法において後述のことまたは後述のものにかかわるという意味で（Ballentine's Law Dic. 参照）、ライセンス契約ではしばしば、「この文章の後からは」、すなわち、「以下の」「次の」「後述の」などの意味で使われる。
(e)　"hereafter"
　　これは、成文法および法律文書おいて未来の時を表す未来の言葉で、現在および過去を含まない（Black's Law Dic. 参照）。「今後；以後；これより」の意で、「現在」を含まない。また、「以下；次の」の意で、「文書等の中でその後に繰り返し言及される文献や条項をさすために使われる」（英米法辞典）。
　　この場合の"here"は、上記"hereinafter"とは異なり、現在の時を表している（中村英文契約 P.95参照）。すなわち、"after the date of this Agreement"の意味になる。しかし、稀に、「以下」の意味で"hereinafter"と同様な使われ方をすることもある（中村英文契約 P.94参照）。
(f)　"hereinbefore"
　　これは、個人の文書または成文法において前述のことまたは前述のものにかかわるという意味（Ballentine's Law Dic. 参照）。「上に」「上文に」「前条に」などと訳される。"hereinabove"も同じ意味である。
(g)　"heretofore"
　　この言葉は、単純に、現在および未来と区別して過去を指す言葉で、それ以上の明確なまた正確な意味があるわけではない（Black's Law Dic 参照）。よって、「従来；これまで；過去においては」の意で、「現時点を除く過去を指す。」（英米法辞典）。この場合の"here"も現在の時を表し、現時点より過去に遡って「以前に」の意味になる。
(h)　"hereunder"
　　Black's Law Dic は、文書または法律において参照に関する言葉で、

1 "Licensed Products" ＜事例3＞（その1）

当該文書において後述のまたはそこに含まれる物事に注意を喚起する言葉であると説明する。また、Ballentine's Law Dic は、これは個人の文書または成文法において場所に関する言葉で、その意味は、文脈により様々で、時には当該文書全体を指すこともあれば、当該文書や成文法の1条項、1文節、1章またはその他分割単位もしくはその他小単位を指すこともあるとしている。

　　ライセンス契約ではしばしば「本契約に基づき」、「本条に基づき」または「本条項に基づき」などの意味で使われることが多い。
(i) "hereinbelow"
　　"hereinafter" に同じ。「以下」「次の」「後述の」の意。同じ意味で "herebelow" を使うこともある（中村英文契約 P.94参照）。
　　R.Dickerson は Dickerson's 2nd Ed. (P.104 §9.1) において、"herein"、"hereinafter"、"hereinbefore"、"hereunto" などを "objectionable words" として、列挙し、これらを使わないほうがよいとしている。

　　しかし、これらの用語は便利なので、使いたい場合もある。著者の実務経験から考えると、1つの契約書における「使い方の方針」が読み取れるような使い方をすれば、使ってもよいのではないかと思う。たとえば、"herein", "hereby", "hereunder", "hereto", "herewith", "hereof" などの場合、"in this Agreement", "by this Agreement", "under this Agreement", "to this Agreement", "with this Agreement", "of this Agreement" 以外の意味（たとえば、"in this Article" の意で "herein" を使うようなこと）では使わないようにすれば、混乱は回避できる。

4) "making an integral part hereof"
　a．このフレーズが分詞構文で、意味上の主語が "Licensor's literature" であることは上述のとおりである。
　b．"hereof" は、ここでは "of this" ＝ "of this Agreement" の意。上記、"hereto" と同じ使い方である。
　c．契約に添付された "Licensor's literature"（印刷物、説明資料）には、許諾製品の一般仕様や説明的な配置図（illustrative layout）が含まれている。それらを見れば許諾製品の概念や技術概要を知ることができる。

[第Ⅱ部] 第2章 用語の定義（Definition of Terms）

そういう意味で、"Licensor's literature"が契約書に添付された。そうした重要な役割を担う"Licensor's literature"は、契約書本文を理解、解釈するうえで不可欠であり、正に契約書本文の一部を構成すべきものである。よって、"Licensor's literature"は、単なる参考資料ではなく、契約書そのものの一部であり、契約書と一体であることをここで明確に確認している。特に、そうした断りがなければ、契約書に添付されたものは、単なる参考資料でしかあり得ず、法的拘束力を有しない。

5) "all parts and components for the above（機械名）"

　この表現は、許諾製品の部品や構成部品が単品で取引された場合も許諾製品として所定のロイヤルティの支払対象となることを示している。

6) "any and all normal modifications, improvements and/or developments of the above（機械名）and/or the parts and components therefor subject to the provisions of （関連条項）"

　ａ．"any"
　　(a) Black's Law Dic.
　　　下記は、Black's Law Dic. を参照し、キーワードを引用（かぎ括弧部分「　」）しているが、全文の翻訳ではない。
　　　a)「いくつかの（some）；多数の中の1つ；不特定数の数。種類、数量の区別なく1つ」。
　　　b)「1つもしくはいくつかの（不特定）」。
　　　c)「"any"は、必ずしも1人だけの人間を意味するとは限らず、1人以上もしくは多数をいうこともある」。
　　　d)「"any"という言葉には、多様な意味があり、"all"、"every"、"some"もしくは"one"を表すような使い方もあり、さらに法律文での意味は、当該法律の文脈および主題によって左右される」。
　　　e)「"either"、"every"もしくは"all"とよく同義で使われる。その一般性は文脈によって制限される。よって、"at any time"に何かの行為をする権利を付与すると言えば、通常、合理的な時間内を意味するものと解される」。

f）「特定種類（classes）を列挙した後に"any other"という言葉が来ると、それは"other such like"と読み、他のものは同種もしくは同性格のだけを含む」。

(b) Dickerson's 2nd Ed

R. Dickerson は、Dickerson's 2nd Ed.(§9.5, P.104) において、"each"、"every"、"any"、"all"、"no"、"some"などの形容詞は、本当に必要なとき以外には使うなと指摘している。その文章の主語が複数であれば、上述の形容詞は付ける必要はない。たとえば、"Qualified state officers shall ……"といえば、何もわざわざ"All qualified state officers shall……"といわなくても十分に読者には理解される。

また、その文章の主語が単数で、"a"や"the"を使うのが不適当な場合にだけ"any"を使えとしている。たとえば、"a"を使うことで、起草者の意図について重大な疑問を生じるような場合には"any"や"no"を使えとしている。そして、"any"、"each"および"no"の用法について次のように述べている：

「(a) 権利、特権または権限を与える場合には、"any"を使いなさい。

例：Any qualified state officer may …….

(b) 行為義務を課す場合は、"each"を使いなさい。

例：Each qualified state officer shall …….

(c) 権利、特権または権限を弱める場合または行為を控える義務を課す場合、"no"を使いなさい。

例：No qualified state officer may …….」。

b．"and/or"

"and/or"の説明は、Ballentine's Law Dic. のほうが、Black's Law Dic. よりも詳しい。Ballentine's Law Dic. の説明内容を要約する。

(a) "A concocted ambiguity"（仕組まれた曖昧さ）

"and/or"は「"a concocted ambiguity"（仕組まれた曖昧さ）」であると指摘。「契約書の起草者は過剰なまでの用心深さから使うが、英語としては何か非常に奇妙（monstrosity）である」としている。さらに、「非常に不明確であるために、行政命令（administrative order）を

出しても、確実性に欠けるため実行することも強制執行することもできない」としている。
(b) 判決（judgment）において
「"and/or"の表現は、判決（judgment）では使えない（no proper place）」。
(c) 訴答書面（pleading）において
「訴答書面（pleading）に"and/or"が出てくると、積極的につなげるでもなく、また積極的に切り離すのでもない紛らわしい接続語とみなされる」。
(d) 正式起訴状（indictment）において
「正式起訴状（indictment）または略式起訴状（information）において"and/or"の表現を使うと、刑事訴答書面（criminal pleading）において要求される確実性（certainty）、明確性（definiteness）および正確性（precision）が壊れてしまうので使ってはいけない」。
(e) 制定法において
「制定法において"and/or"という表現が使われた場合は、意味は1つであると考えられてきた。すなわち、"and"という言葉および"or"という言葉は取り替えて使うことができる（interchangeably）と解すべきというのが、その表現を使う際の立法府の意図である」。
(f) 契約書において
「and/or の表現を契約書において使用した場合のそうした有用性は、その言葉自体の明らかな多義性にある。その意図は、一方の言葉を選択するかあるいは他方の言葉を選択するかは、どちらの言葉を選択した方が、契約全体として考えた場合、当該契約から集約される当事者の目的達成のために最良であるかということによるとする。その用語（and/or）は、解釈を1つにしないために使われる。すなわち、離接語"or"を単独で使用すれば、数々の代案の組み合わせを排除することになり、また、接続語"and"を単独で使用すれば、比類なき代案の個々の有効性を排除することになる」。
(g) 保険証券において

保険証券における"and/or"の表現は、被保険者のために有利に自由な解釈を受け入れるもので、それは曖昧性に関する原則である。

(h) 流通証券において

"A negotiable instrument payable to A and/or B"（A and/or B に対して支払われるべき流通証券）といえば、Aに代わって、またはBに代わって、またはAおよびBの両人に代わって、支払われるべき流通証券ということなる。

結論として、制定法では、その解釈は"and"か"or"かいずれの選択ということであるが、契約書その他の文書においては、その曖昧さをぬぐうことはできない。そのことは判例からも明らかである。よって、契約書において"and/or"の表現は使用しないほうがよいということになる。Dickersonは、Dickerson's 2nd Ed.(§6.2, P.104) において、その曖昧さについて数頁にわたって論述しているので、さらに興味のある方は原典を参照されたい。

c. "therefor"など

R. Dickersonは、Dickerson's 2nd Ed.(§9.1, P.104) において、"herein"などと同様に、"objectionable words"（気に障る言葉）として、下記を列挙して、これらは使わないほうがよいとしている。

"above"（形容詞として使われる「上記の」の意）、"above-mentioned"（「上記の」の意）、"aforementioned"（「上述の」の意）、"aforesaid"（「上述の」の意）、"before-mentioned"（「前述の」の意）、"henceforth"（「これから先」の意）、"hereinafter"（「以下の」の意）、"hereinbefore"（「前条に」の意）、"hereunto"（「この文書に」の意）、"premises"（既参照事項という意味で使われる⇒「前記事項」の意）、"said"（"the"、"that"、または"those"の代わりに使われる）、"same"（"it"、"he"、"him"などの代わりに使われる）、"thenceforth"（「その時以降」の意）、"thereunto"（「それに」の意）、"therewith"（「それと共に」の意）、"to wit"（「すなわち」の意）、"under-mentioned"（「下記の」の意）、"unto"（「……まで」の意）、"whatsoever"（「何であろうと」の意）、"whensoever"（「いつでも」の意）、"wheresoever"（「どこでも」の意）、"whereof"（「それについて」の意）、"whosoever"

[第Ⅱ部] 第2章 用語の定義 (Definition of Terms)

（「誰であろうと」の意）、"within-named"（「本文書で称するところの」の意）および"witnesseth"（「証する」の意）。

　著者の実務経験に照らした考え方は、"hereto"の項（前記）で述べた。

　なお、前記のほかに"afore-granted"が挙げられている。

(a) "therefor"

　「そのことに関して」「それについて」「それら（彼等）について」などの意。"there"も"here"と同じような使われ方をする。"there"は、以下に述べるように、"this"、"that"、"it"の意味で、その前に出てきた言葉を受ける。"there"を使った代表的な例を、以下に列挙する。

(b) "thereabout"

　「その場所について」の意である。

(c) "thereby"

　「その方法（手段）によって」「その結果として」などの意である。

(d) "therein"

　「その場所に」の意（Black's Law Dic.）。これに類した使い方として、"thereunder"（「その下に」「以下に」「そこに述べられた条件のもとで」）や"therefor"（本項(a)参照）などがある。

(e) "thereafter"

　「最後に言及した時点以降」「それの後」「その時点以降」「後で」「それ以降に続く」「その時から」などの意（Black's Law Dic.）である。

(f) "thereinafter"

　"hereinbefore"に同じ。「前文に」「以上に」の意である。

(g) "thereinbefore"

　"hereinbefore"に同じ。「前文に」「以上に」の意である。

(h) "thereto"

　「それに」「それに対して」「それへ」「そこへ」の意味で、ライセンス契約においても多用される。

(i) "theretofore"

「ある特定の時点より前」「周知の出来事が発生した時点より前」の意から（Ballentine's Law Dic.）、「その以前は」「その時まで」の意味になる。

(j) "thereupon"

「遅滞なく」「時を移さず」の意（Ballentine's Law Dic.／Black's Law Dic.）から、法律用語としては「直ちに」の意になることが多い。しかし、文脈によって「その上に」「それについて」「その結果」「そこで」などの訳語がふさわしいこともある。

2　"Net Selling Price" ＜事例3＞（その2）

(1) ＜事例3＞（その2）の紹介

> The term "Net Selling Price" means (a)the gross invoice price billed by Licensee (b)for any Licensed Product(s) manufactured and sold or otherwise disposed of by Licensee hereunder (c)without any deduction other than the following items of expenses, if any, (d)to the extent each of such items is actually paid by Licensee (e)by whom it has to be duly paid and separately stated on the invoice or (f)shown by reasonable proof by Licensee (g)to the effect that it has been included in said gross invoice price:
> - Sales discount,
> - Sales return,
> - Sales commissions,
> - Indirect taxes on sales,
> - Packing expenses on sales,
> - Transport expenses on sales,
> - Insurance premium on sales,
> - Advertisement fee, and
> -CIF price, import duties of any components and parts purchased from Licensor and other expenses relevant to import thereof.
>
> （拙著実務マニュアル P.51 － P.52 ［1.5］から）

(2) ＜事例3＞（その2）の訳文

[第Ⅱ部] 第2章 用語の定義（Definition of Terms）

> 　用語「正味販売価格」は、本契約に基づきライセンシーが製造、販売したまたは別途処理した許諾製品に対してライセンシーが請求した送り状総額を意味し、控除する場合、下記費用項目以外は控除できないものとし、しかも、その範囲は、ライセンシーが実際に支払う範囲までとし、同控除項目は、それぞれ、ライセンシーがしかるべく支払うべきものであって、送り状には別々に記載されているか、あるいは、前記控除項目が送り状総額に含まれていたことをライセンシーが合理的な証拠に基づき立証すべきものとする：
> 　　－　値引額
> 　　－　返品
> 　　－　販売口銭
> 　　－　販売に係る間接税
> 　　－　販売に係る梱包費
> 　　－　販売に係る輸送費
> 　　－　販売に係る保険料
> 　　－　広告宣伝費
> 　　－　CIF金額、ライセンサーから購入した構成部品および部品の輸入税および輸入に関するその他諸費用
> 　　　　　　　　　　　（拙著実務マニュアル P.54－P.55［1.5］から）

(3) ＜事例3＞（その2）のポイント

　1)　ロイヤルティはあくまで許諾技術情報の使用に対する対価である。ここでいう正味販売価格とは、ロイヤルティの支払対象となるライセンシーの売上高のことである。通常ライセンシーが許諾製品の販売先へ販売する金額には、許諾技術情報の使用とは無関係な諸費用（⇨消費税など税金、手数料、割引料、輸送費、梱包費、輸送保険、広告宣伝費やライセンサーからの購入した構成部品代金など）が含まれる。正味販売価格を算出するためにはそうした許諾技術情報の使用とは無関係な諸費用を控除して、計算しなければならない。控除できる諸費用について、当事者間でしばしば見解の相違が生じる。予め、契約書で合意しておくのが一般である。

　2)　控除項目は、国によっては、関連法律規則で定められている場合もあるので、ライセンシーとよく協議をし、事前調査をしておく必要がある。

3) 部品や社内取引の対象になった許諾製品は、ロイヤルティ支払いの対象である。部品や社内取引の対象になった許諾製品がロイヤルティの対象になる理由は、いずれの場合も、当該部品や当該許諾製品を製造するためにライセンサーの許諾技術情報を使用したからである。

(4) ＜事例3＞（その2）の英語表現
　1) "gross invoice price"
　　　「送り状総額」の意。この事例では、正味販売価格を「ライセンシーが請求した送り状総額」としている。正味販売価格を「送り状総額」と定義する主な理由は、一般的に次のように考えられる。
　　・「送り状総額」は、書面で検証できる。
　　・改ざんが難しい。
　　・証拠能力が高い、など。
　2) "for any Licensed Product(s) manufactured and sold or otherwise disposed of by Licensee hereunder"
　　　インボイスの対象になる許諾製品の条件として、契約に基づきライセンシーが「製造し、販売したもの」あるいは「別途処理したもの」であるとしている。
　　　ａ．"manufactured and sold"
　　　　　許諾製品の製造および販売の行為には、許諾技術の使用行為を必然的に伴うので、そのように製造、販売した許諾製品は、ロイヤルティ支払いの対象になる。
　　　ｂ．"otherwise"
　　　　　「別途」「それ以外に」「別な方法で」などの意。
　　　ｃ．"otherwise disposed of"
　　　　　たとえば、社内の設備として許諾製品を利用する場合や技術導入をした事業部が同じ社内の他事業部のために製造し内部取引で引き渡すような場合などが考えられる。こうした取引も、通常の販売形態と異なるが、ロイヤルティの支払対象となる。
　　　ｄ．"hereunder"
　　　　　「本契約に基づき」の意である。

[第Ⅱ部] 第2章 用語の定義（Definition of Terms）

3) "without any deduction other than the following items of expenses, if any"

　ここでは、控除費用項目を特定し、これらの項目以外には「送り状総額」から控除することを禁止している。また、控除項目に該当する費用が発生しなければ、控除費用として計上することはできない。それが"if any"の意である。

4) "to the extent each of such items is actually paid by Licensee"

　控除費用は現実に支払が行われ（actually paid）なければ控除できない。控除限度（to the extent）は実支払額としている。近未来の支払予定は、原則として、控除できない。"to the extent"は「その範囲まで」の意。

5) "by whom it has to be duly paid and separately stated on the invoice"

　控除費用は、ライセンシーが支払うことを義務づけられ（it has to be duly paid）、しかも送り状に別項目で記載されている（separately stated）ものと規定されている。その典型的な控除項目は、消費税など税金、手数料、割引料、輸送費、梱包費、輸送保険、広告宣伝費やライセンサーからの購入した構成部品代金などである。これら費用は取引上発生するが、許諾技術の使用とは無関係である。よって、ロイヤルティの対象にはならない。

6) "shown by reasonable proof by LICENSEE"

　ライセンシーが立証しなければならないのは、すぐ前の行の"by whom it"の"it"である。"it"はそのすぐ前の行の"each of such items"である。"such items"は、そのすぐ前の"items of expenses"を指す。「送り状」に控除項目が明記されていない場合、ライセンシーは合理的な証拠をもってそれが合意した控除項目に該当することを立証しなければならない（shown）。"show"は、法律用語としては「証拠によって明らかにする」ことで、単に「示す」の意ではない。それは"prove"と同義である（Black's Law Dic. 参照）。

7) "to the effect that ……"

　「……という趣旨の」の意。R. Dickersonは、Dickerson's 2nd Ed.（§9.3, P.209）において、"to the effect that"と言わなくても"that"だけで十分

100

であるとしている。簡潔な、平易な表現を推奨している。ただし、起草者が特に読者の注意を引きたいときには、そうした表現も許されるともいっている。個々人によって趣味も違うし、慣習もさまざまある。また技術専門用語には敬意を払わねばならない。ただし、「好ましい表現」（Preferred Expressions）のほうが読みやすいともいっている。

　同リストの中から我々がよく使うまたはみかけるフレーズをいくつかピックアップした。

好ましくない表現	好ましい表現
all of the	all the
by means of	by
cause it to be done	have it done
corporation organized and existing under the laws of New Jersey	New Jersey corporation
during the course of	during
enter into a contract with	contract with
for the purpose of holding	to hold
in case	if
in case in which	when, where (or whenever; wherever)
in lieu of	instead of; in place of"
in sections 2023 to 2039, inclusive	in sections 2023-2039
in the event that	if
in the interest of	for
is authorized	may
is binding upon	binds
is empowered	may
no later than June 30, 1984	before July 1, 1984（注）
on and after July 1, 1984	after June 30, 1984（注）
on his own application	at his request

[第Ⅱ部] 第2章 用語の定義 (Definition of Terms)

on or before June 30, 1984	before July 1,1984（注）
on the part of	by
or, in the alternative	or
paragraph(5) of subsection(a) of section 2097	section 2097(a)(5)"
pursuant to	under
State of Kansas	Kansas
to the effect that	that
under the provisions of	under
until such time as	until
within or without the United States	inside or outside the United States
with reference to	for

（注） "before" や "after" について、R. Dickerson は当日を含まないとしているが、当日を含むとした判例がある（Sidebotham v. Holland[1895]1 Q.B.378）ことから、当日を含める場合、"on and after"、"on or before"、"on and from" という表現のほうが安全であるといわれている（早川英語 P.74－ P.75）。また、当日を含まない表現の場合、たとえば、「ある出来事が起こった日の翌日から起算して1カ月以内」というようなことを表現する場合、"within one month commencing on the day after occurrence of an event" 等と表現すれば、当日を含めるか含めないかの議論の余地がなくなる。

3 "Licensor's Technical Information" ＜事例3＞（その3）

(1) ＜事例3＞（その3の1）

1) ＜事例3＞（その3の1）の紹介

Licensor's Technical Information means inventions, industrial secrets, know-how, drawings, technical & engineering data including (a)<u>specifications</u>, drawings, directly connected with the manufacture and after-sales of Licensed Product owned or controlled by Licensor, and normally used by Licensor in the

3 "Licensor's Technical Information" ＜事例3＞（その3）

> manufacture and after-sales service (b)during the life of this Agreement, (c)subject to the provisions of Article （ ） hereof.

2) ＜事例3＞（その3の1）の訳文

> ライセンサーの技術情報（Licensor's Technical Information）とは、発明、産業上の秘密、ノウハウ、図面、技術データおよび仕様書や図面などエンジニアリング・データを意味し、これらは、本契約期間中、許諾製品の製造およびアフターセールスに直接関連し、ライセンサーが所有または支配するもので、製造やアフターセールスにおいてライセンサーが通常使用するものである。ただし、本契約（改良技術条項）の規定に従うことを条件とする。

3) ＜事例3＞（その3の1）のポイント

　a．「技術情報」を定義し、これに包含する情報の種類を5つに分類している。すなわち、"inventions" "industrial secrets" "know-how" "drawings" "technical & engineering data"（⇨ "specification" & "drawings"）である。

　b．技術情報の定義として、改良技術の規定にも言及している。

　c．この機械は単独で使用できる汎用品である。

4) ＜事例3＞（その3の1）の英語表現

　a．"specifications"

　　"specification" が「詳述」の意の場合は、複数形はない。"s" が付いて複数形になっているのは、「仕様書」の意である。

　b．"during the life of this Agreement"

　　「本契約の有効期間中」の意。"life" はここでは「有効期間」の意。同様な使われ方として「（物）の寿命」「耐用期間」などの意もある。

　c．"subject to the provisions of ……"

　　「……の規定を条件として」「ただし、……の規定を条件とする」の意。"subject" は、名詞、形容詞および動詞がある。契約書では、形容詞として "to" を伴って「……を条件とする」という意味で使われることが多い。

103

[第Ⅱ部] 第2章 用語の定義 (Definition of Terms)

(2) ＜事例3＞（その3の2）
1) ＜事例3＞（その3の2）の紹介

> Technology means any and all technical engineering and manufacturing information & data, (a)<u>whether in writing or oral</u>, (b)<u>including without limitation</u> process, documents, (c)<u>literature</u> submitted with (d)<u>patent applications</u>, drawings, specifications, blue-prints, test reports, flow sheets, (e)<u>bills of materials</u>, (f)<u>application data</u>, marketing & sales information, know-how, trade secrets, and (g)<u>descriptions</u> used or useful in and relating to the estimation, design, manufacture, installation, erection, and operation, sales, and servicing of the Products.

2) ＜事例3＞（その3の2）の訳文

> 技術（Technology）とは、すべての技術上、エンジニアリング上および製造上の情報およびデータを意味し、書面、口頭を問わず、以下を含むもこれに限定しない。すなわち、プロセス、文書、特許出願書類、図面、仕様書、青写真、試験報告書、フローシート、材料表、アプリケーション・データ、市場および販売情報、ノウハウ、営業秘密、および説明書などで、許諾製品の見積り、設計、製造、設置、据え付け、運転、販売およびサービスにおいて使用されまたは有用でしかもこれらに関連するものである。

3) ＜事例3＞（その3の2）のポイント

技術について、「技術とは、許諾製品に関するすべての技術、エンジニアリングおよび製造上の情報」と広く定義し、これに包含する情報の種類を14に分類しながらも、これに限定されないようにしている。この許諾製品は、プロセスプラントの中に組み込まれる機械で、単独で使用されることがない。

4) ＜事例3＞（その3の2）の英語表現
   a．"whether in writing or oral"
「書面であろうと、口頭であろうと」の意。文脈によって、"whether"を省略して"in writing or oral"または"in"をも省略して"writing

or oral" という使い方もする。
　ｂ．"including without limitation ……"
　　　「……のことを含むもこれに限らず」「……等」の意。類似の事柄を列挙して、「これらを含むが、これだけとは言っていない」という列挙漏れを防ぐ法律文特有の表現形式である。
　ｃ．"literature"
　　　一般的には「文学」の意だが、ここでは「印刷物」の意である。
　ｄ．"patent applications"
　　　「特許出願書類」の意。「特許出願」は "application for patent" である。「特許出願書類」には、貴重な知的財産権情報が含まれている。
　ｅ．"bills of materials"
　　　これはいわゆる「材料表」である。一般的に、特定の機械や部品を製造するために必要な材料を手配するために作成された詳細な仕様などが記載されている文書である。そこには、多くのノウハウも含めて貴重な技術情報が詰まっている。
　ｆ．"application data"
　　　「アプリケーション・データ」とそのままで一般に使われている。その内容は、それぞれの製品分野または技術分野で、当然異なる。その製品または技術がいろいろな設定条件または実際の環境条件の中で使われたときに、その製品や技術がどのような結果をもたらしたかまたはどのように機能するかなどを実験的にまたは実際の現場から集めて整理した一連の技術情報のことで、貴重なその会社の知的財産の１つである。
　ｇ．"descriptions"
　　　ここでは単なる「記述」という意味ではなく、「説明書」の意である。

(3)　＜事例３＞（その３の３）
　1)　＜事例３＞（その３の３）の紹介

Licensor's Proprietary Data means the inventions, industrial secrets, know-how, technical and engineering data including specifications and drawings,

[第Ⅱ部] 第2章 用語の定義（Definition of Terms）

(a)<u>patentable or not</u>, owned or controlled by Licensorduring the life of this Agreement as well as such other data and information related to technical, financial, sales and/or commercial matters (b)<u>as may be owned or controlled by Licensor</u>, and disclosed to Licensee by Licensor during the life of this Agreement under or in connection with this Agreement.

2) ＜事例3＞（その3の3）の訳文

ライセンサーの財産的情報（Licensor's Proprietary Data）とは、発明、産業上の秘密、ノウハウ、技術データおよび仕様書や図面などエンジニアリング上のデータを意味し、これらは、特許性の有無にかかわらず、本契約期間中ライセンサーが所有権もしくは支配権を有するものであり、さらに技術上、財務上、販売上そしてまたは営業上の問題に関連したその他のデータや情報をも意味するが、これらも本契約に基づきまたは関連して本契約有効期間中ライセンサーが所有権または支配権を有するもので、しかもライセンサーがライセンシーに対して開示できるものである。

3) ＜事例3＞（その3の3）のポイント

「財産的情報」を定義し、これに包含される情報の種類を＜事例3＞（その3の1）と同様に5つに分類している。4つまでは＜事例3＞（その3の1）と同じである。5つ目は、「その他情報」として「技術的、財務上および販売・営業上の問題に係る情報」を追加している。これは、5番目の問題が本取引では重要な要素となっていた。この機械も、単独で使用できる汎用品であるが、取引の事情や環境によって情報の価値評価が変わるという事例の1つである。

4) ＜事例3＞（その3の3）の英語表現

　a．"patentable or not"
　　「特許になり得るか否か」⇨「特許性の有無にかかわらず」の意である。
　b．"as may be owned or controlled by Licensor"
　　"may be owned …… by Licensor"は「ライセンサーが所有する権限を有する」の意。"may be …… controlled by Licensor"は「ライセンサー

3 "Licensor's Technical Information" ＜事例 3 ＞（その 3 ）

が支配する権限を有する」の意。"may"は明確な権限を創出することを表している。

第3章　実施許諾
（Grant of Rights and License）

　本条項は、支払条項と並んで、ライセンス契約を支える重要な大黒柱である。本条項がなければ、ライセンス契約は成立し得ない。しかし、本条項は単独では存在し得ない。支払条項の支えが不可欠である。すなわち、ライセンサーがライセンシーに対して許諾技術の実施許諾を約束する（本条項）一方、ライセンシーもライセンサーに対して実施許諾に対する対価の支払いを約束する（支払条項）とき、ライセンス契約は成立する。これが、一般的なライセンス契約である。

　実務的には、本条項で必ず規定しなければならない事項は、次のとおりである。

① 　実施許諾の方法⇨契約によることを明記（⇨契約の終了は、実施許諾の終了を意味する）。
② 　許諾の対象は何か⇨特許権、商標権、ノウハウ、ノウハウ付特許権のまたはその他のいずれかを明定。
③ 　実施権の種類⇨排他的権利か、非排他的権利か（⇨一般的に、テリトリーと関連づけて規定）。
④ 　テリトリー⇨製造、販売、使用の権利をどこで実施できるかを明定する（⇨輸出の可否など）。
⑤ 　排他的実施権を許諾する場合、サブライセンス権の許諾の有無を明定。
⑥ 　許諾期間⇨契約有効期間中であることの明記（⇨契約の終了は、実施許諾の終了を意味する）。

　そもそも特許やノウハウを他社に実施許諾するかどうかの判断は、企業の基本的な経営戦略にかかわる問題であり、ライセンシング・ポリシー（第Ⅰ部第9章参照）の問題である。

　法的には、第Ⅰ部で述べたように、公取指針（第Ⅰ部第7章参照）に違反した許諾内容とならないように社内外ともに調整をする必要がある。

　技術は、日進月歩である。技術革新に伴い、ライセンスの対象になる技術

の範疇も拡大、変化していく。ライセンス契約の理論構成や形態および専門用語や表現方法なども、そうした革新技術に対応したものが要求される。リスク管理という点では、契約技術的にも個別技術に適応した対応が要求される。それは技術革新に呼応するためのライセンス契約の宿命的な課題である。

1　実施権の許諾＜事例4＞

(1)　＜事例4＞の紹介

> (a)Licensor hereby grants to Licensee, (b)subject to the limitations, restrictions and conditions herein contained, (c)a non-transferable, exclusive license, (d) without the right to sublicense, (e)to use the Technology for the purpose of manufacturing, distributing and selling Products in Exclusive Territory and (f)a non-exclusive license and right to sell in the "Open Territory" only with the prior written permission of Licensor. The license granted herein shall not include the right to offer for sale or (g)to sell engineering services only for the Products without the express written consent of Licensor. The license granted herein shall not include the right to offer for sale products or processes especially licensed by Licensor from others.
>
> 　　　　　　　　　　　　　（拙著実務マニュアルP.67［2.1］から）

(2)　＜事例4＞の訳文

> 　ライセンサーは、本契約によりライセンシーに対して、本契約に包含された制限、規制および諸条件に従うことを条件に、排他的テリトリーにおける許諾製品の製造、流通および販売の目的で許諾技術を使用する再実施権なしの譲渡不能の排他的ライセンスを、またライセンサーの事前の書面による許可をもってはじめて「オープンテリトリー」内で販売する非排他的ライセンスおよび権利を、許諾する。本契約において与えられたライセンスには、ライセンサーの明確な書面による同意なくして許諾製品に関するエンジニアリング・サービスのみの販売見積りの提出または販売を行う権利は含まれないものとする。本契約において許諾されたライセンスは、ライセンサーが他社から特別に許諾を受けた他社製品または他社プロセスの販売見積りの提出の権利を含まないものとする。

[第Ⅱ部] 第3章 実施許諾（Grant of Rights and License）

（拙著実務マニュアル P.70 ［2.1］から）

(3) ＜事例4＞のポイント
 1) 権利の内容
  a．排他的テリトリーにおける許諾製品の製造、流通および販売の目的で許諾技術を使用する排他的権利
  b．「オープンテリトリー」内で販売する非排他的権利
 2) 許諾の条件
  a．排他的権利
   (a) 本契約に包含された制限、規制および諸条件に従うこと
   (b) 再実施権なし
   (c) 譲渡不可
  b．非排他的権利
   (a) 本契約に包含された制限、規制および諸条件に従うこと
   (b) ライセンサーの明確な書面による許可の取得
 3) 許諾の範囲
  a．許諾製品の製造、流通は、排他的テリトリー内に限る。
  b．許諾製品の販売は、排他的テリトリー内およびオープンテリトリー内に限る。ただし、オープンテリトリー内での販売には、ライセンサーの書面許可が必要。
  c．許諾製品に関するエンジニアリング・サービスのみの販売見積りの提出または販売は不可。ただし、ライセンサーの書面同意がある場合は別である。
  d．ライセンサーが他社から特別に許諾を受けた他社製品または他社プロセスの販売見積りの提出は不可。

(4) ＜事例4＞の英語表現
 1) "Licensor hereby grants to Licensee"
  ライセンサーがライセンシーに知的財産権の実施許諾を与えるのは、契約による（⇨ hereby ⇨ by this Agreement）ことを明記する決まり文句である。契約が終了すれば、実施権の許諾は終了し、使えなくなる。単純

110

な理屈である。

　しかし、この単純な理屈が通じないこともある。たとえば、中国の旧技術導入管理条例（1985年5月24日公布）では、秘密保持期間は原則として契約期間を超えてはならない旨の規制があったため、契約期間満了後のライセンシーによるノウハウの使用禁止規定を契約に挿入することができなかったことがある。中国の場合、新条例が2001年12月公布、2002年1月1日施行され、この制限は撤廃された。

2) "subject to the limitations, restrictions and conditions herein contained"

　"Licensor hereby grants to Licensee" と明記しただけでは足らず、契約に含まれる制限、規制および条件に従うことを条件に実施許諾するとしている。つまり、当該知的財産を契約によって実施許諾するが、その契約には制限、規制および条件が付帯していることを明記し、ライセンシーに注意を喚起している。しかも、制限、規制および条件は、1つではなく、複数あるので、それぞれ "s" を付けて、複数形としている。"subject to" というのは、"to" 以下の条件に「服する」「従う」という意味で、強い条件付けとなっている。

3) "a non-transferable, exclusive license"

　許諾するライセンスは、排他的なものであることを明記すると同時に、譲渡禁止の条件を明記している。排他権は、ライセンサーさえもライセンシーの許諾地域においては権利を実施できないような強力な権利であるところから、その権利は完全にライセンシーに譲渡されたのではないかとの錯覚や誤解をライセンシーまたはライセンシー側の関係当局に与えることのないように、"non-transferable" と明記するのが一般である。

4) "without the right to sublicense"

　米国特許法の考え方では、排他的ライセンスを許諾されたライセンシーは別段の定めがない限り再実施権を有することになるので、ライセンサーは再実施権を許諾したくない場合、その旨明記しなければならない。そうした重要な規定は、文章構成上排他的実施権の規定に隣接するのが望ましいことから、挿入句でこうした英語表現が使われることが多

[第Ⅱ部] 第3章 実施許諾 (Grant of Rights and License)

い。

5) "to use the Technology for the purpose of manufacturing, distributing and selling Products in Exclusive Territory"

　実施権の許諾の具体的内容を記述したのがこの"to 不定詞"の説明文である。実施権の内容は、許諾技術の利用ということであるが、今度は、その利用の目的が明確でなければ、利用の内容がぼけてしまう。ここで利用の内容や目的を記述するためには"to 不定詞"か、"so that …… may ……"の構文が思い浮かぶが、単なる"to 不定詞"は前出の"to use"と重複するので読みにくい。また"so that …… may ……"の節を挿入することは、やたらに文章構成上複雑にし、適切ではない。そうした事情を勘案すると、"to 不定詞"を強調した"for the purpose of …ing"の形が効果的である。

6) "a non-exclusive license and right to sell in the "Open Territory" only with the prior written permission of Licensor"

　「ライセンサーの事前の書面による許可を得た場合に限ってのオープンテリトリー内で販売する非排他的な権利およびライセンス」の意。"license"は、「許可」「実施許諾」「実施権」の意。

　"Open Territory"とは、ここではライセンサーが許諾技術の実施権を誰にも許諾していない地域を指す。そうした地域において非排他的販売実施権を許諾する規定である。

　ライセンス契約では「実施権」を表すとき"an exclusive license and right（または"right and license"）to manufacture, use and sell Licensed Product in ……"などと"license"と"right"をペアーで使うことが多い。

　"license"とは、「特許権の実施といった一定の特権の行使を認めること」（英米法辞典）の意から「実施権」（特許庁技術懇話会編『特許実務用語和英辞典』P.88（日刊工業新聞社、2000年10月24日初版4刷））と訳されることもある。しかし、その本質は「ライセンスとは、国家とライセンシーとの契約ではなく、単なる個人的な許可（a mere personal permit）」（Black's Law Dic.）にすぎないのであって、「特権ではあるが、すべてに共通する

権利ではない」(Ballentine's Law Dic.)とされる。

　他方、"right"は一般的に法的に認められた、すべてに共通する権利を指す。

　"license"と"right"を組み合わせることで、特許権等の特権（"license"）を実施するうえでより広い法的保護を得るという法律家特有の論理的思考かと思われる。"right and license"の訳語は、本書では「権利およびライセンス」とした。

　また、"only with the prior written permission of Licensor"は、「ライセンサーの事前の書面による許可をもってのみ」⇨「ライセンサーの事前の書面による許可をもってはじめて」または「ライセンサーの事前の書面による許可を得た場合に限り」の意。"only"は、"with the prior written permission of Licensor"を修飾している。

7）　"(the right) to sell engineering services only for the Products without the express written consent of Licensor"

　「明確な書面によるライセンサーの同意もなく、許諾製品に関するエンジニアリング・サービスだけを販売する（権利）」の意。

　"only"は"engineering services"を修飾している。ライセンシーは許諾技術を使用して許諾製品を製造・販売し、ライセンサーにロイヤルティを支払うというのがライセンス契約の基本的な事業展開の形である。

　ところが、ライセンシーが許諾技術に習熟してくると、許諾製品が使用される周囲の機器との取り合い関係なども含めて技術的な相談を、許諾製品のユーザーから受けることがある。そのような場合、ライセンシーは、ユーザーへのサービス精神から気軽に引き受けてしまうことがある。しかし、そうしたことは事前にライセンサーに相談しなければならないとしている。

　これまでライセンシーがライセンサーから受けてきた許諾製品に関する情報は、あくまでライセンシーが必要とする範囲での、一定の条件の下での有用な情報であって、許諾製品の使用環境が変われば、許諾製品の仕様も、製造の仕方（材質の変更など）も変わることが考えられる。しかも、そうしたエンジニアリング・サービスだけをライセンシーがユー

[第Ⅱ部] 第3章 実施許諾（Grant of Rights and License）

ザーとの間で取引対象にすることは、ライセンサーとの許諾製品の製造・ノウハウライセンス契約の範囲を逸脱する考えられる。

　したがって、このようなコンサルティング・サービスやエンジニアリング・サービスについては、それがライセンス契約の範囲内にあるものか、あるいはその範囲を逸脱するものか、ライセンサーが判断をするので、ライセンシーがそのようなサービスを引き受ける前にライセンサーに対して書面でもってきちっと相談してもらいたいというのこの文言の趣旨である。

2　実施権の許諾＜事例5＞

(1)　＜事例5＞の紹介

> (a)Licensor hereby grants to Licensee and Licensee hereby accepts (b)the exclusive right and license to manufacture or secure the manufacture of the Products in Japan, together with (c)the exclusive right and license to use in such manufacture the Proprietary Data and patents included therein and (d)the exclusive right and license to sell the Products so manufactured in Japan for use in Japan.

(2)　＜事例5＞の訳文

> 　日本国内において許諾製品を製造しまたは許諾製品の製造を確保する排他的権利およびライセンス、およびこうした製造において財産的情報およびそれに含まれた特許を使用する排他的権利およびライセンス、並びに日本においてそのようにして製造された許諾製品を日本において使用するために販売する排他的権利よびライセンスを、ライセンサーは本契約によってライセンシーに許諾し、ライセンシーは本契約によって受諾する。

(3)　＜事例5＞のポイント
　　1)　権利の内容
　　　　a．（日本国内における）許諾製品の排他的製造・販売権
　　　　b．（日本国内における）許諾製品製造目的での財産的情報（含、特許権）

の排他的使用権
- c．（日本国内における）許諾製品の日本国内での使用目的での排他的販売権

2) 許諾の条件

契約によって許諾されたすべての権利は、日本国内での実施に限られる。

3) 許諾の範囲
- a．許諾製品の排他的製造・販売権および許諾製品製造目的の財産的情報（含、特許権）の使用権は、日本国内に限る。
- b．日本国外での製造、販売は認められていないので、国外へ輸出されることを知りながら、日本国内において許諾製品を販売することはできない。

(4) ＜事例5＞の英語表現

1) "Licensor hereby grants to Licensee and Licensee hereby accepts"

「実施許諾の意思表示」は、通常、＜事例4＞のような言い方（⇨ "Licensor hereby grants to Licensee an exclusive license to use the Technology for the purpose of manufacturing ……"）をすることが多い。しかし、本事例では、表題のとおり「ライセンサーが許諾し、ライセンシーが受諾をする」という言い方をしている。ライセンス契約に対するライセンサーの正統派的な論理的思考が文面に明確に表現されていて、興味深いので、事例として取り上げた。

2) "the exclusive right and license to manufacture or secure the manufacture of the Products in Japan"

これは日本における排他的製造権およびライセンスをライセンサーがライセンシーに対して許諾し、確保することを宣言すると同時に、ライセンシーもそのような形で許諾された排他的製造権およびライセンスを確かに受諾するということを宣言している。この文章の主語はライセンサーとライセンシーであるから、そうした両者の意思が明確に表現されている。

3) "the exclusive right and license to use in such manufacture the Proprie-

[第Ⅱ部] 第3章 実施許諾 (Grant of Rights and License)

tary Data and patents included therein"

　これは情報の排他的使用権およびライセンスをライセンサーがライセンシーに対して許諾することを宣言すると同時に、ライセンシーもそのような形で許諾された情報の排他的使用権およびライセンスを確かに受諾するということを宣言している。この文章の主語はライセンサーとライセンシーであるから、そうした両者の意思がここでも明確に表現されている。また、財産的情報については、特許権も含まれることを確認すると同時に、その用途は許諾製品の製造に限られることも明記している。

4) "the exclusive right and license to sell the Products so manufactured in Japan for use in Japan"

　これは排他的販売権およびライセンスをライセンサーがライセンシーに対して許諾することを宣言すると同時に、ライセンシーもそのような形で許諾された排他的販売権およびライセンスを確かに受諾するということを宣言している。この文章の主語はライセンサーとライセンシーであるから、そうした両者の意思がここでも明確に表現されている。販売の対象は日本で製造された許諾製品であり、許諾製品が使われる場所は日本国内であることが明記されている。したがって、許諾製品が日本国外へ販売されることを承知で販売することはこの規定に違反する。

3　実施権の許諾＜事例6＞

(1)　＜事例6＞の紹介

> (a)<u>Subject to the terms and conditions of this Agreement and during the life of this Agreement</u>, Licensor hereby grants to Licensee an exclusive, non-transferable right and license (b)<u>under Licensor's Patents and Know-How</u> (c)<u>to manufacture the Licensed Products in the Territory and</u> (d)<u>to sell and use the Licensed Products so manufactured by Licensee</u> for and in a certain specified Market in the Territory.

(2)　＜事例6＞の訳文

3 実施権の許諾＜事例6＞

> 　本契約の諸条件に従うことおよび本契約の有効期間中に限ることを条件に、ライセンサーは本契約によってライセンシーに対してライセンサーの特許およびノウハウに基づく排他的、譲渡不能の権利およびライセンスを許諾し、以てライセンシーにテリトリー内において許諾製品を製造せしめ、またそのようにしてライセンシーが製造した許諾製品をテリトリー内の特定市場向けに販売させ、使用させるものとする。

(3) ＜事例6＞のポイント

1) 権利の内容
    a．テリトリー内において許諾製品を製造できる排他的権利およびライセンス
    b．そのように製造された許諾製品を販売・使用できる排他的権利およびライセンス

2) 許諾の条件
    a．契約の諸条件に従う。
    b．契約有効期間中に限る。
    c．契約に基づき許諾された権利は第三者へ譲渡することはできない。
    d．許諾製品の販売市場は、テリトリー内の特定市場に限られる。

3) 許諾の範囲
    a．ライセンシーに許諾された排他的権利およびライセンスは、ライセンサーの特許およびノウハウに基づく範囲内である。
    b．ライセンシーに許諾されたライセンサーの特許およびノウハウの利用範囲は、許諾製品の製造、販売および使用に限られる。
    c．ライセンシーに許諾された排他的権利およびライセンスを実施できる地域は、契約で合意されたテリトリー内に限られる。

　なお、本＜事例6＞の実施許諾条項は、排他的な製造販売権許諾、非排他的な製造販売許諾、許諾地域へのライセンサーの販売権留保、サブライセンスの非許諾、およびライセンシーの追加ライセンス交渉権の5つの規定から構成されているが、ここに紹介したのは、独占的な製造販売権の許諾に関す

[第Ⅱ部] 第3章 実施許諾（Grant of Rights and License）

る規定だけである。

(4) ＜事例6＞の英語表現

1) "Subject to the terms and conditions of this Agreement and during the life of this Agreement"

　　許諾の前提条件を2つ明記している。1つは、契約に盛り込まれた諸条件であり、もう1つは契約の有効期間中ということである。これらの条件を文頭に持ってくることで、その重要性を強調する英文構成になっている。契約期間を契約諸条件と対等に位置づけ文頭に持ってきたのは、契約期間が終了すれば、許諾したすべての権利義務が消滅することを意味している。

2) "under Licensor's Patents and Know-How"

　　ライセンサーはどのような権利に基づきライセンシーに実施権を許諾するか？ その権利とは、ライセンサーが所有する特許権であり、ノウハウであるとしている。これらの権利が実施権許諾契約の基盤である。そうした権利をライセンサーが所有していなければ、この契約は基本的に成立しない。そうした契約の基本的な事項をここに明記し、確認している。

3) "to manufacture the Licensed Products in the Territory"

　　ここでは許諾する権利およびライセンスの中身を規定している。それは排他的テリトリー内においてライセンシーが許諾製品を排他的に製造することができるということである。その根拠は、ライセンサーが所有する特許権およびノウハウである。英語表現としては、"to manufacture" が "right and license" を修飾している。

4) "to sell and use the Licensed Products so manufactured by Licensee"

　　ライセンシーがライセンサーから許諾された権利およびライセンスに基づき製造した（"so manufactured by Licensee"）許諾製品を販売し、使用する権利は、排他的テリトリーにおけるある特定市場においてのみ行使できると規定している。ここでは、販売の権利と使用の権利を一括りにして、製造権と分けている。

第4章　技術援助
(Technical Assistance)

　ライセンス契約に係る技術援助に関しては、基本的に2つの考え方がある。
　1つは、ライセンス契約によって許諾される特許技術を使いこなすためにノウハウが不可欠で、ライセンサーはこのノウハウをライセンシーに伝達するためにまたライセンシーはこのノウハウを使って許諾技術を実施するために技術援助が必要になるという場合である。特許・ノウハウライセンス契約において行われる技術援助は、このようなスタイルのものが多い。
　指導方法は、ライセンシーの人員をライセンサーの工場や事務所に迎えて、技術教育を行い、あるいはライセンサーの許諾技術を使った製品の納入先を見学するなどして許諾製品の信頼性などを確認してもらえるよう工夫したりする。あるいはまた、ライセンサーが技術者をライセンシーの事務所や工場へ派遣してライセンシーの人員に対して必要な技術援助を行うというやり方である。
　その場合、積極的に支援するまたは指導する「監督型」と称されるやり方と、どちらかといえば消極的で、アドバイスはするが強制的ではない「助言型」と称されるやり方がある。ライセンサーまたはライセンシーがどちらのやり方を選択するかは、それぞれのライセンシング・ポリシーによる。一般的には、「助言型」のほうが多いようだ。
　2つ目は、ライセンシーが許諾技術の習得のみならず、許諾技術を使って許諾製品を製造する製造ラインのレイアウトから許諾製品の品質管理まで含めた包括的な技術援助を行う場合である。このような場合、通常、ライセンス契約から切り離して別契約とすることが多い。なぜなら、許諾技術の製造ラインのレイアウトや許諾製品の品質管理といわゆるライセンス契約とでは、契約目的、契約リスクあるいは契約範囲が大いに相違するからである。
　なお、以下に紹介する事例は、「助言型」の事例である。

[第Ⅱ部] 第4章 技術援助(Technical Assistance)

1 技術情報の提供＜事例7＞（その1）

(1) ＜事例7＞（その1）の紹介

> (a)Subject to the provisions of Article 6 hereof, Licensor shall furnish to Licensee, (b)not later than ninety (90) days after the Effectuation Date, (c)Licensor's Technical Information in the possession of Licensor on the Effectuation Date (d)enumerated on Appendix 3 attached hereto and making an integral part hereof (e)according to the schedule set forth on such Appendix 3.
> （拙著実務マニュアルP.102［3．1］から）

(2) ＜事例7＞（その1）の訳文

> 　本契約第6条の規定を条件として、ライセンサーはライセンシーに対して、契約発効日から90日以内に、本契約に添付された本契約の一部を構成する付表3に列挙された契約発効日現在ライセンサーが保有するライセンサーの技術情報を、同付表3に定められた日程に従って、提供するものとする。
> （拙著実務マニュアルP.104［3．1］から）

(3) ＜事例7＞（その1）のポイント

1) 情報の開示と対価の支払い

　ライセンシーにとって最大の関心事は、ライセンサーからどのような技術情報を、どのような形で、いつ、もらえるかである。ライセンサーから技術情報を入手するためには、対価の支払いが条件である。その場合、対価の支払いが先か、技術情報の開示が先か、という問題がある。

　ライセンサーは、情報（ノウハウ）をライセンシーに開示したら、ライセンシーがこの程度の情報であれば対価を払いたくないなどと言い出されたら困るので、「対価の支払いが優先」と主張する。

　他方、ライセンシーは、開示された情報が不完全で、期待された価値よりも低いなどの場合、対価の支払いを拒否しないまでも、減額を要求することなども考慮して、「情報の開示後に対価を支払う」と主張したい

ところである。ベンチャー企業などがライセンサーの場合、ライセンシーのこの主張は強くなる。

本事例では「第6条」の規定を条件とするとしている。その「第6条」には、「ライセンシーは、契約発効日から起算して30日以内にイニシャル・ペイメントを支払うべし」と規定している。つまり、支払いが先で、その後、技術情報の提供が行われる。

2) 支払期限の設定

本事例では、支払期限の起算日は、契約発効日となっている。なぜ支払期限の起算日を契約発効日にしたか。契約発効日とは、契約が法的に有効となり、契約当事者が契約によって拘束を受け、強制される状態になる日である。すなわち、契約発効日以降、契約当事者は、契約で約束した義務を履行する義務を負い、また契約で取得した権利を行使することができるようになる。反対に、契約が発効するまでは、契約当事者は契約で約束したいかなる義務をも履行する必要はなく、また契約上得られるいかなる権利も行使することができない。

したがって、本事例のように、契約上最初の権利行使や義務履行を日程的に確定する必要がある場合、契約の発効日を起算日とするのが合理的である。

それでは契約はいつ法的に有効になるのか。多くの国では、契約自由の原則を受け入れており、契約当事者が契約書に署名をすれば、その契約は発効するとしている。契約書には、たとえば、「本契約は本契約当事者によって署名された日に有効となる」と契約期間に関する規定の中で明記するのが一般である。

契約当事者が契約書に署名しただけでは、その契約を発効させることができない場合がある。たとえば、外国との契約については政府当局の承認が必要な制度を有する国もある。その場合は、その政府当局によるその契約の承認日をもってその契約の発効日とせざるを得ない。そのような契約の場合も、契約書において必要な手続も含めて契約発効日を明記するのが実務慣行である。

契約発効日について契約で合意がなされていない場合は、契約発効条

[第Ⅱ部] 第4章 技術援助（Technical Assistance）

件が整った状況をを踏まえ、準拠法に照らして契約発効日を特定することになる。

3) 情報の種類とその開示日程の約束

ライセンサーがライセンシーに対して開示予定の技術情報の種類、開示形式、数量、開示時期等を一覧表にして、契約書に付属書として添付することがよく行われる。本事例もそうした技術情報の開示方法を採用している。

4) 契約書と付属書

本事例のように、契約書に付属書を添付することがある。その場合、付属書が契約書の一部を構成する旨契約書に明記し、合意しておく必要がある。付属書の位置づけを契約書にて明記しておかないと、拘束力がなくなるおそれがる。

(4) ＜事例7＞（その1）の英語表現

1) "Subject to the provisions of Article 6 hereof, Licensor shall furnish to Licensee"

"Subject to"という遵守すべき前提条件を付して、ライセンサーがライセンシーに技術情報を提供することを約した文言である。その服従条件とは何か？ 第6条は、前記のとおり、対価の支払規定である。ライセンサーが本条項に基づき技術情報を提供する前に、ライセンシーがイニシャルを支払うことをこの事例では義務づけている。ライセンシーがイニシャルを所定期限内に支払わない場合、ライセンサーは技術情報の提供を拒否することができる。それが"Subject to"の意味である。

2) "not later than ninety (90) days after the Effectuation Date"

"not later than ninety (90) days"は、"within ninety (90) days"と置き換えることができる。これらは契約の履行期限を設定する場合によく使われる表現である。

"after"は当日を含まないので（第Ⅱ部第2章2(4)7)の表の注参照）、"Effectuation Date"の翌日から起算し、90日目までで、90日目を含むという計算になる。

3) "Licensor's Technical Information in the possession of Licensor on the

Effectuation Date"

　ライセンサーが契約によってライセンシーへ提供することを約束した技術情報とは、どの情報か？　この事例では、それは、契約発効日現在（on the Effectuation Date）ライセンサーが所有する（in the possession of Licensor)許諾技術に関する情報である。契約発効日以降にライセンサーが開発したまたは取得した情報は本契約でライセンサーがライセンシーに提供を約束した情報の対象外となる。少なくとも、この条項ではそういう規定となっている。

4) "enumerated on Appendix 3 attached hereto and making an integral part hereof"

　この事例では、ライセンサーがライセンシーに提供する技術情報の具体的内容は、契約書と一体化した（making an integral part hereof）付表3に列挙されている（enumerated on Appendix 3 attached hereto）。そのことがここに明記されている。

5) "according to the schedule set forth on such Appendix 3"

　この事例では、付表3には、提供される技術情報の内容と同時に、ライセンサーがライセンシーに提供する時期についても明記されている。よって、その日程に従い当該技術情報を提供することをここに明記している。"according to"は、PODを引くと、"as stated by"と説明されている。"according to"は、"schedule"という言葉と相性がよい。

2　研修生の受け入れ＜事例7＞（その2）

(1)　＜事例7＞（その2）の紹介

(a)Subject to the provisions of Article 6 hereof and Sections 17.1 and 17.2 of Article 17 hereof, (b)at the request of Licensee from time to time during the life of this Agreement, (c)Licensor shall receive at Licensor's offices (d)and/or factories in Japan Licensee's personnel (e)of not exceeding five (5) persons for two (2) weeks in the First Contractual Year and (f)four (4) persons for five (5) weeks in any subsequent Contractual Year (g)as for the two (2) Models of the Licensed Products set forth in Paragraphs 1.1.1 and 1.1.2. of Sec-

123

[第Ⅱ部] 第4章 技術援助（Technical Assistance）

> tion 1.1 of Article 1 (h)for the purpose of providing training services in order to help such Licensee's personnel become acquainted with Licensor's manner in the design and manufacture of the Licensed Products (i)within the scope of Licensor's Technical Information furnished to Licensee pursuant to the provisions of the provisions of Sections 3.1 and 3.2 of this Article. (j)In each case of dispatch, Licensee shall in advance advise Licensor of the purpose of dispatch, the number and names of Licensee's personnel dispatched, and the scheduled length of their stay and (k)obtain Licensor's agreement on receiving such Licensee's personnel (l)provided that Licensor shall not unreasonably refuse nor postpone receiving such Licensee's personnel (m)unless it is certain that receiving such Licensee's personnel will impede the normal conduct of the relevant work of Licensor. (n)All costs and expenses incurred by such Licensee's personnel in connection with their visit and stay with Licensor hereunder shall be borne by Licensee. (o)In no event, however, Licensee shall be entitled to enjoy Licensor's training services under this Section after the end of the Fourth (4th) Contractual Year.
>
> （拙著実務マニュアル P.102 － P.103 ［3．3］から）

(2) ＜事例7＞（その2）の訳文

> 本契約第6条および本契約17条の17．1項および17．2項の規定を条件に、ライセンサーは、本契約期間中適宜ライセンシーからの要求があれば、ライセンサーは日本のライセンサーの事務所および工場またはそのいずれかにおいて、本契約1条1．1項の1．1．1および1．1．2に規定された許諾製品2モデルに関して、ライセンシーの人員を契約初年度は2週間5人および契約次年度は5週間4人を超えない範囲で受け入れ、教育訓練を施し、以って本条3．1項および3．2項の規定に従いライセンシーへ供与したライセンサーの技術情報の範囲内で、許諾製品の設計および製造におけるライセンサーのやり方にライセンシーの人員が習熟するのを援助するものとする。派遣の都度、ライセンシーは事前にライセンサーに対して、派遣目的、滞在予定期間を連絡するものとし、こうしたライセンシーの人員をライセンサーが受け入れることについて同意を得るものとする。ただし、ライセンサーはこうしたライセンシーの人員を受け入れることで、ライセンサーの通常の関連作業の運営が確実に支障をきたすということでなければ、こうしたライセン

シーの人員の受け入れを不当に拒否したり、延期したりしてはならない。本契約に基づきライセンシーの人員がライセンサーを訪問し、滞在することに関連してライセンシーの人員にかかるすべての諸費用はライセンシーが負担するものとする。しかしながら、ライセンシーは、第4契約年度末日以降は、いかなる場合でも、本条項に基づくライセンシーの教育訓練サービスを享受する権利を有しないものとする。

(拙著実務マニュアル P.105 ［3.3］から)

(3) ＜事例7＞ (その2) のポイント

本事例は、ライセンサーが研修生を受け入れる条件を設定した条項である。項目を以下に列挙する。これらの項目の具体的内容の説明は、後記(4)においても触れる。

1) 研修生を受け入るための前提条件

本事例では、研修生を受け入るための前提条件として、6条および17条の1項および2項を挙げている。6条（支払規定）については、すでに説明済みである。17条は改良技術に関する規定であるが、この契約事例では無償提供する場合と有償提供する場合と2つのケースがあった。

2) 研修生の受入期間

本事例の契約期間は5年間であったが、研修生の受け入れは第4年度末までである。

3) 「助言型」か「監督型」か

本事例は「助言型」の技術援助である。

4) 研修生の研修期間

本事例では許諾製品を特定して研修期間を定めている。

5) 研修の対象項目

本事例では研修対象となる許諾製品が複数あるため、研修の対象項目を特定している。

6) 研修の目的

本事例では、研修の目標を明記することで、研修生の旺盛な好奇心をある程度コントロールする意味合いもあった。

7) 研修生派遣予告とライセンサーの同意

この規定の背景には、ライセンシーの都合とライセンサー側の受け入れ準備の調整期間もある程度必要と考えた。

8) 研修生派遣のための費用

研修生派遣のための諸費用はライセンシーの負担とした。

9) 研修生派遣の期限

ライセンシーが研修生をライセンサーの元へ派遣できる期限を明記した。

(4) ＜事例7＞（その2）の英語表現

1) "Subject to the provisions of Article 6 hereof and Sections 17.1 and 17.2 of Article 17 hereof"

主文に述べることの前提条件を、文頭に"subject to"から始まる副詞句を置いて、明示するいつもの表現方式である。

冒頭で、"subject to"以下にライセンシーの人員（研修生）の受入条件を明定している。6条は支払条件であり、17条の1項および2項は改良技術に関する規定である。

"Sections 17.1 and 17.2 of Article 17 hereof"は、"Sections 17.1 and 17.2 hereof"だけでもよい。"hereof"は、この場合、"of this Article"である。

2) "at the request of Licensee from time to time during the life of this Agreement"

最初に述べたように本事例は、「助言型」の技術援助である。"at the request of Licensee"と明記している。つまり、ライセンシーからの要請があって初めて"trainee"を引き受けるということで、そうした要請がなければ、ライセンサーは"training"を引き受けないという意思表示がここにはある。

受け入れの時期について、本事例では、「契約期間中適宜」(from time to time during the life of this Agreement)ということになっている。受入人数や期間については、初年度と次年度以降では、若干異なる。それは後述する。

3) "Licensor shall receive at Licensor's offices and/or factories in Japan Licensee's personnel"

ライセンシーからいったん要請があれば、ライセンサーは、特別の事情がない限り、研修生を受け入れねばならない。それはライセンサーの義務である (Licensor shall receive)。

ライセンサーが研修生を受け入れる場所は、日本に所在するライセンサーの事務所および工場である。ライセンサーが海外に事務所や工場を所有していても、そこには受け入れない。また、日本国内にライセンサーが納めたプラントがあっても、そこでの研修は行わない。

4) "Licensor shall receive at Licensor's offices and/or factories in Japan Licensee's personnel" の "and/or"

　a．"A and/or B" の表現形式

　　"A and/or B" の表現形式は、決して好ましいものではないが、実際には使われる。"and/or" を使わない場合、どのような表現形式をとるかを検証する。

　(a)　AでもないBでもない場合 ⇨ "neither A nor B"
　(b)　AかBのどちらか一方の場合 ⇨ "either A or B"
　(c)　AおよびBの両方の場合 ⇨ "both A and B"
　(d)　AとBの一方でも、両方でもよい場合（羅列の組み合わせ）

　　a) "A or B or both"；"A and B or either"
　　b) "A and B, either or both"
　　c) "either A and B, or A alone, or B alone"
　　d) "either or both of the two" → (例：「大学卒業者およびこれと同等の資格を有する者」)

　b．"and" のまぎらわしい用法

　　"and" は、通常、接続、連結、付加を意味する。しかし、起草者が "A and B, jointly or severally"（結合）を考えたのか、"A and B, jointly but not severally"（別個）を考えたのか必ずしも明確ではないことがある。法律での用法では、結合の意味よりも、個別の意味で使われるようだと R. Dickerson は Dickerson's 2nd Ed.(P.106) で指摘している。

その他 "and" のまぎらわしい用法について、例示する。
- (a) "every husband and father"
  - a) "every husband and every father" (→2種類の人)
  - b) "every person who is either a husband or a father" (1種類の人、1つの性質)
  - c) "every person who is both a husband and a father" (1種類の人、2つの性質)
- (b) "charitable and educational institutions"
  - a) "institutions that are both charitable and educational" (1種類の施設、2つの性質)
  - b) "charitable institutions and educational institutions" (2種類の施設、2つの性質)

c. "or" のまぎらわしい用法

"or" は、通常、分離または選択を意味する。しかし、起草者が "A or B, or both" (包括的) を考えたのか、"A or B but not both" (排他的) を考えたのか必ずしも明確ではないことがある。法律での用法では、「排他的な」意味よりも、「包活的な」意味で使われているようだと R. Dickerson は Dickerson's 2nd Ed.(P.106) で指摘している。その他 "or" のまぎらわしい用法について、例示する。

- (a) "charitable or educational institutions" の場合：
  - a) "institutions that are either charitable or educational, but not both"

    (慈善的または教育的な施設であるが、両方の性質は持たない)
  - b) "institutions that are either charitable or educational, or both"

    (慈善的または教育的な施設、またはその両方の性質を持つ)
  - c) "charitable institutions or educational institutions, but not both"

    (慈善施設か教育施設かのいずれかの施設)
  - d) "charitable institutions or educational institutions, or both"

    (慈善施設か教育施設か、またはその両方)
5) "of not exceeding five (5) persons for two (2) weeks in the First Con-

tractual Year"

　初年度における研修生の受け入れ人数、期間および時期をここで明定している。それらは、契約の事情、許諾技術の難易度、ライセンシーの技術レベル、ライセンシング・ポリシーなどにより決定される。

　構文としては、"of"以下"and"で接続された２つの形容詞句（⇨１つ目の形容詞句は"First Contractual Year"で終わり、２つ目の形容詞句は"subsequent Contractual Year"で終わる＜⇨次の(e)項＞）は、"of"の直前の"Licensee's personnel"を修飾している。

6) "four (4) persons for five (5) weeks in any subsequent Contractual Year"
　２年目以降における研修生の受け入れ人数、期間および時期をここで明定している。

7) "as for the two (2) Models of the Licensed Products set forth in Paragraphs 1.1.1 and 1.1.2. of Section 1.1 of Article 1"
　"as for"は、"regarding""respecting""concerning""with regard to""with respect to""with reference to"などと置換できる。

　"the two (2) Models"と、"the"が付いているのは、"the Licensed Products"に複数の"Models"があり、"Paragraph 1.1.1"および"Paragraph 1.1.2"で規定された特定の２つの"Models"を指しているからである。

　"set forth"は、フォーマルな表現で「知らしめる」「宣言する」などが元の意である。

　⇨ "Is this condition set forth (= included) in the agreement?"
　「この条件は合意（契約）に入っていますか？」（Hornby's Dic.）などと使われる。

8) "for the purpose of providing training services in order to help such Licensee's personnel become acquainted with Licensor's manner in the design and manufacture of the Licensed Products"
　ここは研修目的を明定している。同時に、ライセンサーはライセンシーが設計や製造におけるライセンサーの手法を習得するのを手助けする立場にあり（"in order to help"）、研修の主体はあくまでライセンシー側にあることを表現している。

[第Ⅱ部] 第4章 技術援助（Technical Assistance）

　　構文としては、"for the purpose of" も "in order to" も日本語では「……するために」の意である。「ために」「ために」と2つ重なるので、邦訳は工夫が必要。しかし英文としては、"for the purpose of" の後には動名詞が、"in order to" の後には "to" 不定詞がくるので、意外と気にならない。

9) "within the scope of Licensor's Technical Information furnished to Licensee pursuant to the provisions of Sections 3.1 and 3.2 of this Article"

　　研修の対象は、ライセンサーが契約の規定に従いライセンシーへ提供する技術情報の範囲に限定される。

　　研修にくる技術者の中には非常に勤勉で向上心も旺盛で、好奇心の強い者もいる。許諾技術に直接関係のない事柄についても情報を欲しがる者もいる。その歯止めとして、こうした表現は有効である。

　　"within the scope of" は、"within" だけでもよい。ここは特に読者の注意を喚起するため "within the scope of" としたのである。

10) "In each case of dispatch, Licensee shall in advance advise Licensor of the purpose of dispatch, the number and names of Licensee's personnel dispatched, and the scheduled length of their stay"

　　ここでは、ライセンシーが研修生をライセンサーの元へ送り込む際、その都度、事前に派遣目的、人数、名前、滞在予定期間などについて知らせることをライセンシーに対して義務づけている。

　　"in case of" は、"in the event of"（POD 参照）の意だが、"in the case of" は、"as regards"；"regarding"（POD 参照）の意である。

　　"advise of" は、"inform of" と置き換えることができる。

11) "obtain Licensor's agreement on receiving such Licensee's personnel"

　　ライセンシーは研修生をライセンサーの元へ送り込む際、関連情報をライセンサーへ提供するが、同時に、ライセンサーからライセンシーの研修生を受け入れることについて同意を取り付けることを義務づけている。

　　"obtain Licensor's agreement on" は、"obtain Licensor's consent to" と置き換えることもできる。

"agree" について、Hornby's Dic. を参照しながら、その用法を整理する。

a．"agree"（⇨ "yes" という「同意」を表す）

"I asked him to help me and he agreed."（私が彼に手助けを頼んだら、OK してくれた。）

b．"agree to" +「ものごと」（名詞・動名詞）（⇨「（提案など）に同意する」の意）

(a) "He agreed to my proposal."（彼は私の提案に同意した。）

(b) "He's agreed to our suggestion about the holiday."（彼はその休日のことで我々の提案に賛成してくれた。）

(c) "Mary's father has agreed to her marrying John."（メアリーの父はメアリーがジョンと結婚することに賛成してくれた。）

c．"agree" + "to" 不定詞（⇨「（……すること）に同意する」の意）

"We agreed to start early."（我々は早めに出発することで意見が一致しました。）⇨（我々は早めに出発することにした。）

d．"agree" + "that-clause"（⇨「（……すること）に同意する」の意）

"We agreed that we should start early."（我々は早めに出発すべきということで意見が一致しました。）⇨（我々は早めに出発したほうがよいということになった。）

e．"agree on" +「ものごと」（名詞・動名詞）（⇨「（ものごと）について意見が一致して、決定できる」の意）

(a) "We agreed on an early start."（我々は早めの出発で意見が一致しました。）⇨（我々は早めに出発することにした。）

(b) "We agreed on making an early start."（我々は早めに出発することで意見が一致しました。）⇨（我々は早めに出発したほうがよいということになった。）

(c) "We all agreed on terms."（我々全員が条件に合意した。）

(d) "Can we agree on a date for the next meeting?"⇨（次のミーティングの日を決めようか？）⇨（次のミーティングはいつにしょうか。）

f．"agree with" +「人」または「ものごと」（名詞）（⇨「（人の考え）

131

に同意する」「(意見が) 一致する」「(説明が) 合致する」「(分析結果が) 符合する」「(健康や体質) が合う」「(文法で数や人称) が一致する」などの意)

 (a) "I completely agree with your views on Marx."(私はマルクスについてのあなたのお考えに全く同意します。)(意見)

 (b) "Your story agrees with what I had already heard."(あなたのお話は私がこれまで聞いてきたお話と同じです。)(説明)

 (c) "The bill does not agree with your original estimate, the two are different."(その請求書はあなたの当初の見積書と違いますね。2つは別のものですね。)(分析)

 (d) "It's a good idea to agree with the boss most of the time."(いつも上司の考えと同じだというのはよいことだ。)(考え)

 (e) "The climate doesn't agree with me."(その気候は私には合わない。)(健康や体質)

 (f) "The verb agrees with its subject in number and person."(その動詞は主語の数と人称が一致している。)(文法)

g．"agree about" +「ものごと」(名詞)

「(単に、議論の主題について) 意見が一致する」の意で、それによって物事が決するところまではいかない (Hornby's Dic. ／ Practical English Usage by Michael Swan, Oxford (マイケル・スワン著；金子稔・廣瀬和清・山田泰司訳『実例　現代英語用法辞典』(桐原書店／オックスフォード、1985年7月10日))／ジーニアス英和参照)：

 (a) "They never agreed about politics."(彼等は、政治の話では意見が合ったためしがない。)

 (b) "Have you agreed about the price yet?" ⇨ (あなた方は、値段の話はもうついたのですか？)

h．"agree (as to)" + "how to do something"(⇨「(ものごとについて) 意見が一致する」の意)

 (a) "We could not agree (as to) how it should be done."(その件をどうすべきかについては、我々は意見の一致を見ることができませんでし

た。)

　"agree"の目的語が、上記例文のように従属疑問文 ("whether" "where" "how" に導かれる文) である場合、前置詞を留保してもよい (Hornby's Dic./ Verb Patterns P.VP3B 参照)。

　"as to"について、"as to"は、文脈により"about"や"concerning"で置き換えることができる。"as to"に続く言葉を目立たせるために文頭に持ってくる場合を除き、"as to"はあまり使わないほうがよいとされている (Hornby's Dic.)。

(b) "As to your brother, I will deal with him later."(貴方のお兄さんのことについては、追って沙汰します。)

(c) "As to accepting your demand, ………."(あなたのご要求を受諾することにつきましては、……。)

ⅰ. "agree"の受動態 (be + agreed)

　主語が複数の場合に限り、"agree"を受動態 (be + agreed) で使うことができる。これは改まった表現になる。

(a) "We are all agreed on finding the accused man innocent." (被告人が無罪であると全員の意見が一致しました。)

(b) "We are all agreed that the proposal is a good one."(そのご提案は良いご提案であると我々も同感です。)

(c) "The committee are agreed that it would be a mistake to spend any more money on the project."(その事業にこれ以上お金を使うことは誤りであると同委員会では全員の意見が一致しました。)

12) "provided that Licensor shall not unreasonably refuse nor postpone receiving such Licensee's personnel"

ａ. ライセンシーは研修生をライセンサーの元に送り込む際、一応ライセンサーから引き受けの同意を取り付けることになっている。ただし、ライセンサーは同意を与えることについて故意に引き延ばしをしないようにとの軽い縛りがこの規定である。

ｂ. "provided that"は、「ただし、……(すること) を条件とする」または「……することを条件として、……」と訳し、"that"以下に条件内

容を記載する決まり文句である。"on condition (that)" と置き換えることもできる。"providing (that)" としても、英文の意味は変わらない。使用頻度としては、"provided (that)" が一番多く、条件を特に強調する場合、"on condition (that)" が使われることが多いようであるが、硬い響きがある。契約書では、"providing that" は稀である。いずれも "that" は省略可能であるが、契約書では、"provided that" も "on condition that" も "that" が省略されることは少ないようである。"providing that" の使用例としては、次のような言い方がある。

"I will go providing (that) my expenses are paid."（費用を出してくれるなら行きますよ。）

c. "shall not unreasonably refuse" ＜拒否＞とよく似た表現で、契約書によく出てくる "shall not unreasonably withhold" ＜留保＞がある。"unreasonably" は「無分別に」「不合理なことだが」「法外に」などの意味が辞書には出てくるが、「不当に」くらいに意訳したほうが文脈になじむこともある。"reasonable" という単語も邦訳しにくい。Hornby's Dic. を参照する。

(a) 「普通の常識（ordinary common sense）を持っている」「理性を働かせる能力がある（able to reason）」「理性に従って行動する」または「道理がわかる（willing to listen to reason）」の意である。

　a) "You're not very reasonable if you expected a child to understand sarcasm."（子供に皮肉を解ってもらおうなんてあなたが思っていたとすれば、あなたはまったく常識を逸していますね。）

　b) "Is the accused guilty beyond reasonable doubts？"（被告人が有罪だなんて普通の常識ではとても考えられませんね？）

(b) 「適当な（moderate）」「多すぎず少なすぎず」「正しそうで」または「受容できそうな」の意。

　a) "a reasonable price" ／ "offer"（高すぎず安すぎないお値段／高すぎず安すぎないお見積り）

(c) 「公平な（fair）」「合理的な根拠に基づいている（just）」または「馬鹿げていない（not absurd）」の意

a)　"a reasonable excuse"（理に適った申し開き）
　　b)　"be reasonable in one's demands"（人の要求には合理的な根拠がある）
13)　"unless it is certain that receiving such Licensee's personnel will impede the normal conduct of the relevant work of Licensor"
　　ライセンサーが不当に研修生受け入れを拒否しないことの前提として、そうした研修生の受け入れによってライセンサーの関係業務の通常運営が妨げられないことを確認している。
　　"unless it is certain that"は、どう邦訳するか。「that以下のことが確かでないならば」というのが直訳。本事例でもそうであるが、契約書の文章は、条件や前提などがいろいろ付帯するので1つの文章がどうしても長くなる。英語の原文が長ければ、邦訳も長くなる。英語は論理的に配列されているので、多少長くても頭に入る。しかし、邦訳するとわかりにくくなるということもある。
　　"provided that clause"や"unless clause"などは、その前の文章が長いときには、できるだけ前の文章とは切り離して邦訳すると、読み手には読みやすい。本事例でいえば「ただし、確実に、研修生を受け入れることでライセンサーの関係業務の通常運営が妨げられる場合は、この限りにない」くらいに訳したらわかりやすい。
　　"impede the normal conduct of"は、「～の通常の遂行を妨げる」⇨「～をいつものように遂行できない」の意である。
14)　"All costs and expenses incurred by such Licensee's personnel in connection with their visit and stay with Licensor hereunder shall be borne by Licensee."⇨特に、"bear"の使い方
　　a．"All costs and expenses incurred by (A) shall be borne by (B)."（（A）に発生した費用はすべて（B）が負担する。）
　　b．"She was born."（彼女が生まれた。）
　　c．"She has borne two sons."（彼女は2人の息子を産んだ。）
　　d．"The expenses were borne by her."（その費用は彼女が負担した。）
　　また、ライセンシーの研修生がライセンサーの元に来て滞在する場合

[第Ⅱ部] 第4章 技術援助 (Technical Assistance)

の研修生にかかる諸費用の負担についても、当然、決めておかねばならない。

研修生がライセンシーの所に来て滞在することを、"their visit and stay with Licensor"と表現している。

15) "In no event, however, Licensee shall be entitled to enjoy Licensor's training services under this Section after the end of the Fourth (4th) Contractual Year."

　a．この事例では、研修サービスを受けるのは、ライセンシーの権利である。ただし、その権利を享受できるのは、第4年目末までである。本事例の契約期間は5年であった。

　b．"in no event"（どうあっても……しない）の"event"は、「出来事」の意で、しかも重大な出来事の意である。"the chief events of 2004"などと使われる。その他の用法をみてみる。

　　(a) "at all events"（⇨ "whatever is so"）
　　　⇨ "At all events you had better do it."（どんなことがあってもそうしたほうがよい。）

　　(b) "in any event"（⇨ "whatever is so；in any case"）（何があろうと；どのような場合でも）
　　　⇨ "But, in any event, I cannot give you my consent."（しかし、どうあっても、私としてはあなたに同意を与えることはできません。）

　　(c) "in either event"（⇨ "whichever is so"）
　　　（どっちみち）

　　(d) "in that event"（⇨ "if that is so"；"in that case"）
　　　（そのような場合でも）

　　(e) "in (the) event"（⇨ "as it in fact happens"）（結局）
　　　⇨ "In the event of my father's death, we shall be left poor."（私の父が亡くなれば、私は貧乏人になる。）

　　(f) "in the natural(or "normal",or "usual") course of events"（自然の成り行き）
　　　⇨ "leave the rest to the events"（それから先は天運（または「成り

行き」）に任せる。）

3 ライセンサーの技師派遣＜事例7＞（その3）

(1) ＜事例7＞（その3）の紹介

> Subject to the provisions of Article 6 hereof and Sections 17.1 and 17.2 of Article 17 hereof, at the request of Licensee from time to time during the life of this Agreement, Licensor shall send to Licensee engineers Licensor shall select for the purpose of providing consulting and advisory services as Licensee may need within the scope of Licensor's Technical Information furnished to Licensee pursuant to the provisions of Sections 3.1 and 3.2 of this Article for a period not exceeding fifty (50) man-calendar days in the First (1st) Contractual Year as for the two (2) Models of the Licensed Products set forth in Paragraphs 1.1.1 and 1.1.2 of Section 1.1 of Article 1 hereof. Reasonable (a)<u>local living expenses for</u> (b)<u>lodging and meals</u> and (c)<u>traffic and transportation expenses</u> (d)<u>incurred</u> in the Territory by such engineers sent by Licensor for the purpose set forth in this Section shall be borne by Licensee. In no event, however, Licensee shall be entitled to (e)<u>enjoy Licensor's consulting and advisory services</u> under this Section after the end of the Fourth (4th) Contractual Year.
>
> （拙著実務マニュアル P.103－104［3．4］から）

(2) ＜事例7＞（その3）の訳文

> 本契約第6条および本契約第17条の17．1項および17．2項の規定を条件に、本契約期間中、適宜、ライセンシーからの要求があれば、ライセンサーは、自ら人選した技術者をライセンシーの元へ派遣し、本条3．1項および3．2項の規定に従いライセンシーへ供与したライセンサーの技術情報の範囲内で、ライセンシーが必要とする相談を受けまたはアドバイスを与えるものとする。ただし、その期間は、本契約第1条1．1項の1．1．1および1．1．2に規定された許諾製品のうち2モデルに関し契約初年度は50人暦日を超えないものとする。本条項に規定された目的のためにライセンサーが派遣した技師にテリトリー内で発生する住居および食事に関する合理的な生活費並びに交通費はライセンシーが負担するものとする。しかしながら、ライセンシーは、第

[第Ⅱ部] 第4章 技術援助（Technical Assistance）

> 4 契約年度末日以降は、いかなる場合といえども、本条項に基づくライセンサーへの相談およびアドバイスを享受する権利を有しないものとする。
>
> 　　　　　　　　　　　（拙著実務マニュアル P.105－106［3．4］から）

(3) ＜事例7＞（その3）のポイント

1) ＜事例7＞（その2）は、ライセンシーが研修生をライセンサーの元へ派遣して技術を習得する場合の規定であったが、本事例は、ライセンサーの技師をライセンシーの元に派遣して技術指導を行う場合の規定である。

2) この事例では、技術指導といっても、監督型ではなく、相談を受けるという受身の形である。

3) 初年度はその派遣日数を50日以内として、滞在に伴う諸経費はライセンシー側の負担としている。こうした費用負担をどちらが負担するかは、諸条件を勘案して決める。

4) 本契約の有効期間は5年間であるが、ライセンシーがライセンサーに対して、技師の派遣要請をできるのは4年末までとしている。

(4) ＜事例7＞（その3）の英語表現

1) "local"

　ここでは「現地の」の意であるが、この言葉はいろいろな意味に使われる。"a local doctor"といえば「その地域に住んでいる医者」⇨「現地の医者」；"local customs"「地方の習慣」；"a column of local news"「地方ニュース欄」；"local time"「現地時間」など「全国的ではないこと」を意味することから「州の」などの意で使われることもある。"a local train"といえば「各駅停車」「普通列車」である。"a local"というと「地元の住民」の意になる。

2) "lodging and meals"

　"lodging"は「一時的な宿」または「泊まるところ」の意。"a lodging for the night"は「その晩泊るところ」⇨「一夜の宿」の意。"board and lodging"は「賄い付の下宿」の意。イギリスでは、"a lodging house"「賄いなしの下宿屋」；"a boarding house"「賄い付の下宿屋」；"service flat"

「賄い付下宿」。米国では、"a rooming house"「食事なしの下宿屋」；"room with board" (meals)「食事つきの部屋」。"meal" は 1 回分の食事の意である。

3) "traffic and transportation expenses"
   a．"traffic" の用法
   　　"traffic" は「通行」「交通（量）」の意が第一義である。
   　　　⇨（英）"There was a lot of traffic on the roads yesterday."
   　　　　（Hornby's Dic.）
   　　　⇨（米）"The traffic was heavy on the streets yesterday."
   　　（昨日は道路の交通量が多かった。）⇨（昨日は道路が混んでいた。）
   "much traffic" というが、"many traffic" または "few traffic" とはいわない。"one-way traffic"「一方通行」；"a one-way traffic street"「一方通行の通り」；"a traffic accident"「交通事故」；"a traffic sign"「交通標識」；"traffic law"「交通法」；"traffic regulations"「交通規則」；"traffic light(s)(signals)"「交通信号灯」など。

   b．"transportation" の用法
   　(a)　米　語
   　　　「輸送」「輸送手段」「乗物（航空機、船、列車、車など）」の意である。
   　(b)　英　語
   　　　"transportation"ではなくて、"transport"。"transportation charges"は「輸送費」「運賃」「切符」などの意。"pay transportation to ……"といえば、「……までの運賃を支払う」の意である。

   c．"expense" の用法
   　(a)　"at the expense of ……"
   　　　「……の費用で」または「……の犠牲で」（"at the sacrifice of ……"）の意である。
   　　　⇨ "He became a brilliant scholar, but only at the expense of his health."
   　　（彼は素晴らしい学者となったが、自分の健康は犠牲にしてしまっ

た。）（Hornby's Dic.）
- (b) "at one's expense"

  「人の支払いで」または「人のおごりで」の意である。
- (c) "at any expense"

  「どれほど費用がかかっても」または「どんな犠牲を払っても」の意である。
- (d) その他

  第Ⅱ部第8章2(4)1)参照。

4) "incurred"

「（負債、損害など）を負う、被る、受ける」などの意である。

⇨ "incur debts of US$1,000"（1000ドルの負債を負う）

⇨ "incur hatred" (or "displeasure")（「憎しみ（不興）を買う」）

⇨ "incur great expense"（大きな出費を被る）

5) "enjoy Licensor's consulting and advisory services"

この事例では、ライセンシーがライセンサーに相談をし、アドバイスを受けることを "enjoy"「享受する」と表現している。

"service" の意味と動詞の組み合わせの説明は、英和活用大辞典が詳しい。

⇨ "She enjoys the services of one of the best tailors in France."

（彼女はフランスで最も優れたテイラーの1人に衣装を作ってもらっている。）

第5章　支払い（Payments）

　支払条項が実施許諾条項と並んで、ライセンス契約を支える重要な大黒柱であることはすでに述べた。ライセンサーが許諾技術の開発投資に要した資金を合理的にしかもできるだけ早く回収したいと考えるのは当然のことである。開発費資金の回収は、ライセンス契約の支払条項において具体的に決定される。ライセンス契約における支払方法は、個別の契約事情（⇨契約相手方の事情、相手国の支払規制その他）により多様である。代表的な方式について、以下簡単に説明する。

　「イニシャル・ペイメント」とは、頭金のこと。イニシャルの額をどのような考え方に基づきいくらに設定するかは、許諾技術、許諾製品の種類、許諾製品の業界、企業の製品戦略、その他によって、その考え方や慣行も異なり、一般的に通用する基準はない。頭金といったのは、実施料の一部前払い的性質の支払いという考え方だが、そのほかにも、多様な考え方があり得る。たとえば、ランニング・ロイヤルティを低く抑えるためという場合もあり得る。あるいは、特許侵害が契機となってそのライセンス契約が締結されたような場合、その過去の侵害料を一括して契約締結時に支払ってもらうという場合もあり得る。あるいはまた、技術援助として研修生を受け入れる費用、技師をライセンシーの元へ派遣する費用またはそのた技術支援に必要な資料の作成費用等を直接請求できないような場合に、「イニシャル・ペイメント」という名目で支払ってもらうということもあり得る。

　「ランニング・ロイヤルティ」とは、出来高払いの実施料のこと。通常正味販売価格の一定料率を売上台数に乗じて実施料として支払う方式のものと、1台当たりいくらと固定額を定めて、これに売上台数を乗じて算出する従量方式（⇨固定単価）とがある。料率の決め方は、一定期間内の実施料が一定額を超えた場合、当初の料率を逓減することで、販売意欲を鼓舞する方式と、逆に、一定期間内の実施料が一定額に達しない場合、当初の料率を逓増する方式とがある。

　「スライド式実施料」とは、物価指数や外貨交換率等の変動にスライドさせ

141

[第Ⅱ部]　第5章　支払い（Payments）

て実施料を決める方式である。

　「ミニマム・ロイヤルティ」とは、売上げの如何にかかわらず、一定期間に支払わなければならない最低実施料のことで、ライセンサーが一定金額の実施料を確保したいという場合に、設定される。

　「マキシマム・ロイヤルティ」とは、一定期間内に支払うべき最高実施料のこと。超過分を免除することで、ライセンシーの販売意欲を鼓舞する支払方法である。

　「定額実施料」とは、契約期間内をいくつかに区分してその区分期間内の実施料を定額に固定する方式である。これは、ミニマム・ロイヤルティやマキシマム・ロイヤルティに類似した発想の支払方法である。

　「ランプサム・ペイメント（一括払い実施料）」とは、契約期間中の実施料を契約時に確定して、契約時に一括払いする方式である。ただし、金額は契約時に決めるが、支払いは、分割払いまたは延べ払いとすることもある。

　「アドバンスト・ペイメント」とは、契約期間中の実施料を契約時に想定し、前払いで一括支払いとして、実施料支払債務が実際に発生したときに、前払い実施料から差し引く方式である。前払額がなくなった場合、それ以降は、予め決められた実施料が出来高に応じて、支払われることになる。

　支払条項で支払方式の決定と同様に重要なことが、支払通貨の問題がある。支払通貨をライセンサーが自国通貨と決めれば、ライセンシーはライセンシーの自国通貨とライセンサーの自国通貨との為替リスクおよび利益を負担することになる。その意味で、支払通貨の選択は重要である。

　また、ライセンサーがライセンシーから受領したロイヤルティについて、特許権等が無効、取消しになったり、特許権等の移転が生じたり、特許を受ける権利の実施許諾契約において特許権が取得できなくなった場合、契約が解約された場合、あるいは実施権者に起因する実施料の返還請求の場合などには、実施料を返還しない旨、契約で合意しておくのが一般である。

　国内契約に関する特許庁長官通達「特許権等契約ガイドライン」も同様な思想に則っている。ただし、特許権の無効後または取消し後、あるいは特許権取得不可確定後、実施料の支払いを要求することは独占禁止法上問題があるとされているので注意が必要である。なお、分割払いや延べ払いの場合に

142

は、特許権消滅後の支払いが認められている（公取指針（第４−５−(3)＜権利消滅後の制限＞））。

1 イニシャル・ペイメント＜事例8＞（その1）

(1) ＜事例8＞（その1）の紹介

> "In (a)consideration of the rights and licenses granted to Licensee by Licensor hereunder and the technical assistance rendered to Licensee by Licensor hereunder (b)except as otherwise specifically set forth herein, Licensee shall pay to Licensor as follows:
>
> 4.1. Licensee shall pay to Licensor an (c)initial payment of X yen in three (d)installments according to the following schedule:
>
> 4.1.1. First (1st) installment: 50% of the initial payment not later than thirty (30) days after the Effectuation Date,
>
> 4.1.2. Second (2nd) installment: 30% of the initial payment not later than sixty (60) days after the Effectuation Date, and
>
> 4.1.3. Third (3rd) installment :20% of the initial payment not later than sixty (90) days after the Effectuation Date.
>
> （拙著実務マニュアル P.116［柱書］／［4.1］から）

(2) ＜事例8＞（その1）の訳文

> 　本契約に基づきライセンサーがライセンシーに対して許諾した権利およびライセンス並びに本契約に別途特に宣言したものを除き、本契約に基づきライセンサーがライセンシーに対して与える技術援助を約因として、ライセンシーはライセンサーに対して以下のとおり支払うものとする：
>
> 4.1.　ライセンシーはライセンサーに対して、下記日程に従い3分割でX円のイニシャル・ペイメントを支払うものとする：
>
> 4.1.1.　第1回分割分：契約発効日後30日以内にイニシャル・ペイメントの50%
>
> 4.1.2.　第2回分割分：契約発効日後60日以内にイニシャル・ペイメントの30%
>
> 4.1.3.　第3回分割分：契約発効日後90日以内にイニシャル・ペイメン

[第Ⅱ部] 第5章 支払い (Payments)

> トの20％
> 　　（拙著実務マニュアル P.119 － P.120 [柱書] ／ [4.1] から）

(3) ＜事例8＞（その1）のポイント

1) この事例では、ライセンサーがライセンシーに対する許諾技術の実施許諾を約因として、ライセンシーはライセンサーに対してロイヤルティを支払うとしている。この表現も考え方も、ごく普通である。

2) イニシャル・ペイメント（以下、「イニシャル」という）の支払いは、一括払いの場合も、分割払いの場合もある。本事例では、3分割払いとなっている。

3) 支払いの起算日は、契約発効日である。ライセンシーの支払行為は、契約に基づくライセンシーの契約義務の履行に他ならない。ライセンシーが契約義務を負担するのは、契約が発効した後である。したがって、支払日の特定は、契約発効日から起算する。

4) 本事例では、分割払いの日程は、図面その他の技術情報をライセンサーがライセンシーに対して開示（提出）する日程と密接に関連づけてある。即ち、ライセンサーは、ライセンシーがイニシャルを支払うその都度、ライセンシーに対して特定パッケージの技術情報を開示（提出）する。この特定パッケージの技術情報の具体的な内容は、一覧表の形で付属書の1つとして契約書に添付されている。

5) 本事例では、ライセンシーの技術者をライセンサーの工場や事務所に受け入れて行う教育（トレーニング）やライセンサーの技師をライセンシーの元へ派遣して行う各種指導の対価は、別途支払われ、イニシャルには含まれない。

(4) ＜事例8＞（その1）の英語表現

1) "consideration"
　第Ⅱ部第1章1(4)11)参照。

2) "except as otherwise specifically set forth herein"
　「契約書に、別途、特に規定がある場合は別として」の意。"set forth" は「述べる」「説明する」の他「宣言する」などの意もある。契約書で

「述べること」は「規定すること」と同義である。

3) "initial payment"

一般的に、「イニシャル」または「イニシャル・ペイメント」とそのまま英語の発音を片仮名で表示して、使われている。ライセンス契約では、強いて訳せば、「頭金」である。文脈により、「前払い」とも訳せる。同じような表現を参考に以下列挙する。

a. "an upfront payment"

「前払金」のことで、「先行投資」と訳されることもある。

b. "a down payment"

長期の延べ払い契約などで初回に支払われる契約金の一部で、「頭金」と訳される。

c. "an advance payment"

an advance payment：契約締結時に支払われる契約金の一部で「前金」と一般に訳される。不動産契約などで、契約予約で支払われる「手付金」の意味でも使われる。

4) "installments"

"installment"は、「分割払い込み金」「割賦金」などの意味のほかに連載記事の「1回分」などの意味もある。「分割払いで」というとき、"by installments"または"in installments"などという。「月賦払い」なら、"by (in) monthly installments"であり、「年払い」なら"monthly"に代えて、"yearly"とすればよい。「3回に分けて」というのなら、"in three (3)(separate) installments"などといい、"separate"を挿入し、分割払いを強調することもある。

2　ランニング・ロイヤルティ（料率法）＜事例8＞（その2）

(1) ＜事例8＞（その2）の紹介

> 4.2. In addition to the initial payment under Section 4.1 of this Article, Licensee shall pay to Licensor the following percentages of royalty on the (a)<u>Net Selling Price</u> for each of the Licensed Products manufactured and sold (b)<u>or</u>

[第Ⅱ部]　第5章　支払い（Payments）

otherwise disposed of by Licensee hereunder according to the following schedule:
4.2.1. Three Percent (3%): applicable until any Contractual Year in which the total sum of royalties paid and payable by Licensee to Licensor accumulated from the First (1st) Accounting Period (hereinafter referred to as the "Accumulated Royalty") has attained to (c)Y yen.
4.2.2. Two Point Five Percent (2.5%): applicable from the Contractual Year subsequent to the Contractual Year set forth in Paragraph 1 of this Section until any Contractual Year in which the Accumulated Royalty has attained to (d)Z yen, and
4.2.3. Two Point Three Percent (2.3%): applicable from the Contractual Year (e)subsequent to the Contractual Year set forth in Paragraph 2 of this Section.

（拙著実務マニュアルP.116－P.117［4．2］から）

(2)　＜事例8＞（その2）の訳文

4．2．本条4．1項に基づくイニシャル・ペイメントに加えて、ライセンシーはライセンサーに対して、本契約に基づきライセンシーが製造・販売または別途処理した各許諾製品の正味販売価格に対する下記パーセンテージのロイヤルティを、下記スケジュールに従い支払うものとする：
4．2．1．3％：最初の計算期間から累計して、ライセンシーがライセンサーに支払ったおよび支払うべきロイヤルティ総額（以下「累計ロイヤルティ」という）がY円に到達する契約年度まで適用される。
4．2．2．2.5％：本項1号に規定された契約年度の翌年度から、累計ロイヤルティがZ円に到達する年まで適用され、さらに、
4．2．3．2.3％：本項2号に規定された契約年度の翌年度から適用される。

（拙著実務マニュアルP.120［4．2］から）

(3)　＜事例8＞（その2）のポイント
1）　正味販売価格の一定割合（％）をロイヤルティとして支払うのは、ライセンサーおよびライセンシーの双方にとって比較的納得しやすい考え

2 ランニング・ロイヤルティ（料率法）＜事例8＞（その2）

方である。

ロイヤルティが固定額の場合、実際の販売価格に無関係に固定額を支払わなくてはならないが、実際の販売価格に一定割合のパーセンテージを乗じた額をロイヤルティとして支払う場合は、実売価格が正確にロイヤルティ計算に反映されるので、双方にとって納得しやすい。事実、いろいろな調査を見ても、ロイヤルティはパーセントで表示、契約されることが多い。

2) 料率方式でも、本事例のように、売上額の増加に応じてロイヤルティの料率を逓減させるやり方もある。これはそうすることによって、ライセンシーの販売意欲を促進する効果が期待できる。

(4) ＜事例8＞（その2）の英語表現

1) "Net Selling Price"

"net"（「正味」）とは、「許諾技術が使われている製品構成部分だけ」の意が含まれている。許諾技術が使われていない部分は、ロイヤルティ支払いの対象にならない。

2) "or otherwise disposed of"

「または別途処理された場合」の意。たとえば、許諾製品を自社の研究室の設備として使うなど「通常の販売」以外の目的で許諾製品を製造、使用した場合もロイヤルティ支払いの対象となることを意味している。

3) "Y yen"

Y円は、ライセンサーがライセンシーに対して、積極的な実現を期待している最低限の目標値数である。

4) "Z yen"

Z円は、ライセンサーがライセンシーに対して、できればこのくらいのロイヤルティは実現してほしいというライセンサーの期待値である。ライセンシーがZ円を超える売上げを達成してくれれば、ライセンサーとしては大満足である。よって、ライセンシーが販売努力をした結果、Y円を超えてZ円に達すれば、ロイヤルティを3％から2.5％に減額する。さらに、Z円を超えた場合は、2.5％をさらに2.3％まで下げるという契約である。

[第Ⅱ部] 第5章 支払い（Payments）

　　ライセンシーが許諾製品の売上げを伸ばせば、当然、ライセンサーのロイヤルティ収入は絶対的に増加する。ライセンサーは増益を享受できる。
　　他方、ライセンシーは許諾製品の売上げを伸ばすことで、ロイヤルティの支払いを絶対的に減額することができる。それは即ライセンシーの利益の増加につながる。そこには、当事者双方にとっての"win-win"の関係の実現が予見できる。
　　ただし、この理想的な関係をより現実的なものにするためには、Y円、Z円の設定の適正性ということが重要である。それには、その取引の諸事情を慎重に考慮する必要がある。
5) "subsequent to"
　　a．"on the day subsequent to your visit"
　　　「あなたが来られた次の日に」の意。"subsequent to"は、"following"と置き換えることができる。⇨ "on the day following your visit"。
　　b．"in subsequent issues of this magazine"
　　　「この雑誌の次号には」の意である。

3　ミニマム・ロイヤルティ＜事例8＞（その3）

(1)　＜事例8＞（その3）の紹介

> 4.4. (a)<u>Licensee undertakes that</u> in the Fifth (5th) Contractual Year ending on the Expiry Date the Accumulated Royalty has not attained to Y yen, Licensee shall, in addition to the payment of (b)<u>actually accrued royalties</u> pursuant to the provisions of Sections 4.2 and 4.3 of this Article for the Latter Accounting Period of such Contractual Year, (c)<u>pay the deficiency to make up for Y yen</u> not later than sixty (60) days after the (d)<u>close</u> of the Latter Accounting Period of such Contractual Year.
>
> 　　　　　　　　　　　　　　（拙著実務マニュアル P.117 ［4．4］から）

(2)　＜事例8＞（その3）の訳文

3　ミニマム・ロイヤルティ＜事例8＞（その3）

> 4.4.　契約満了日に終了する第5契約年度において、実施料累計額がY円に未達の場合、ライセンシーは、同契約年の後期会計期間中に本条項第4.2項および第4.3項の規定に従い実際に発生した実施料に加えて、同契約年度の後期会計期間末日以後60日以内に、Y円との差額を支払うものとする。
> （拙著実務マニュアル P.120 ［4.4］から）

(3)　＜事例8＞（その3）のポイント
1) これは、ミニマム・ロイヤルティの規定である。
2) この事例では、契約期間は5年間である。その5年間の契約期間が満了した時点でその5年目のロイヤルティ支払分を含む5年間のロイヤルティ支払累計額がY円に未達の場合、ライセンシーはその5年間のロイヤルティ支払累計額とY円との差額（＝不足額）を支払わなければならない。支払いは、同契約年度の後期会計期間末日から起算して60日以内としている。
3) ミニマム・ロイヤルティの金額、適用期間、支払時期などの設定は、本事例のように、複数年または契約期間全期間にわたる場合もあり得る。ミニマム・ロイヤルティについてどのような条件を設定するかは、ライセンサーがその取引の事情を考慮してライセンシング・ポリシーとして決める。

(4)　＜事例8＞（その3）の英語表現
1) "Licensee undertakes that ………"
　"undertake" は、「責任を持って物事を引き受ける」の意から、"that-clause" を伴って、「保証する」という意味になる。
　　"I can undertake that you will enjoy the game."
　　（その試合はきっとおもしろいですよ）（ジーニアス英和）
　"undertaker" は、"undertake" の名詞形であるが、その意味は、「保証人」ではない。一般用語としては「葬儀屋」。専門用語としては「請負人」「事業家」などの意味である。
　また、"undertaking" は、「引受け」「約束」「保証」の意味に続いて、

「契約当事者のそれぞれの約束」という意味になり、その場合は、"promise"と同義となる（英米法辞典）。2番目の意味として「事業」の意がある。

2) "actually accrued royalties"

"accrue"の使い方を整理する。

a．「（権利などが）生じる」

"Neither party shall have any liability to the other party after the termination of this Agreement, except that rights which have accrued prior to such termination shall not be affected thereby."（中村英文契約 P.33から）

（本契約終了後は、いずれの当事者も他方当事者に対して一切の責任を負わないものとする。ただし、この終了以前に生じていた権利はそれによって影響されないものとする。）（著者訳）

b．「（訴訟原因などが）発生する」

"accrual of cause of action"といえば、「訴因の発生」の意である。

c．「利息が生ずる」

(a) "Interest accrued to him from loans."

（かれは借りたお金から利子を取られた。）

(b) "Benefits begins to accrue."

「利益が出始める。」

d．「収入が生ずる」

(a) "royalty accruing from ……"

（……から発生する技術料）

(b) "Accrued dividend"

（未払配当（金））

(c) "Accrued income"（"Accrued revenue"）

（未収収益）

(d) "Accrued interest"

（経過利子）（未収利息）（未払利息）

(e) "Accrued liability"

　　　　（見越負債）
　　(f) "Accrued revenue"
　　　　（未収収益）
3) "pay the deficiency to make up for Y yen"
　「Y円にするための不足額を支払う」⇨「Y円になるように、その不足分を支払う」の意。ここでは、Y円がミニマム・ロイヤルティである。
4) "close"
　「（期間などの）終了」の意。
　"close"（="end"）の用例について Hornby's Dic. およびジーニアス英和を参照する。
　a．"close of a period of time"
　　　（ある期間の終り）
　b．"close of an activity"
　　　（ある活動の終り）
　c．"at the close of the day"
　　　（その日の終わりに）
　d．"towards the close of the 17th century"
　　　（17世紀の終わりに向けて）
　e．"(at the) close of play(cricket)"
　　　（競技（クリケット）の終り（に））⇨ "(at the) end of play for the day"
　　　（その日の競技の終り（に））
　f．"at the close of the chapter"
　　　（章の末尾で）
　g．"bring ...... to a close"
　　　（……を終らせる）
　h．"come (draw) to a close"
　　　（終わりになる（近づく））

第 6 章　競業避止（Non-Competition）

　ライセンサーがライセンシーに対して自己の貴重な知的財産情報である許諾技術を排他的に許諾した場合、ライセンシーに対して競業避止義務を課す理由はいくつか考えられる。

　第 1 に、ライセンシーに対して競争相手の競争技術を使用した競合製品の製造や販売を認めることは、ライセンサーが許諾した許諾技術の排他的実施権が有効活用されずに、デッド・ライセンスになるおそれがある。

　第 2 に、デッド・ライセンスになっても、契約によってライセンシーに排他的実施権を許諾した以上、ライセンサーはライセンシー以外の他社と契約を締結することができない。

　第 3 に、デッド・ライセンスになれば、ライセンサーはライセンシーに許諾したテリトリーの市場を失うことになり、直接または間接の得べかりし利益の損失は測り知れない。

　第 4 に、許諾したまたは許諾された許諾技術がデッド・ライセンスになって、有効活用されないのでは、ライセンサーのみならずライセンシーにとっても、ライセンス契約を締結した意味がなくなる。

　第 5 に、許諾技術がノウハウである場合またはノウハウを含む特許・ノウハウライセンス契約の場合、ライセンシーに競合会社の競合製品の取扱いや共同研究開発などを認めることによってライセンサーのノウハウが製造・販売・使用または共同研究開発のあらゆる場面で漏洩・流用される危険性がある。

　他方、ライセンシーの立場から考えると、ライセンサーといったんライセンス契約を締結したならば、ライセンサーの競争会社の競争技術や競争製品を取り扱うことができないというのでは、ライセンシーの将来の研究開発を促進することなどできなくなる。ライセンサーとライセンシーの力関係で市場にこうした状況が惹起させることは、市場における公正な競争を阻害する要因となり得るという意味で、競業避止条項を設けることは、排他的実施権が許諾されている契約の場合または許諾技術がノウハウである場合を除き、

禁止されなければならない。そうでなければ、ライセンス契約は、すぐれた技術の普及や技術研究開発の促進に資することにならない。

それでは、日米欧のライセンシング・ガイドライン等では、競業避止の問題をどのように取り扱っているかについては、すでに第Ⅰ部第7章にてその考え方を説明した。

最後に、契約上特に留意すべき点について、ポイントを指摘しておきたい。

① 許諾特許の競争品や競争技術の定義の如何にかかわらず、競争品の製造を制限すれば、それは競争を制限したことになる。

② ライセンシーが許諾特許製品と競争する製品を製造する会社と資本的または人的なつながりを持つことを制限することは、明らかに競争の制限に該当する。

③ 許諾特許製品および類似製品の製造等を制限することは、競争を制限したことになる。

④ ライセンシーが競争品を製造・販売した場合、ライセンサーが契約を解除できるとする制限は、ライセンシーによる競争者との取引の機会を排除することになると解される。

⑤ 排他的実施権を許諾した契約において、ライセンシーが競争品を製造等した場合、当該実施権を非排他的実施権に変更できる権利をライセンサーが契約上留保することは、競争品の製造等の制限に該当しないと解される。

⑥ 競争品の製造等を行う場合、実施料を支払う旨の規定は、当該実施料の額がそれほど高額でなければ、そうした制限に当たらないといわれている。

なお、ここでは紙幅の都合で詳細説明を割愛した。知財契約の法律相談Q75の（⇨著者執筆担当）では公取指針の考え方と契約書起草上の留意点等詳細も解説したので、本書解説とあわせて参照いただければ幸いである。

1 競業の権利と開発義務の免責＜事例9＞

(1) ＜事例9＞の紹介

[第Ⅱ部] 第6章 競業避止（Non-Competition）

> Licensee shall (a)have the right to engage, directly or indirectly, in manufacturing, selling or otherwise handling any construction machines (b)falling within the same category of the Licensed Products having operating weight of thirty-five(35) metric tons or smaller, competitive against the size class of the Licensed Products provided that Licensee shall have given Licensor (c)a sixty(60) day written notice of its intent to take such action and further that Licensor shall not have offered to develop such competitive product on terms and conditions and within a time schedule acceptable to Licensee.
> (d)In no way shall the provisions of this Paragraph be construed to impair Licensee's right to manufacture and sell Licensee's models A and B as referred to in Paragraph 14.01 hereof and/or any modified and/or improved versions thereof. If and when Licensee takes said action following said procedures, then Licensor shall (e)be relieved from its obligation under Paragraph 3.07 hereof to develop new models and Licensee shall have the right under Article XIV hereof to continue to use Licensor's Proprietary Data for Licensee's models on a non-exclusive basis (f)to the extent then utilized; however, Licensee shall not, without further agreement with Licensor, utilize Licensor's Proprietary Data under Article XIV hereof (g)to any greater extent than then utilized, or on any new Licensee's models.
> 　　　　　　　　　　　　（拙著実務マニュアル P.187－P.188［7．1］から）

(2)　＜事例9＞の訳文

> 　ライセンシーがライセンサーに対してそうした行動を取る旨の意思表示をした90日の書面通知を出し、しかも、ライセンシーにとって受け入れ可能な諸条件および期限内に、こうした競争品の開発提案をライセンサーが行わなかった場合、ライセンシーは、許諾製品の大きさクラス（size class）と競合する、運転重量で35メトリックトン以下の、許諾製品と同じ範疇に属する建設機械の製造、販売または取扱いに、直接または間接に、関与する権利を有するものとする。
> 　本条項の規定は、本契約14．01項で言及されているライセンシーのモデルAおよびB並びに同モデルの改良型をライセンシーが製造、販売する権利を妨げるという意味では決してない。万が一、ライセンシーが前記手続に従っ

て前記行動を取った場合、ライセンサーは新モデルを開発するという3.07項に基づく義務を免除され、そしてライセンシーは、本契約14条に基づく権利として、その時に使用していた範囲内に限って、非独占ベースで、ライセンサーの財産的情報をライセンシーのモデルに引き続き使用することができるものとする。ただし、ライセンシーは、ライセンサーと更なる合意を得ずに、その時使用していた範囲を超えて、または、ライセンシーのニューモデルに対して、本契約14条に基づくライセンサーの財産的情報を使用してはならない。

(拙著実務マニュアル P.188 ［7.1］から)

(3) ＜事例9＞のポイント

1) 競争品の製造・使用・販売等の禁止は違法

　ライセンシーに対して許諾製品の競争品の製造・使用・販売等を禁止することは、原則として、米国においても (ガイドライン3.4；4.2；5.1；5.2) 日本においても (公取指針第4－4(4)) 違法とされているので、本事例も文面上競争品の製造販売等を容認する形をとっている。ただし、ライセンシーが実際に競争品の取扱いを開始した場合、許諾した排他的実施権を非排他的実施権に変更する旨規定している。

2) 競争品の定義

　競争品の取扱いに関し、実務では、「競争品とは何か」が問題となることが多い。そこで、本事例では、いかなる建設機械が競争品に該当するかを、技術仕様をもって特定している。

3) ライセンシーが競争品を取扱うことのできる条件

　本事例では、ライセンシーは次の条件が整ったとき初めて、競争品を取り扱うことができるとしている。

　　a．ライセンサーの開発日程および条件がライセンシーの要求に不合致

　　　ライセンサーが提案する新製品の開発日程や条件がライセンシーの要求に合わない場合、ライセンシーは競争品を取り扱うことができる。開発競争の熾烈な建設機器業界において、事業の成否は、アイデアとタイミングにかかっている。同じようなアイデアであれば、1日も早く市場へ製品を出した方が勝ち。要は、ライセンサーが許諾製品の市

[第Ⅱ部] 第6章 競業避止（Non-Competition）

場動向（技術と価格など）を踏まえて、タイムリーに新製品を開発してくれることをライセンシーは切望し、ライセンサーがそれに応えられない場合は、ライセンシーとしては許諾技術と競争する技術を使うということである。

　b．60日の事前通知

　　ライセンシーが競争品を取り扱うことを方針として決めたならば、その方針を実行する60日前に書面でライセンサーに対して通知することをライセンシーに義務づけた。

　　競争品の取扱いといっても、第三者からライセンスを受けて製造し、販売するのか、競争品の販売のみを行うのか、またはライセンサーの競争会社と競争品に関して共同研究開発を行うのか、あるいは何かもっと別なやり方でライセンサーの競争会社と連携するのか、その形態はいろいろ考えられる。ライセンサーとしては、60日前に通告があれば、ライセンシーとの友好的な話し合いによって問題を解決することができるかもしれない。あるいまた、ライセンサーはその60日間にライセンシーが今後取り扱う競争品に関する対応策を検討することができるかもしれない。60日は、単なる一方的な通告期間と解するよりも、契約当事者がお互いに多様な解決策を実務的に探る時間と解するほうがよい。

4）ライセンシーが競争品を取扱う場合のライセンサーからの交換条件

　　ライセンシーに対して競争品の取り扱いを容認することと引換えに、ライセンサーはライセンシーに対し下記3つの条件を要求し、合意した。

　a．排他的実施権の変更

　　ライセンサーが提案した本規定の原案はライセンシーによる競争品の製造・販売を全面的に禁止する内容であったが、ライセンサーはライセンシー側の弁護士から、交渉の席上で「競争品の製造・販売ができる」と正反対の提案を受けた。

　　そこで、ライセンサーは、ライセンシーが競争品を取り扱う決定をした場合、公平の観点から、許諾した排他的実施権（製造・販売・使用）を非排他的実施権に変更する旨逆提案し、さらに以下ｂｃもあわ

せて提案し、最終決着した経緯がある。
 b．新製品開発義務の免除
　　ライセンシーが競争品を取り扱う決定をした場合、ライセンサーは、以後、新製品の開発要求は受けられないことを宣言し、ライセンシーもこれに同意した。ライセンシーは、許諾製品の非排他的実施権者の立場になれば、競争品を自由に取り扱うことができるようになる。それは、営業政策的にもまた心理的にも半分以上競争者の立場に立つことになる。このような状況において、もはやライセンシーのために新製品の開発を引き受けることはできないというのがライセンサーの判断であった。

　　ただし、ライセンサーが許諾製品に関して自発的に改良した技術に関しては、ライセンシーが依然として許諾製品の実施権者（非排他的ではあるが）であることには変わりはないので、ライセンサーは契約に従いライセンシーに無償供与の継続を約束した。
 c．許諾技術の利用制限
　　ライセンシーが競争品を取り扱う決定をした場合、以後、ライセンサーの技術をライセンシーの他のモデルに対して流用することを禁止した。ライセンシーの製品であるモデルAおよびBにその時点までに利用された技術は、以後も引き続き使用することはよいが、それ以上に範囲を広げて、たとえば、ライセンシーのニューモデルにライセンサーの技術を利用することなどは禁止した。

　　ライセンシーがライセンサーの技術をどうしても利用したい場合は、別途ライセンサーとの合意が必要である旨規定した。しかし、現実問題として、仮にライセンシーから別途合意を求められたとしても、ライセンサーがこれに同意することはなかったであろう。

(4)　＜事例9＞の英語表現
 1)　"have the right to engage in ……"
　　"right" の使い方をいくつか挙げてみる。
　 a．"have the right to do ……"
　　　「……する権利がある」の意。"the right" は特定の権利を指す。

b．"abuse one's rights"
「権利を濫用する」の意。ここでは人が有する複数の権利を"rights"と称している。
c．"acquire the right by virtue of the treaty"
「条約によってその権利を獲得する」の意。"the right"は条約によって得られる特定の権利を指す。
d．"claim a right to the use of a piece of land"
「土地の利用権を主張する」の意。"a right to"の後には、不定詞に代えて名詞が来ることもある（"a (the) right to ＋名詞"）。この場合、"to"は「……に対する」くらいの意。"a right"は、土地にかかわる権利の1つであるとの意識の表れである。
e．"exercise (use) one's rights"
「権利を行使する」の意。「（権利）行使」という意味では、"exercise"も"use"も使う。"rights"は、ここでは包括的、一般的に人が持つ複数の権利を指す。
f．"give somebody the right to do"
「人に……する権利を与える」の意。"the right"は何かを行う（"to do"）特定の権利を指す。
g．"grant a right"
「権利を付与する」の意。ここで"a right"は一般的に1つの権利を指す。
h．"have a (the) right to demand an explanation"
「説明を求める権利がある」の意。この場合、"a right"とも、"the right"ともいえる。

　"a right"といえば、話者は一般的に「1つの権利」という漠然とした意識であり、"the right"といえば、話者は「説明要求」という特定の権利にこだわり、意識している。
i．"have the right to vote" (of voting)
「投票権がある」の意。"the right"を修飾するフレーズは「to 不定詞」に代えて、「of …ing」でもよいという例である。

2）"falling within the same category of the Licensed Products"
「許諾製品の同じ範疇に入る（属する）」の意である。
"fall within the definition"（その定義の中に入る）
"fall within the scope of this chapter"（本節の範囲に入る）
"fall within the nature of items to be discussed in this chapter"（本節で論ずべき性質のものである）
などと使われる。

3）"a sixty(60) day written notice of its intent to take such action"
「そうした行動を取る旨の意思表示をした90日の書面通知」の意。"sixty(60)"と"day"の間にハイフンを入れて、"sixty(60)- day"とするのが正しい書き方。"sixty(60)- day"は1語となって"notice"を形容している。このように数詞（sixty(60)）と名詞（day）が結合して形容詞となる場合、数詞の数が複数（sixty(60)）であっても、数詞と結合した名詞（day）は単数形となる。

4）"in no way"
"in no manner"「決して……ではない」と同じ意である。

5）"be relieved from its obligation under Paragraph 3.07 hereof"
「3．07項に基づく義務を免れる」の意。obligationと動詞のつながりをみてみよう。
 a．"assume (undertake) an obligation"（義務を引き受ける）
 b．"cancel an obligation"（義務を相殺する）
 c．"discharge an obligation"（義務を果たす）
 d．"evade an obligation"（義務を回避する）
 e．"ignore an obligation"（義務を無視する）
 f．"lay (impose) an obligation on a person"（人に義務を負わせる）

6）"to the extent then utilized"
「その時使用していた範囲内に限って」の意。
"to"は、限度を表わす。
"then"という言葉は簡単な言葉であるが、法律用語辞典によって、微妙に異なる。使われている文脈により適切に解釈しなければならない。

英米法辞典では、「その時」「従って」の意味で、「文章のなかでこの用語より前の部分で述べられた時間に言及して使われる用語」と説明している。その他の意味としては「(その)次に」「その場合には」「もしそうなら」などがあるとしている。

Black's Law Dic.では、「その時」(at that time)の意で、「過去または未来の特定の時点に言及する」言葉としている。この言葉自身には時を特定する能力はなく、「単純に既に特定された時に言及するだけ」としている。また「不測の事態」(contingency)を指すこともあり、「その場合には」(in that event)と同義であるとしている。

Ballentine's Law Dic.では、「その時」(at that time)、「(事の順番として)その次」(next in the order of events)、「従って」(accordingly)、および「その場合には」(in that event)などの意味を挙げている。

7) "to any greater extent than then utilized"

「その時使用していた範囲を超えて」の意。前記6)と比較してその範囲が大きくなることを表わしている。

第7章　秘密保持（Confidentiality）

　特許・ノウハウライセンス契約において秘密保持の対象となる情報は、日本の不競法でいうところの「営業秘密」（⇨第Ⅰ部第6章1参照）に該当する情報および当該契約においてライセンサーがライセンシーに対して「これは秘密情報である」と特定した情報である。「営業秘密」には、事業活動に有用な技術情報のみならず、営業上の情報も含まれる。一方、公取指針の対象は、技術情報に限られ、営業上の情報は含まれないことに注意が必要である。「営業秘密」と類似の概念として、米国では「トレードシークレット」という概念がある（⇨第Ⅰ部第6章2参照）。EUでは、「営業秘密」や「トレードシークレット」と類似した概念として「ノウハウ」（⇨第Ⅰ部第6章3参照）という概念が、EC委員会規則において定められている。これら3つの代表的な秘密情報に関する概念規定も、それぞれ少しずつ異なるが、国によっても秘密情報の取扱いが異なるので（⇨第Ⅰ部第6章5および6参照）、契約実務においては、契約案件ごとに秘密情報の概念をしっかりと契約において明定し、合意しておく必要がある。

　秘密保持条項において、秘密情報の定義に次いで重要なことは、秘密保持期間である。ライセンサーは、自己の貴重な知的財産である秘密情報を契約によってライセンシーに対して開示するわけであるので、契約終了後は、その秘密情報の使用をライセンシーに対して禁止しなくてはならない。その秘密保持の期間は、公取指針では短期間（⇨3年程度／公取の事例紹介参照）に限るべきである（公取指針4－4(4)の「なお書き」）としているが、実務においてはその秘密情報が「公知となるまで」とすることが多い。契約終了後の秘密保持期限の定め方は、当該秘密情報の種類、性質、その他契約条件および取引環境等実情に照らして慎重に対応する必要がある。

　開発途上国の中には、ノウハウについて価値ある知的財産として十分に法的保護を与えていない国もある（⇨第Ⅰ部第6章5および6参照）。また、ノウハウの価値は認めるが、契約終了後は自由に使わせるべきだとする国もある（⇨第Ⅰ部第6章5参照）。あるいは、ノウハウの価値は認めるが、契約終了後

161

[第Ⅱ部]　第 7 章　秘密保持（Confidentiality）

のノウハウの秘密保持期間は有期限として、明確に定めるべきだとする国もある（⇨第Ⅰ部第 6 章 6 参照）。

したがって、ノウハウに対する法的保護が得られない国の企業に対してノウハウを含むライセンス契約を締結する場合、ノウハウの保護について当事者間できめ細かく諸条件を決めておく必要がある。

1　秘密情報の秘密保持義務と公知情報＜事例10＞（その 1 ）

(1)　＜事例10＞（その 1 ）の紹介

> Licensee agrees to (a)hold in confidentiality all Licensor's Technical Data disclosed to it hereunder and not to (b)disclose or (c)divulge the same (d)in whole or in part, (e)directly or indirectly, to anyone else except to such Licensee's directors, employees, agents, subcontractors, vendors and/or suppliers as will (f)be authorized by Licensee to (g)have access to Licensor's Technical Data to the extent necessary to (h)Licensee's exercise of its rights and licenses granted hereunder, subject to the provisions of Section 8.4 of this Article, provided, however, that the following information shall (i)not be subjected to Licensee's confidentiality obligation under this Section.
> - information which at the time of disclosure thereof hereunder was already (j)in the public domain, (k)as can be evidenced by Licensee;
> - information which after disclosure thereof hereunder becomes part of the public domain by publication or otherwise (l)through no fault of Licensee, as can be evidenced by Licensee;
> - information which was in Licensee's possession at the time of disclosure thereof hereunder and which was not acquired by Licensee, directly or indirectly, from Licensor or from (m)a third party having confidentiality obligation, as can be evidenced by Licensee; and
> - information which was received by Licensee after the time of disclosure thereof hereunder from a third party who did not require Licensee to hold it in confidence and who did not acquire it, directly or indirectly, from Licensor (n)under confidentiality obligation, as can be evidenced by Licensee.
>
> （拙著実務マニュアル P.198－ P.199 ［8．1］から）

1 秘密情報の秘密保持義務と公知情報＜事例10＞（その1）

(2) ＜事例10＞（その1）の訳文

> 　ライセンシーは、本契約に基づき自己に開示されたライセンサーのすべての技術情報を秘密に保持し、同情報の全部または一部を、直接・間接を問わず、以下の者を除き誰にも開示または漏洩しないことに同意する。以下の者とは、ライセンシーの役員、従業員、代理人、下請業者、販売業者および納入業者のことをいい、本条8.4項の規定に従いライセンシーが本契約に基づき許諾された自己の権利およびライセンスを行使するに必要な範囲までライセンサーの技術情報にアクセスすることをライセンシーによって権限を与えられた者である。ただし、下記情報は本条項に基づくライセンシーの秘密保持義務に服さないものとする。
> - 本契約に基づきライセンサーの当該技術情報が開示された時点で、既に公知となっていることを、ライセンシーが立証し得る情報；
> - 本契約に基づきライセンサーの当該技術情報が開示された後、出版物またはライセンシーの過失ではないその他の方法によって、公知の一部となっていることを、ライセンシーが立証し得る情報；
> - 本契約に基づきライセンサーの当該技術情報が開示された時点で、ライセンシーが占有していたものでありしかもライセンシーがライセンサーまたは第三者から秘密保持義務を負って直接・間接に取得したものではないことを、ライセンシーが立証し得る情報；および
> - 本契約に基づきライセンサーの当該技術情報が開示された後、ライセンシーが第三者から受領したものであるが、その第三者はライセンシーに対して秘密保持を要求せず、また秘密保持義務に基づきライセンサーから直接・間接に取得したものでもないことを、ライセンシーが立証し得る情報。
>
> （拙著実務マニュアルP.200－P.201［8.1］から）

(3) ＜事例10＞（その1）のポイント

1) 本事例は、秘密情報、秘密保持義務負担者、秘密情報の開示限度および秘密情報の対象外情報を明確に規定している。

2) ライセンシーがライセンサーから契約に基づいて受領した情報は、すべて秘密保持義務の対象となる。ただし、下記情報は、除くとしている。

　　a．開示時に、公知となっている情報

　　b．開示後に、出版物やライセンシーの過失ではなく公知となった情

報
   c．開示時に、ライセンシーの占有情報であってしかもライセンサーまたは第三者から秘密保持義務を負っていない情報
   d．開示後に、第三者から受領した情報であって、その第三者は、その情報について、ライセンシーに対して秘密保持を要求していないしまたライセンサーからも秘密保持を要求されていない情報
 3) ただし、上記情報が秘密保持義務の対象外であることを立証する責任はライセンシーにある。
 4) さらに、こうした情報にライセンシーがアクセスを許可できる相手は、ライセンシーの役員、従業員、代理人、下請業者、販売業者および納入業者に限定され、しかも彼等のアクセス限度として、ライセンシーが本契約に基づき許諾された自己の権利およびライセンスを実施するに必要な範囲までとしている。

(4) ＜事例10＞（その1）の英語表現
 次の英語表現は、秘密保持規定によく出てくる。
 1) "(agree to) hold in confidentiality (information)"
    「(情報)を秘密に保持する（ことに同意する）」の意。情報を it で受けた場合、"hold it in confidence" となる。"confidentiality agreement" といえば「秘密保持契約」の意である。
 2) "disclose (information) to (a person)"
    「(情報)を(人)に開示する」の意。"disclosure agreement" といえば「開示契約」の意であるが、その内容は情報を開示するにあたり情報を開示する側が情報の開示を受ける側に対して開示する情報について秘密に保持することを約束させるもので、実質的に「秘密保持契約」と同じである。
 3) "divulge (information) to (a person)"
    「(情報)を(人)に漏洩する」の意である。
 4) "in whole or in part"
    「全部であろうと、一部であろうと」⇒「全部または一部を問わず」の意。"wholly or partly" と言い換えてもよい。

164

1　秘密情報の秘密保持義務と公知情報＜事例10＞（その1）

5）　"directly or indirectly"

「直接であろうと、間接であろうと」⇨「直接、間接を問わず」の意である。

6）　"be authorized by Licensee"

「ライセンシーによって権限を与えられる」⇨「ライセンシーが権限を与える」の意である。

"be authorized to do ……"といえば、「……をする権限を与えられている」、「……をする権限を持っている」、「……をする許可を得ている」などの意。"authorize"の名詞は2つある。1つは"authority"である。"authority"は「権威」「権力」；「権限」；「当局」(authorities)；「権威者」(on＜に関する＞またはabout＜に関する＞を伴う）。もう1つの名詞は"authorization"である。「公認」「許可」「権限」「委任」「許可証」などの意である。

7）　"have access to ……"

「……に接近する」⇨「……にアクセスする」の意。「アクセス」は今や日本語化している。"access"は「接近」および「入口」または「通路」の意がある。この場合"access"は抽象名詞で、「接近」の意で使われているので、冠詞は付けない。"The hill is easy of access"「その丘（小山）は登りやすい」、"within easy access of the station"「その駅からすぐ近く」などと使う。

8）　"Licensee's exercise of its rights and licenses"

「ライセンシーの権利及びライセンスの行使」の意。「権利行使」の「行使」という場合"exercise"を使う。

9）　"not be subjected to Licensee's confidentiality obligation"

「ライセンシーの秘密保持義務に服さない」⇨「ライセンシーの秘密保持義務の対象になっていない」の意である。

10）　"in the public domain"

「公有に属する」の意。"public"は「公衆」の意。"domain"は知識や情報などの「領域」の意。"public domain"は、「公衆が持っている（情報や知識の）領域」というのが元の意味。そこから、公有に属するもの

[第Ⅱ部] 第7章 秘密保持（Confidentiality）

が情報であれば、それは「公知情報」ということになる。

11) "as can be evidenced by Licensee"
　「ライセンシーによって証明され得る」⇨「ライセンシーが立証できる」の意である。

12) "through no fault of Licensee"
　「ライセンシーの過失に因らない」⇨「ライセンシーの過失に因るのではなくて」の意である。

13) "a third party"
　"party" は、通常、「パーティ（社交的な集まり）」や「政党」などの意だが、契約書では「当事者」を表わし、"third party" は「第三者」の意。"a third party" は、「不特定の第三者」を指す。「特定の第三者」であれば、"the third party" となる。

14) "under confidentiality obligation"
　「秘密保持義務に基づく」⇨「秘密保持義務を負っている」の意である。

2　公知情報を含む秘密情報＜事例10＞（その2）

(1) ＜事例10＞（その2）の紹介

> Any specific information on Licensed Product for a certain particular capacity of Licensed Equipment disclosed to Licensee hereunder (a)as part of Licensor's Technical Data shall not be deemed (b)to fall within the exceptions set forth in Section 8.1 of this Article (c)on the ground that (d)any constituent elements of such information or any combinations of such information with any other elements, (e)including without limitation any equipment itself falling within the same category of Licensed Equipment, are (f)part of the public domain or in Licensee's possession.
>
> 　　　　　　　　　　　（拙著実務マニュアル P.199 ［8.2］から）

(2) ＜事例10＞（その2）の訳文

　ライセンサーの技術情報の一部として本契約に基づきライセンシーに開示

> された特定容量の許諾製品装置用許諾製品の特定情報は、同特定情報の構成要素、または許諾製品装置と同じ範疇に属する装置そのもの等他の要素と同特定情報との組み合わせが、公知情報の一部であるとかまたはライセンシーが占有するものであるとの根拠をもって、本条項8.1に規定された例外の範疇に属するとはみなされないものとする。
>
> (拙著実務マニュアル P.201［8.2］から)

(3) ＜事例10＞（その2）のポイント

1) この事例の許諾製品は、ある特定容量のプラント設備（⇨許諾製品装置）を構成する一部の装置である。その許諾製品に固有の仕様などの特定情報には、他の同種設備の情報と類似した公知情報が含まれる可能性がある。

2) そうした公知情報がこの許諾製品の特定情報の一部を構成するからといって、この許諾製品の特定情報が秘密情報に当たらないということにはならない。なぜなら、その公知情報は、単独で存在するときは公知情報以外の価値を創出しないが、ある特定の秘密情報の一部を構成することでその特定情報の有用性（⇨価値増幅）に貢献することがある。そうした公知情報を含む特定情報に大きな有用性や非公知性が認められ、適切な秘密管理がなされていれば、そうした特定情報は、営業秘密（⇨トレードシークレットまたはノウハウ）に該当し得る。

(4) ＜事例10＞（その2）の英語表現

1) "as part of Licensor's Technical Data"

「ライセンサーの技術情報の一部として」の意。"part" は、通常、冠詞を付けないで "part of ……" のように使われる。ただし、形容詞がつくと不定冠詞の "a" がつく。たとえば、"an integral part of the contract" といえば、「契約書の一構成部分」⇨「契約書全体の中の一部」の意である。

2) "to fall within the exceptions"

「例外の中に入る」⇨「例外に当たる」の意である。

3) "on the ground that" ＋節

[第Ⅱ部]　第7章　秘密保持（Confidentiality）

「(that 以下のこと) を根拠として……」の意である。
4) "any constituent elements of such information"
　「そうした情報の構成要素」の意である。
5) "including without limitation ……"
　「……を含むもこれに限らず」⇨「……など」の意。同じ意味で "including but not limited to ……" という表現もある。
6) "part of the public domain"
　「公有の発明の一部」⇨「公知情報の一部」の意である。

3　秘密情報の契約目的外使用禁止＜事例10＞（その3）

(1)　＜事例10＞（その3）の紹介

> Licensee further (a)<u>agrees not to use</u> any part or all of Licensor's Technical Data disclosed to Licensee hereunder (b)<u>subjected to Licensee's confidentiality obligation</u> (c)<u>for any purpose other than</u> Licensee's exercise of its rights and licenses granted hereunder (d)<u>without the prior written permission of</u> Licensor.
> （拙著実務マニュアル P.199［8.3］から）

(2)　＜事例10＞（その3）の訳文

> 　さらに、ライセンシーは、ライセンシーが秘密保持義務に服することを条件に本契約に基づきライセンシーに開示されたライセンサーの技術情報を、全部であろうと一部であろうと、ライセンサーの事前の書面による許可を受けずに、本契約に基づき許諾された権利およびライセンスの行使以外の目的で使用しないことに同意する。
> （拙著実務マニュアル P.201［8.3］から）

(3)　＜事例10＞（その3）のポイント
　1)　本事例は、ライセンサーが契約に従いライセンシーに開示する情報をライセンシーが契約に基づき権利行使をするとき以外には使用しないことをライセンシーに確約させている。

2) 契約に基づく権利行使とは、契約条件を遵守しながら、ライセンシーが許諾製品を製造、販売および使用するまたはさせることである。
3) ライセンサーの開示情報にはライセンシーが遵守すべき秘密保持義務が付帯しているので、原則として、前記権利行使以外の目的で他者に許諾情報を開示することはできない。
4) ライセンシーがどうしても前記権利行使以外の目的で使用したいという場合は、事前に書面でライセンサーの許可を取らなければならない。

(4) ＜事例10＞（その3）の英語表現
1) "agrees not to use……"
「（……を）使わないことに同意する」の意。「（……を）使うことに同意しない」ではない。
2) "subjected to Licensee's confidentiality obligation"
「ライセンシーが秘密保持義務に服する」の意。"subjected" は動詞 "subject"「服従させる」の意の過去分詞で、このフレーズは "subjected" の前に "being" が省略されている分子構文。このフレーズは、"subject to Licensee's confidentiality obligation" という表現で置き換えることもできる。
3) "for any purpose other than……"
「……以外の目的で」の意である。
4) "without the prior written permission of ……"
「……の事前の書面による許可を得ずに」の意。"of" の後には、"permission"（許可）を与える主体がくる。このフレーズは、"without the prior permission in writing of ……" または "without the written permission in advance of ……" と書き換えることもできる。米語では、表題の表現が一般的のようである。

4 守秘義務対象者＜事例10＞（その4）

(1) ＜事例10＞（その4）の紹介

(a)Licensee warrants that any and all of its directors, employees, agents, sub-

[第Ⅱ部] 第7章 秘密保持（Confidentiality）

contractors, vendors and/or suppliers who will be authorized by Licensee to have access to Licensor's Technical Data are and will (b)<u>remain under written obligation to Licensee to hold</u> in confidence Licensor's Technical Data to which they will have access, not to disclose or divulge the same to anyone else, and not to use the same for any other unauthorized purpose.

(拙著実務マニュアル P.199－P.200 ［8.4］ から)

(2) ＜事例10＞ （その4) の訳文

　　ライセンサーの技術情報にアクセスすることをライセンシーが許可したライセンシーの役員、従業員、代理人、下請業者、販売業者および納入業者が、ライセンシーに対して、彼等がアクセスするライセンサーの技術情報を秘密に保持し、他者に同情報を開示、漏洩せず、しかもその他許可されていない目的に同情報を使用しないという義務を、現在および将来にわたって、負うことを書面で確認することを、ライセンシーは保証する。

(拙著実務マニュアル P.201－P.202 ［8.4］ から)

(3) ＜事例10＞ （その4）のポイント

1) 本事例では、ライセンサーはライセンシーに対して、契約に基づき開示する許諾情報の秘密保持義務をライセンシーの関係当事者から文書で確約をとるべく約束させている。

2) この場合、ライセンシーというのは、通常、会社など法人である。ライセンシーは法人としてライセンス契約に基づき秘密保持義務を負う。

3) 法人の実態は、その法人を構成し、運営する役員や従業員である。秘密保持の観点からすれば、その法人と取引関係にあり、許諾情報に接する機会のあるその他関係者（代理人、下請業者、販売業者など）もいる。そうした許諾情報に接する機会のある人々が許諾情報に関して秘密保持義務を負うことを明確にしなければ、ライセンシーによる秘密保持義務の履行を担保することはできない。

4) 実施許諾を受けた技術情報を使用して許諾製品を製造、販売するためには、ライセンシーは自社の役員、従業員、代理人、下請業者、販売業

者および納入業者に対して、秘密の当該技術情報を開示する必要がある。ライセンシーは、その秘密の技術情報をこれら関係者に開示するために、ライセンシーと関係者との間で個別に書面にて秘密保持契約を締結することを約束し、この約束をライセンサーに対して保証するとしている。この保証がライセンシーから得られなければ、ライセンサーとしては安心できない。

5) 秘密保持契約の内容は、次の3点である。

 a．（関係者は）ライセンシーから開示を受けた技術情報を秘密に保持すること

 b．（関係者は）関係者以外にこれらの情報を開示または漏洩してはならないこと

 c．（関係者は）ライセンシーから正式に認められた目的以外に、これらの情報を使用してはならないこと

 この秘密保持義務は、この秘密保持契約を締結した現時点から将来に向かって存続する。「将来」が契約有効期間満了後にも及ぶかどうかはここでは必ずしも明確ではないので、別途、契約満了後も契約で合意した権利と義務が有効に存続することを確認しておく必要がある。そうした合意をする条項を"survival clause"「存続条項」という。

(4) ＜事例10＞（その4）の英語表現

 1) "Licensee warrants that ……"

 「ライセンシーは（……を）保証する」の意。時制は現在である。契約書において現在時制で述べる事柄は、事実、真実である。また、現在時制は、解釈上未来時制も含む。

 2) "remain under written obligation to ～ to do ……"

 「～に対して……する義務を書面にて負う」の意。"remain"は、状態を表している。

5 修復し難い損害、差止請求権および損害賠償請求権＜事例10＞（その5）

(1) ＜事例10＞（その5）の紹介

[第Ⅱ部] 第7章 秘密保持（Confidentiality）

> (a)<u>Licensee acknowledges that</u> its failure to comply with its (b)<u>confidentiality undertaking</u> under this Article may (c)<u>result in</u> immediate and (d)<u>irreparable injury</u> to Licensor. Accordingly, Licensor shall, in addition to (e)<u>monetary remedies</u> it may have (f)<u>at law</u>, be entitled to injunction and any other (g)<u>equitable relief</u>.
>
> （拙著実務マニュアルP.200［8.5］から）

(2) ＜事例10＞（その5）の訳文

> 　ライセンシーは、本条項に基づきその秘密保持の約束を遵守しなければ、ライセンサーに対して直ちにしかも修復しがたい損害をもたらす可能性のあることを認める。従って、ライセンサーは、コモンロー上（at law）有する金銭的救済に加えて、差止命令およびその他衡平法上の救済（equitable relief）を求める権利を有するものとする。
>
> （拙著実務マニュアルP.202［8.5］から）

(3) ＜事例10＞（その5）のポイント

1) ライセンシーがライセンサーから開示を受けた秘密情報を秘密に保持しなければならない最大の理由は、そうした情報がいったん第三者に開示されまたは漏洩されるようなことがあると、ライセンサーは修復しがたい損害を被るからである。

2) 修復しがたい損害とは、金銭賠償では回復しがたい損害である。たとえば、類似品や模造品が市場に出回った結果その市場における販売シェアを失ったり、その製品の品質が粗悪であったために高品質の商品としてのブランドイメージが失墜したり、それがもとで製品のみならずライセンサーの企業全体の名声に悪影響を及ぼすなど諸々の損害を被るおそれがある。

3) かような損害は、コモンロー上で請求可能な金銭賠償では到底償うことはできない。そこで、金銭賠償とは別に、正義と衡平の見地から裁判官の裁量によって損害を判断して救済する衡平法上の権利を確保してお

きたいというのが、本事例に示されたライセンサーの意思である。
- (4) ＜事例10＞（その5）の英語表現
  1) "Licensee acknowledges that ……"
     「(……を) ライセンシーは認める」の意。"Licensee acknowledges" と現在形で表現しているということは、ラセンシーが that 以下に示されることを「事実」または「真実」とし認めていることを示している。つまり、この事例では、ライセンシーがそのように認めた事実をライセンサーは契約書にて確認している。
  2) "confidentiality undertaking"
     「秘密保持の約束」の意。"undertaking" は、「法的に要請された約束」や「引き受け」を意味する。時には、「企業」や「事業」の意味にもなる。
  3) "result in ……"
     「結果として……になる」の意。
     a．"Their efforts finally resulted in pass of the inspection."
        （彼等の努力の結果、最終的にその検査に合格した。）
     b．"necessarily results in ……"
        （必ず……に終わる）⇨（必然的に……ということになる）
  4) "irreparable injury"
     「修復しがたい損害」の意。"injury" の使い方をみてみる。
     a．「(肉体的な) 負傷」（⇨複数形になることもあり、冠詞が付く）
        (a) "suffer injuries"（負傷する）
        (b) "treat an injury"（傷の手当てをする）
     b．「(金銭的な) 損害」（⇨冠詞が付く）
        (a) "repair an injury"（損害を賠償する）
     c．「(名誉や感情を) 傷つけること」または「(言動による) 侮辱」（⇨冠詞は付かない）
        (a) "injury to one's reputation (good name)"
     d．「(気持ちやプライド) を傷つけられること」（⇨冠詞が付く）
        (a) "an injury to one' feelings"（人の気持ちを傷つけること）（⇨冠詞が付く）

(b) "receive an injury to one's pride"（人のプライドを傷つけられる）（⇨冠詞が付く）

(c) "His manner was an injury to her pride."（彼の態度に彼女の誇りが傷つけられた。）（⇨冠詞が付く）

e．「権利侵害」「法益侵害」「被害」（⇨冠詞は付かない）

法律用語としては「権利侵害」「法益侵害」および「被害」の意。それは、文脈により「他人の法的権利とされる身体、生命、名誉、財産に対する侵害行為、または侵害行為による被害」（権利侵害）を指すこともあり、または「他人の法的に保護された利益を侵害すること」（法益侵害）を意味することもある。また、「被害」という意味では「injuryは、金銭に算定されるdamage（損害）とは区別される」（英米法辞典）。なお、ちなみに"damages"と"damage"を複数形にすると「損害」ではなくて「損害賠償金」「損害賠償」の意となる。

5) "monetary remedies"

「金銭的な救済」の意。"remedy"の使い方をみてみよう。

a．"All legal remedies have been exhausted."（あらゆる法的救済策を出しつくした。）

b．"I have no legal remedy."（私には法的救済策が思いつかない。）

c．"seek legal remedy"（法的救済を求める）

d．"work out some remedy"（何か救済策を考え出す）

6) "at law"

「コモンロー上」「法律に従って」の意。対照的な表現として"in equity"「衡平法上」がある。

7) "equitable relief"

「衡平法による救済」の意である。

6 守秘義務の地理的無制限と契約終了後の守秘義務＜事例10＞（その6）

(1) ＜事例10＞（その6）の紹介

6 守秘義務の地理的無制限と契約終了後の守秘義務＜事例10＞（その6）

> The confidentiality undertaking of Licensee under this Article shall apply without territorial limitation and (a)survive Termination Date subject to the provisions of Sections 13.01 and 13.03 of Article XIII hereof.
>
> （拙著実務マニュアルP.200［8.6］から）

(2) ＜事例10＞（その6）の訳文

> 本条項に基づくライセンシーの秘密保持の約束は、本契約書13.1項および13.2項の規定を条件として、地域的には無制限に契約終了日以後も存続するものとする。
>
> （拙著実務マニュアルP.202［8.6］から）

(3) ＜事例10＞（その6）のポイント
1) 秘密保持の対象となる情報はいわゆるノウハウである。ノウハウは、それが有用であり、一般に知られておらず、秘密として管理されている限り、その価値は無期限に存続し得る。換言すれば、ノウハウは一般に公知となるまでその価値が存続する。
2) 今日、通信手段が発達し、インターネットを利用すれば、国境を越えて、情報は一瞬にして多数の人々に同時に伝達される。その意味で、地理的制限など、全く意味を持たない。そういう実態を踏まえたこの規定である。

(4) ＜事例10＞（その6）の英語表現
1) "survive Termination Date"
「終了日以降存続する」の意。"survive"は「存続する」または「生き残る」の意。"survive"と前置詞との組み合わせで見てみよう（英和活用大辞典）。
 a．"He survived his wife by many years."（彼は彼の奥さんよりも何年も長生きした。）
 b．"He survived his children."（彼は子供より長生きした。）
 c．"He is survived by his wife and children."（彼は妻と子供を置いて早死

175

にした。)

d．"This belief survives as a local superstition."(この信仰はこの土地の迷信としてなお残っている。)

e．"survive beyond the period of its usefulness"(時代が変わって役立たなくなる。)

f．"The custom still survives in a different form."(その慣習はなお形を変えて生き残っている。)

g．"survive into the next century"(次の世紀まで生き残る)

h．"She survived on tulip bulbs."(彼女はチューリップの球根を食べて生き延びた。)

i．"survive through the winter"(その冬を生き延びる)

j．"survive until the winter"(その冬まで生き延びる)

k．"survive to the present"(現代まで残る)

第8章　ライセンシーによる改良
（Modifications and Improvements by Licensee）

　ライセンス契約におけるライセンシーの改良問題というと、すぐにライセンシーの改良技術の帰属問題がクローズアップされるが、本来、実施許諾を受けた技術は、ライセンシーが自由に改良できるものと考えるべきではない。それはあくまでライセンサーがライセンシーに対して許諾技術の改良を認めたときはじめて、ライセンシーは許諾技術の改良が許されると考えるべきである。ライセンサーがライセンシーに対して許諾技術の改良を認めるかどうかの判断は、ライセンサーのライセンシング・ポリシーによる。よって、ライセンサーがライセンシーに対して、許諾技術の改良を認める場合も、認めない場合も、契約において明確に合意しておかねばならない。許諾技術の改良について明確な合意がなくて、ライセンシーが勝手に改良した場合、紛争の種になり得る。

　成熟した技術は、多くの場合、改良の余地が少ない。そのような技術は改良されることで、かえって技術的な不安定性を招くおそれさえある。ライセンシーによる許諾技術の改良を認めない場合、ライセンサーが必要に応じて、自己の権限と責任において改良を行わなければならない。

　ライセンサーがライセンシーに対して許諾技術の改良を容認する場合は、2つ考えられる。1つは、ライセンシーによる積極的な改良を期待して許諾技術の改良を容認する場合である。もう1つは、改良技術の取扱いについて一定の条件を付して許諾技術の改良を認める場合である。前者の例は、未完成技術のライセンスのケースである。

　ライセンシーが行った改良技術が原則としてライセンシーに帰属することは、今やライセンス・ビジネスの世界では常識となっている（公取指針第4－5(8)ア)。

　ライセンシーが許諾技術をベースに応用技術を開発した場合に、ライセンサーに実施許諾することを義務づけること（グラントバック＜ grant-back ＞）

177

[第Ⅱ部] 第8章 ライセンシーによる改良（Modifications and Improvements by Licensee）

は、当然違法でもないし、原則違法でもない。ただし、ライセンシーに対して改良発明等の譲渡や独占的ライセンスを義務づけることは、不公正な取引方法に該当する場合、違法となるので、注意しなければならない（公取指針第4－5(8)）。

コンピューター・ソフトウエアのライセンス契約において、ライセンシーが許諾されたソフトウエアを効果的に利用するために改変を行うことは、日本では法的に認容されている（著20条2項3号および著47条の2）。ただし、契約当事者間で改変を容認しない旨別途合意があれば、別である。

また、ライセンシーによる類似技術の開発が許諾技術の改良に該当するか否かが議論になることもある。許諾技術の定義および改良技術の定義において、それぞれの明確な判断基準を契約において合意しておくことが大事である。

1　改良権の付与、改良限度および対価＜事例11＞（その1）

(1)　＜事例11＞（その1）の紹介

> Licensee may (a)change or modify the technical data furnished to Licensee by Licensor hereunder (b)if, as and to the extent that Licensee shall be required (c)to suit the Licensed Products to local conditions and/or to improve the Licensed Products provided that Licensee shall not be relieved from the payment of unit royalties and all the other fees specified in Article IV hereof (d)on account of any changes, modifications, improvements and/or developments made in whole or in part by Licensee in the Licensed Products for any reason or purpose whatsoever.
>
> 　　　　　　　　　　　　　　（拙著実務マニュアルP.222［9.1］から）

(2)　＜事例11＞（その1）の訳文

> 　ライセンシーは、許諾製品を現地の条件に適合させ、改良を施す必要がある場合は、必要なやり方で、必要な程度まで本契約に基づきライセンサーがライセンシーに供与した技術情報を変更または修正を加えることができる。ただし、ライセンシーは、いかなる理由または目的であれ、許諾製品の全体

> または部分的な変更、修正、改良および開発を行ったからといって本契約第4条に規定された単価実施料（unit royalty）およびその他技術料の支払いを免れるものではない。
>
> 　　　　　　　　　（拙著実務マニュアル P.223 － P.224 ［9．1］から）

(3)　＜事例11＞（その1）のポイント

　1)　本事例は、ユーザーの要望やその国の取引慣行等現地事情に合わせて、ライセンシーがライセンサーの許諾技術を改良できるとしている。ただし、ライセンシーは、自己の改良技術に対してもロイヤルティは支払わねばならない。なお、本事例の実施料は、固定単価方式である。

　2)　ライセンサーがライセンシーに対して許諾技術の改良を認めた理由は2つあった。1つは、許諾技術が、当時、他技術との相対的なバランスの関係で、ライセンサーの開発計画の対象外であった。2つ目は、ライセンサー自身、許諾テリトリーへの販売実績が少なく、許諾製品に関する応用技術のノウハウが少なかった。

　3)　販売実績が少なかったにもかかわらず、ライセンスしたのには、3つの動機があった。1つは、ライセンシーからの強い要請があったこと。2つ目は、ライセンシーを通じて間接的に当該国へ許諾製品を販売することによって、ユーザーや関係業界から情報を収集し、将来ライセンサー自身による許諾製品の直接販売の可能性を探ること。3つ目は、ライセンスを通じて、応用技術を蓄積したいということであった。

(4)　＜事例11＞（その1）の英語表現

　1)　"change or modify"

　　「変更または修正をする」の意。

　　"modify" とは、Black' Law Dic. によると「部分的に変える（alter）」または「付随的な特徴または従属的な特徴を拡大したり（enlarge）、伸ばしたり（extend）、修正したり（amend）、制限したり（limit）、あるいは減らしたりして（reduce）、変更すること」の意とある。「こうした変更（alteration/change）の特徴は、量的に増加または減少すること」であるとしている。

[第Ⅱ部]　第8章　ライセンシーによる改良（Modifications and Improvements by Licensee）

　　Amendment とは、英米商事法辞典によると「実定法規等に加えられる変更。もとのものの基本思想ないし実質の変更を含めない趣旨で用いられるときがある」として、modification とは異なるとしている。Modification については、「ほんらいの主題の一般的目的と効果には影響を及ぼすことなく、新たな要素の導入または部分的解除等により、実質的な変化を与えること」と説明している。

　　他方、"change" は「(人・物・事)を変える／(人・物・事)が変わる」の意の一般用語で、"modify" よりカバー範囲が広い。「(人や物事が)変わる」または「(人や物事を)変える」場合に、いつでも使うことができるとしている。

2) "if, as and to the extent that Licensee shall be required (to do)"
　　「ライセンシーが(……する)必要がある場合は、必要なやり方で、必要な程度まで」の意。"if" は、「もしもライセンシーが(……)しなければならない場合」ということで「そうした場合」を意味し、"as" は、「ライセンシーが(……)しなければならないやり方」や「態様」を意味し、さらに "to the extent that (……)" は「ライセンシーが(……)しなければならない程度」を表現している。

3) "to suit the Licensed Products to local conditions"
　　「許諾製品を現地の条件に適合させる」の意。"suit" は「……に適する」「似合う」「(人が) 〜を……に合わせる」などの意があり、この事例では第3の意で、その場合 to を伴う。

4) "on account of"
　　「のために」(米語では、主として人の利益のための意)；「の理由で」の意である。
　　　・"The game was delayed on account of (the) snow."
　　　　「雪のため競技の開始が遅れた」(ジーニアス英和)
　　"on account of" は "because of" で置き換えることができる。普通の文書では "because of" のほうが一般的。"of" の後の "the snow" の "the" は省略されることが多い。

2　改良情報の提供義務＜事例11＞（その2）

(1)　＜事例11＞（その2）の紹介

> Licensee shall (a)at Licensee's costs and expenses (b)keep Licensor informed of any changes, modifications, improvements, developments, inventions and/or experiences Licensee may make or acquire during the life of this Agreement.
> 　　　　　　　　　　　　　　（拙著実務マニュアル P.222［9.2］から）

(2)　＜事例11＞（その2）の訳文

> ライセンシーはライセンサーに対して、本契約期間中になすまたは取得する変更、修正、改良、開発、発明および経験について自己の費用負担で常に情報を提供するものとする。
> 　　　　　　　　　　　　　　（拙著実務マニュアル P.224［9.2］から）

(3)　＜事例11＞（その2）のポイント

1)　本条項は、ライセンシーがライセンサーに対して、ライセンシーの改良・開発情報を遅滞なく通知することを義務づけている（これを「フィードバック(feed-back)」という）。ライセンサーとしてはライセンシーにこの義務を忠実に履行させたい。そのためにはライセンサーとライセンシーの間の密接なコミュニケーションと相互の信頼関係の構築が欠かせない。

2)　ただし、ライセンシーが契約期間中に取得した変更、修正、改良、開発、発明および経験について、「自由利用や自由処分が妨げられ」（公取指針第4−5(8)イ）たり、「ライセンサーの競争者や他のライセンシーに実施許諾しない」（公取指針第4−5(9)イ）制約が課せられ、あるいはライセンシーが習得した知識や経験の報告が実質的にライセンシーのノウハウのライセンサーへの実施許諾となる場合、上記と同じ考え方で、公正競争を阻害する場合、不公正な取引方法に該当する（公取指針第4−5(10)）ことになるので注意が必要である。

3)　したがって、ライセンシーの立場からいえば、下記ただし書を付けた

181

[第Ⅱ部] 第8章 ライセンシーによる改良（Modifications and Improvements by Licensee）

いところである。

「ただし、ライセンシーは同変更、修正、改良、開発、発明および経験を自由に利用し、勝手に処分する権利があり、ライセンサーの競争者や他のライセンシーにも実施許諾することができる」。

"Provided however that Licensee shall be free to use and be entitled to dispose at its discretion of such changes, modifications, improvements, developments, inventions and/or experiences so that Licensee may grant any of them to any Licensor's competitors or other licensees."

(4) ＜事例11＞（その2）の英語表現

1) "at Licensee's costs and expenses"

「ライセンシーの費用負担で」の意。「費用」という場合 "costs and expenses" と複数形で2語を並べてよく使われる。

"costs"（複数形）は、「訴訟費用」「弁護士費用」の意味がある（英米法辞典）（Black's Law Dic.）。

"cost"（単数形）は、「代価」「原価」「費用」などの意だが、同じ意味で複数形でも使われるので、文脈で判断しなければならない。Black's Law Dic. によると、"cost" について「費用（expense）、代価（price）」であるとして、「何かのために費やされた、支払われたもしくは請求された金額または同等のもの」と説明している。

"costs" について、Black's Law Dic. は「訴訟または訴訟内訴訟手続における手続または弁護の費用に関し勝訴当事者に対して支払われる金銭的な手当て（a pecuniary allowance）」と説明している。連邦裁判所も "costs" が勝者に対して支払われるのは当然のこととして認めている。なお、一般的に、"costs" には弁護士費用は含まれないが、法律で定められている場合はこの限りではないとも説明している。

"expenses"（複数形）は、「経費」「実費」「支出金」の意。"expense"（単数形）は通常「費用」という意味だが、英米商事法辞典によると、意味上3つに分類されるという。すなわち、「広義には、取得原価一般を意味する」。「狭義には、一定期間に生じた収益（revenue）を得るために要した価値の費消（⇨「費用」の誤り？）を意味する」、「中義では、収益を

182

要したものに限らず、経営目的のための経常的な経済価値の費消(⇨「消費」の意?)を意味する」という。ちなみに、Black's Law Dic. では"expense"（単数形）を「経費（outlay）」「料金（charge）」「原価（cost）」「価格（price）」と説明している。第Ⅱ部第4章3(4)3) c 参照。

2) "keep Licensor informed of"

「ライセンサーに対し……に関し常に知らせておく」⇨「ライセンサーに対して常に情報を提供する」の意。

3 改良技術の出願権等＜事例11＞（その3）

(1) ＜事例11＞（その3）の紹介

> Licensee shall be entitled to (a)apply for and obtain patents for and under the name of Licensee in any countries throughout the world (b)covering inventions connected with the Licensed Products made or acquired by Licensee during the life of this Agreement provided that Licensee shall first offer Licensor the right to apply for and obtain patents covering such inventions in any country where Licensee should (c)not elect to obtain such patents.
>
> （拙著実務マニュアル P.222［9.3］から）

(2) ＜事例11＞（その3）の訳文

> ライセンシーは、本契約期間中ライセンシーがなしたかまたは取得した許諾製品に関わる発明をカバーする特許を、世界中どこの国においてもライセンシーの名前で出願し、取得する権利を有するものとする。ただし、ライセンシーは、ライセンシーが同特許を取得すべく選択しない国における同発明をカバーする特許の出願・取得の権利を、最初に、ライセンサーに提案しなければならない。
>
> （拙著実務マニュアル P.224［9.3］から）

(3) ＜事例11＞（その3）のポイント

1) ライセンシーが行った改良発明を、ライセンシーが特許出願できることを確認している。

[第Ⅱ部] 第8章 ライセンシーによる改良（Modifications and Improvements by Licensee）

2) ライセンシーが改良発明に関する特許出願をしない国や地域については、ライセンサーがライセンシーに代わって同特許出願を行う意思があるかどうかを最初にライセンサーに確認するようライセンシーに対して義務づけている。

3) ライセンシーが特許等出願をしない国や地域について、ライセンサーに特許出願の権利を与えるようライセンシーに対して義務づけることが不公正な取引制限には当たらないことは、公取指針も確認している（公取指針第4－5(8)アの注20）。

(4) ＜事例11＞（その3）の英語表現

1) "apply for and obtain patents for and under the name of Licensee"

「ライセンシーの名前で特許出願し、特許を取得する」の意。"apply for patents"は「特許を出願する」の意。「特許出願」なら、"application for patents"。

"for and under the name of Licensee"は「ライセンシーの名前（名儀）で」の意であるが、"under the name of Licensee"で十分。"in the name of Licensee"と、"the name"の前置詞を"under"から"in"に変更すると「ライセンシーの名目で」「ライセンシーの美名の下」「ライセンシーの権威にかけて」などの意となり、意味が全く変わってしまうので要注意である。

2) "covering inventions connected with the Licensed Products"

「許諾製品に関連した発明を包含する」の意で、前の行の"patents"に掛かる。

3) "not elect to obtain such patents"

「同特許の取得を選択しない」の意。"elect to do ……"は、「……することを選ぶ」「……することを決定する」の意である。

"After careful thought, I elected to stay at home."

（よく考えた末、私は家にいることに決めた。）（ジーニアス英和）

4　グラントバック＜事例11＞（その4）

(1) ＜事例11＞（その4）の紹介

184

4　グラントバック＜事例11＞（その4）

> Licensee agrees to grant to Licensor a royalty-free, non-exclusive right and license under Licensee's patents and know-how to utilize in any country throughout the world outside of the Territory during the life of this Agreement said modifications, improvements and/or developments made or acquired by Licensee and agrees to (a)<u>furnish Licensor free of charge with</u> all pertinent technical information and date (b)<u>as promptly as practicable</u>.
>
> （拙著実務マニュアル P.223 ［9.4］ から）

(2)　＜事例11＞（その4）の訳文

> ライセンシーはライセンサーに対して、ライセンシーがなしたまたは取得した同修正、改良および開発またはそのいずれをも、本契約期間中、テリトリー外の世界中どこの国においても利用できるようにライセンシーの特許およびノウハウに基づく実施料無し（royalty-free）の非排他的実施権を許諾することに同意すると共に、出来るだけ速やかにすべての関連技術情報およびデータを無償にてライセンサーに提供することに同意する。
>
> （拙著実務マニュアル P.224 ［9.4］ から）

(3)　＜事例11＞（その4）のポイント

1) ライセンシーがライセンサーに対して自己の改良技術を提供する条件を次のとおり定めている。
   a．対　　価：無償
   b．許諾地域：ライセンシーのテリトリー外のすべての国
   c．実施権の種類：非排他的実施権
   d．許諾期間：契約期間中
   e．関連情報：可及的速やかに提供
   　本事例の特徴は、「関連情報の提供」まで明記していること。ライセンシーは通常こうした情報の提供について契約で約束する例は少ないかもしれない。

(4)　＜事例11＞（その4）の英語表現

1) "furnish Licensor free of charge with ……"

185

[第Ⅱ部] 第8章 ライセンシーによる改良（Modifications and Improvements by Licensee）

「ライセンサーに無償で……を提供する」の意。"furnish" は "with" を伴って、"with" の後にくるものを「提供する」の意になる。"free of charge" は「"charge"（経費、手数料）なしで」の意から「無償で」の意となる。

2) "as promptly as practicable"

これは「可及的速やかに」の意で、「実務的に可能な限り早く」というニュアンスがある。これと似た表現で "As soon as possible"「できるだけ早く」があるが、こちらのほうは「可能な限り早く」ということで、少し「曖昧な速さ」である。

5　契約終了後の改良技術の継続使用＜事例11＞（その5）

(1)　＜事例11＞（その5）の紹介

> (a)<u>In the event that</u> Licensor desires to continue to enjoy the right and license to be granted back to Licensor by Licensee under Section 9.4 of this Article after the termination of this Agreement, Licensee undertakes to continue to grant such right and license to Licensor provided however that Licensor shall pay to Licensee an appropriate royalty therefor to be then agreed upon between the parties hereto in each case.
>
> 　　　　　　　　　　　（拙著実務マニュアルP.223〔9.5〕から）

(2)　＜事例11＞（その5）の訳文

> 　本契約終了後、本条9.4項に基づきライセンシーによってライセンサーに対しグラントバックされる権利および実施権を継続して享受することをライセンサーが希望する場合、ライセンサーがそれぞれの場合に本契約当事者間でその時に合意される適切な実施料をライセンシーに支払うことを条件に、ライセンシーはライセンサーに対して同権利とライセンスを引き続き許諾することを保証する。
>
> 　　　　　　　　　　　（拙著実務マニュアルP.224〔9.5〕から）

(3)　＜事例11＞（その5）のポイント

5 契約終了後の改良技術の継続使用＜事例11＞（その5）

1) ここでのポイントは、適正な対価支払いと引換えに許諾の約束を取り付けているところにある。対価条件はお互いに納得のいく条件ということである。

2) 実施料の額を契約で決めなかったということは、もしもライセンシーがその時点でライセンサーに当該技術を使用させたくないと考えれば、実施料を高く引き上げ、合意しなければよいということになる。

3) 基本的にお互いに善意で、少しずつ利益を得るという考えに立てば（Win-Winの関係）こうした契約条件はさして問題にならないと思われる。ただし、契約の個別事情や履行実態によっては、不公正な取引条件とみなされるおそれがまったくないとは言い切れないかもしれない。デリケートな問題である。ちなみに、この事例ではそうした問題は発生しなかった。

(4) ＜事例11＞（その5）の英語表現

1) "In the event that ……"

　R. Dickersonが指摘しているようにこの表現は"if"で置き換えることができるが、契約書では今もかなり一般的に使われている。第Ⅱ部第2章2(4)7)参照。

第9章　保証と責任（Warranties and Liabilities）

　物の売買契約であれば、売手は買手に対して販売した商品に対する瑕疵担保保証を与える。ライセンス契約においても、ライセンサーはライセンシーに対して許諾技術に関して一定の条件の下に一定の保証を与える。その保証の内容と条件について規定するのが本条項である。

　理論的にも、ライセンス契約においてライセンサーがライセンシーに対してまず保証しなければならないことは、ライセンサーが許諾技術の適法な保有者であるということである。ライセンサーが許諾技術の正当な保有者であることの事実確認とその保証なくして、技術取引は始まらない。しかし、実際の契約では、以下の事例のように、そうした保証を明記せずに契約を締結することもあり得る。それはそれぞれの企業リスクということになる。

　ライセンス契約は許諾技術の使用許諾契約であり、売買契約は有体物の引渡し（所有権の移転）契約であり、その取引の仕組みは異なる。しかし、法的には、いずれも有償の双務契約であることから、瑕疵担保保証については、契約当事者間で特別な合意がなければ、売買契約の法律規定がライセンス契約にも準用されると考えられる（⇨知財契約の法律相談Q55およびQ56参照）。

　では、具体的に、ライセンサーはライセンシーに対してどこまでどのような保証を与えることができるのであろうか。以下の事例では、ライセンサーがライセンシーに対して約束できる保証は、ライセンサーも許諾技術を使って許諾製品を製造しているという事実だけである。また、万が一、許諾技術の内容を伝達するための各種技術資料中に脱落や誤記があった場合、それら技術資料の中の情報の脱落や誤記の訂正はライセンサーがライセンサーの費用負担で行う。これが、ライセンサーにできる保証のすべてであるとしている。

　ライセンサーが許諾製品を製造するときに使う同じ許諾技術を使用して許諾製品を作れば、当然、ライセンシーもライセンサーと同じ品質の許諾製品を製造することができると期待し、そのために許諾技術を導入するのだとい

うのが多くのライセンシーの主張である。

　しかし、ライセンシーの許諾製品の製造環境や製造条件とライセンサーの製造環境や製造条件とでは、多くの場合、必ずしも同じではない。たとえば、製造現場の職人の技術レベル（⇨図面を読み解く能力などの職務知識や特定の機械を使用して物を加工する技術経験など）、原材料の品質（⇨仕入先、供給源が異なれば品質が同じにならない可能性がある）、工作機械の性能、製造工程、あるいは品質管理基準や体制などもライセンサーとライセンシーでは異なる可能性がある。さらに、その他諸々の製造環境や条件も異なる可能性があるとすれば、でき上がる製品の品質に相違が生じるおそれがあると考えなくてはいけない。ライセンサーとしては、ライセンシーがライセンサーと同じ技術情報を使用して製造した許諾製品であっても、その品質に保証を与えることはできないのである。

　いずれにせよ、保証については、どのような保証を、どの程度まで、どのような条件で与えるかまたは与えないかについて、明確に規定しておかないと、将来の紛争の種になり、ライセンサーにとって命取りになりかねない。同様に、ライセンシー側にとっても、保証の内容如何によって許諾技術の導入の可否を決めるということもあり得る。したがって、ライセンシーにとっても、ライセンサーにとっても、本条項はライセンス契約の中で最重要な条項の１つである。

1　保証対象および保証範囲＜事例12＞（その１）

(1)　＜事例12＞（その１）の紹介

> (a)<u>Licensor warrants that</u> Licensor's Technical Data furnished to Licensor by Licensor pursuant to Article 3 hereof shall be (b)<u>the same as is being used by Licensor on Effective Date</u> for the purpose of manufacturing Licensed Product (c)<u>or as will be used or usable for</u> Licensor's own manufacture of Licensed Product at the time of Licensor's furnishing of such Licensor's Data to Licensee, (d)<u>as the case may be.</u>
>
> 　　　　　　　　　　（拙著実務マニュアル P.275［11.1］前段から）

189

[第Ⅱ部] 第9章 保証と責任（Warranties and Liabilities）

(2) ＜事例12＞（その1）の訳文

> 　ライセンサーが保証することは、本契約第3条に従ってライセンサーがライセンシーに対して提供するライセンサーの技術情報が、許諾製品を製造するために契約発効日現在ライセンサーが使用しているものと同じであること、またはライセンサーがライセンシーへ同情報を提供する時点において許諾製品をライセンサー自身が製造するために使用するまたは使用できるものであることである。
>
> （拙著実務マニュアル P.277 ［11.1］前段から）

(3) ＜事例12＞（その1）のポイント
　1）　ライセンサーがライセンシーに対して提供する許諾情報の品質について、UCC/2-316(3)a の規定を意識して、次のように定義している。
　　　a．許諾情報は、ライセンス契約発効日時点で、ライセンサーが許諾製品を製造する際に現に使用している情報、または
　　　b．許諾情報を提供する時点で、ライセンサーが許諾製品を自ら製造するために使用するまたは使用できる情報である。
　2）　UCC/2-316(3)a は、次のように規定している。
　　　「周囲の状況からして別なことが示されるのではない限り、すべての黙示保証を排除するには、『現状のまま（as is）』、『瑕疵付の状態で（with all faults）』という表現を使うか、あるいは別な言い方ではあっても、保証排除に買主の注意を喚起し、黙示の保証がないことを簡明に表わしていることが共通の理解になっていて、しかも証拠として記録に残る消費者契約においても、記録として明白に述べられれば、それでよい」。つまり、黙示の保証がないことを表示するためには、「現状のまま」というか、あるいは「瑕疵がある」ということを端的に表示しなければならないということである。

(4) ＜事例12＞（その1）の英語表現
　1）　"Licensor warrants that ……"
　　　"that"以下のことを保証する。"warrants"と現在形を使用しているのは、契約期間中「保証する」ことを意味している。現在形は、未来も含

むと解されている。"warrant"も"guarantee"も「保証する」の意味であり、これら2つの言葉の間には明確な用法上の区別はないといわれている。しかし、多くの場合、"warrant"は瑕疵担保保証の場合に使われ、金銭保証の場合には"guarantee"が使われているようである。

2) "the same as is being used by Licensor on Effective Date"

「契約発効日時点でライセンサーが現に使用しているものと全く同じ」の意。これは黙示保証を回避する具体的な表現として「現状のまま（as is)」商品を提供するという考え方に基づくものである。

3) "or as will be used or usable for ……"

"or as"の"as"はいうまでもなくその前の"the same"につながる。

4) "as the case may be"

・"A or B, as the case may be"；

・"A and B, respectively"：

"as the case may be"も"respectively"も、訳語としては「それぞれ」である。それぞれが言及している対象が"or"で結ばれていれば"as the case may be"を使い、"and"で結ばれていれば"respectively"を使う。

2　保証外事項＜事例12＞（その2）

(1)　＜事例12＞（その2）の紹介

> Licensor in no way warrants that Licensor's Technical Data to be furnished to Licensee under this Agreement shall be (a)<u>free from defects</u> nor that the Licensed Product manufactured by Licensee in accordance with such Licensor's Technical Data shall satisfactorily function so as to (b)<u>fit for any particular purpose or use</u> required by a purchaser or user of such Licensed Product provided however that Licensor shall at its own costs and expenses correct or modify such defects or omissions, if any, in such Licensor's Technical Data.
>
> （拙著実務マニュアル P.275 ［11．1］後段から）

(2)　＜事例12＞（その2）の訳文

191

[第Ⅱ部] 第9章 保証と責任（Warranties and Liabilities）

> 　本契約に基づきライセンシーに供与されるライセンサーの技術情報に瑕疵がないこと、または同ライセンサーの技術情報に従いライセンシーによって製造された許諾製品が、同許諾製品の購入者またはユーザーによって要求された特定目的または使用に適合するように満足に機能することについて、ライセンサーが保証するものではない。ただし、ライセンサーは同ライセンサーの技術情報に、万が一、瑕疵または脱落があれば、自己の費用負担においてこれを訂正または修正するものとする。
> 　　　　　　　　　　（拙著実務マニュアル P.277［11.1］後段から）

(3) ＜事例12＞（その2）のポイント
　1) ライセンサーがライセンシーに対して保証しないと明言したことは次の2つである。ここでも UCC/2-316 が意識されている。
　　 a．技術情報に瑕疵や脱落がないこと（⇨技術情報に瑕疵や脱落があり得る）（UCC/2-316(3)a）。
　　 b．許諾製品が、その購入者または使用者が求める特定目的または使用に適合するように機能すること（⇨許諾製品の使用環境によって所定の機能が発揮できないことがあり得る、あるいは、許諾製品の品質管理責任はライセンサーには負えない、などの事情がある）（UCC/2-316(2)）。
　2) UCC/2-316(2) は、特定目的または使用に適合するような機能の保証について次のように規定している。
　　 「(3)項を条件として、消費者契約において適合性に関する黙示保証をすべて排除もしくは修正するためには、排除を記録に残し、明白でなければならない。消費者契約における適合性に関する黙示保証をすべて排除する文言としては、『お客様がこれらの商品をお買い上げになられた何か特定の目的にこの商品が適合することにつきまして当社と致しましては責任を負いかねます。』と述べなければならず、また他の契約でも、同じことを述べれば十分であって、たとえば『書面上に記載されたものを超える保証はありません』と述べる」。
　3) ライセンサーが提供した技術情報に瑕疵や脱落があった場合、ライセンサーは当該瑕疵を無償で修正し、当該脱落部分を無償で補填する。そ

の修正や補填は、ライセンシーが製造販売した許諾製品の修正や補填ではなく、あくまでライセンサーがライセンシーに対して提供した技術情報そのものの修正や補填である。

(4) ＜事例12＞（その２）の英語表現

1) "free from defects"

「欠陥がない」「瑕疵がない」の意である。

2) "fit for any particular purpose or use"

「特定目的や使用に適合する」の意である。

UCC/2-315条は、次のように規定している。

「売主が契約時点で物品に要求される特定目的を知る理由がありしかも買主が物品の選択や適切な物品供給のための技術または判断力を売主に依存する場合、次の条項に基づき削除もしくは修正がなされない限り、当該物品が特定目的に適合する旨の黙示保証がある」。

この事例は、許諾技術が特定目的に適合する旨の黙示保証をしているかのように解されないように契約上明確に排除している。

3　許諾製品の保証＜事例12＞（その３）

(1) ＜事例12＞（その３）の紹介

> Licensee shall, in accordance with its own (a)<u>commercial practice</u>, (b)<u>take the sole responsibility for</u> warranties to its customers, purchasers or users of Licensed Product that the Licensed Product manufactured and sold by Licensee under this Agreement shall be free from defects.
>
> 　　　　　　　　　　（拙著実務マニュアルP.275－P.276［11.2］から）

(2) ＜事例12＞（その３）の訳文

> 　ライセンシーは、自社の商慣行に従って、本契約に基づきライセンシーが製造・販売した許諾製品に瑕疵がないことについて、許諾製品の顧客、購入者またはユーザーに対して単独で保証責任を負うものとする。
>
> 　　　　　　　　　　（拙著実務マニュアルP.277－P.278［11.2］から）

[第Ⅱ部] 第9章 保証と責任（Warranties and Liabilities）

(3) ＜事例12＞（その3）のポイント
1) この事例では、ライセンサーはライセンシーに対し技術情報に関して一定の保証を与えるが、許諾情報に基づきライセンシーが製造販売する許諾製品の瑕疵担保保証に関しては、ライセンシーが自己の取引慣行に従って顧客、購入者またはユーザーに対して保証責任を負うべしとしている。
2) ライセンシーの加工不良が原因で、ライセンシーと顧客、購入者もしくはユーザーとの間でトラブルが、あるいは第三者との間で製造物責任問題が、それぞれ生じ、それがライセンサーの提供した技術情報の瑕疵に転嫁されては困る。そうしたトラブルを回避するために必要な規定である。

(4) ＜事例12＞（その3）の英語表現
1) "commercial practice"
「商慣行」の意。「コマーシャル」も「プラクティス」もほとんど日本語になっている。実務においてこの用語を使用する場合、その実態をよく承知して使うべきである。ライセンシーの所在する国の特定業界の「商慣行」は、日本の同業界の商慣行と必ずしも同じとは限らない。その相違が、ライセンサーに思わぬ不利益をもたらすかもしれない。
2) "take the sole responsibility for ……"
「……に対して単独で責任を取る」の意。"soley responsible for ……"と言い換えてもよい。

4 免責条項＜事例12＞（その4）

(1) ＜事例12＞（その4）の紹介

(a)Licensee shall indemnify and hold harmless Licensor, Licensor's Subsidiary and/or Licensor's Co-Developer from and against any claims, losses, damages and/or liabilities including but not limited to product liabilities which may be incurred by Licensor, Licensor's Subsidiary and/or Licensor's Co-Developer in connection with Licensed Product manufactured and sold by Licensee under

4　免責条項＜事例12＞（その4）

this Agreement or (b)due to any activities of Licensee under this Agreement.

(拙著実務マニュアル P.276 ［11.3］から)

(2)　＜事例12＞（その4）の訳文

> ライセンシーは、本契約に基づきライセンシーが製造・販売した許諾製品に関連してまたは本契約に基づくライセンシーの活動に起因して、ライセンサー、ライセンサーの子会社およびまたはライセンサーの共同開発者が被る可能性のある製造物責任等いかなる請求、損失、賠償および法的責任に対して、ライセンサー、ライセンサーの子会社およびまたはライセンサーの共同開発者を補償し、損害を被らせないようにするものとする。
>
> (拙著実務マニュアル P.278 ［11.3］から)

(3)　＜事例12＞（その4）のポイント

1)　この条項は、いわゆる「ホールドハームレス条項」(hold-harmless clause)といわれる免責補償条項である。すなわち、ライセンシーがライセンサーおよびライセンサーの関係者に対して、ライセンシーが製造・販売した許諾製品に関して、まず、彼等が損害を被ることのないようにすると同時に、万が一、彼等が損害を被ることがあった場合は、その損害を補償することを約束するという趣旨である。

2)　許諾製品に関するトラブルは、ライセンシーが許諾製品を製造、販売する過程で生じた瑕疵などに起因することが多いと考えられる。許諾技術そのものは、ライセンサーが現に許諾製品を問題なく製造していることからすれば、基本的に問題がないことは実証済みというのがライセンサーの考え方である。

3)　たとえば、ライセンシーが製造した許諾製品の製造上の瑕疵が原因で事故が起きたと仮定する。その事故を起こした製品が技術提携により製造されたものであることが判明した場合、ライセンサーもまた世間から非難を受けるおそれがある。その結果、ライセンシーの製造物責任の一端を負わされるおそれがないとはいえない。あるいは製造物責任は問われなくても、メーカーの技術提携先として悪い印象が世間に広まり、結

195

[第Ⅱ部] 第9章 保証と責任（Warranties and Liabilities）

果として、ライセンサー等のブランドイメージなども悪くなり、ライセンサー等の営業にも少なからぬ損害を被るということはあり得る。そうした場合、ライセンサーはライセンシーに対してしかるべく損害賠償を請求するかもしれないという可能性を残した規定である。実際にそうした請求をするかどうかは別として、こうした規定があること自体、そうしたトラブルを回避する抑止力としての効果は高いものと思われる。

4) 本事例では、被害補償の対象者として、ライセンサー、ライセンサーの子会社およびまたはライセンサーの許諾技術の共同開発者を挙げている。

(4) ＜事例12＞（その4）の英語表現

1) "Licensee shall indemnify and hold harmless Licensor, Licensor's Subsidiary and/or Licensor's Co-Developer from and against any claims, losses, damages and/or liabilities including but not limited to product liabilities which may be incurred by Licensor, Licensor's Subsidiary and/or Licensor's Co-Developer"

「ライセンシーは、(誰かを)……に対し補償し、損害を被らないようにするものとする」の意。

この免責表現は、ほとんど決まり文句のようなものである。補償の対象者および損害は事案により変わるがその基本的な考え方や表現は変わらない。この部分は、一般条項として独立させている契約も多い。

2) "due to any activities of Licensee under this Agreement"

「本契約に基づくライセンシーの活動に起因して」の意。"due to"の後には、結果をもたらす原因が来る。ここでいう「結果」とは、"incurred by Licensor ……"「ライセンサーが被る被害」のことであり、「原因」は、「ライセンシーが契約に基づいて展開した事業活動」である。

5 他者権利不侵害の不保証＜事例12＞（その5）

(1) ＜事例12＞（その5）の紹介

Licensor (a)represents that (b)to the best of its belief Licensor's Technical Data

5　他者権利不侵害の不保証＜事例12＞（その5）

to be furnished to Licensee under this Agreement (c)<u>is not infringing upon any patents</u> or other industrial property rights of any third parties as of Effective Date. Licensor (d)<u>in no way makes any further representation of</u> warranty, express or implied, that any of Licensor's Technical Data to be furnished to Licensee under this Agreement shall not infringe upon any patents or other industrial property rights of any third parties.
　　　（拙著実務マニュアル P.276［11．4］＜1行目から8行目＞から）

(2)　＜事例12＞（その5）の訳文

　　本契約に基づきライセンシーへ供与されるライセンサーの技術情報が、契約発効日現在第三者の特許またはその他産業財産権を侵害しないと堅く信じていることを、ライセンサーは表明する。本契約に基づきライセンシーに供与されるライセンサーの技術情報が、第三者の特許またはその他産業財産権を侵害しないというような保証は、明示的であれ、黙示的であれ、ライセンサーはこれ以上の表明をしない。
　　　（拙著実務マニュアル P.278［11．4］＜1行目から7行目＞から）

(3)　＜事例12＞（その5）のポイント
　1)　ライセンサーは、自己の許諾技術が他人の特許権等を侵害しないと堅く信じているからこそ、自己の許諾技術をライセンシーへ実施許諾することができる。すなわち、ライセンサーとしては、許諾技術について特許権を取得する過程で特許庁の審査などを受けることによって、少なくともその権利の及ぶ範囲においては、類似技術や侵害技術がないことを一応確認できたということで、登録料を支払い特許庁の登録簿に登録することで特許庁から特許証の交付を受けたわけであるから、その事実を信用して他者にその権利の実施許諾をするというのがライセンサーの立場である。
　2)　ライセンサーは、実施許諾する特許技術等について、事前に、第三者が出願中の特許技術等についてさらに詳細な調査をするというようなことは、通常しない。そうした調査は、必要とあれば、許諾技術を実際に使用するライセンシーが自己の責任において行うというのがライセン

197

ス・ビジネスにおける商慣行である。実際問題として、そのような調査はとても完全にできるものではない。それは、通常、ライセンス・ビジネスのリスクとして、ライセンサーおよびライセンシーがお互いに許容し合うもので、そうでなければライセンス・ビジネスは成り立たない。

(4) ＜事例12＞（その5）の英語表現

1) "represent"

「表示する」の意から、ここでは「表明する」と訳した。「言明する」などとも訳されることがある。"represent"の名詞、"representation"は、本来、「事実の表示と見なされる言葉や行為」とされる。「契約法では、一方の当事者から他方当事者への特定の事実に関する言動で、契約締結に影響を与えるもの」（英米法辞典）とされる。

"representation"に関連したフレーズをみてみる。

a．"misrepresentation"

「不実表示」の意。事実と不一致なことを表明することをいう。

b．"estoppel by representation"

「表示による禁反言」の意。これは、意図的であろうとなかろうと、言葉や行為（含、不作為）によってある事実の存在を相手方に信じ込ませるような形で表示をし、相手方がその表示を信じて自己の利害関係を変更した場合、その表示事実が否定されると相手方に不利益に働く場合、たとえその表示が虚偽であっても、変更が許されないとする考え方である。

2) "to the best of its belief"

「信じている限り」⇒「堅く信じている」の意。"to the best of ……"の用例をいくつか下記に示す。

a．"to the best of one's knowledge" (judgement)

「知る（判断のつく）限り」

b．"to the best of one's recollection" (memory)

「思い出せる（覚えている）限り」

c．"to the best of one's ability"

「力の及ぶ限り」

3) "is not infringing upon any patents ……"
現在進行形で、現在の状態を強調している。"Infringe"の他動詞（他）と自動詞（自）の用例をいくつかみてみる。
 a．"infringe the law"（他）
  「法を犯す」
 b．"infringe a rule"（他）
  「規則を犯す」
 c．"infringe a copyright"（他）
  「著作権を侵害する」
 d．"infringe upon(on) a person's right"（自）
  「人の権利を侵す」
 e．"infringe upon(on) a person's privacy"（自）
  「人のプライバシーを侵害する」
4) "in no way makes any further representation of ……"
「……について決して更なる表明をしない」の意。"in no way"については、第Ⅱ第6章1(4)4)参照。

6　第三者の権利侵害とロイヤルティの分担＜事例12＞（その6）

(1)　＜事例12＞（その6）の紹介

> (a)Notwithstanding the foregoing provisions of this Section, (b)should Licensee be required to pay any royalty to any third party in order to manufacture and sell Licensed Product because of such third party's patent or other industrial property rights, and if Licensor acknowledges that such license is required by Licensee, the parties hereto agree to share the cost of such royalty on a fifty-fifty (50/50) basis.
> 　　（拙著実務マニュアル P.276 ［11．4］＜8行目後段から14行目＞から）

(2)　＜事例12＞（その6）の訳文

[第Ⅱ部] 第9章 保証と責任（Warranties and Liabilities）

> 　本条項の上記規定にかかわらず、万が一ライセンシーが、第三者の特許またはその他産業財産権が原因で、許諾製品を製造販売するために第三者にロイヤルティを支払う必要が生じ、しかも同ライセンスがライセンシーには必要であるとライセンサーが認める場合、本契約両当事者は半々（50/50）でそのロイヤルティ費用を分担することに同意する。
> 　　　　　（拙著実務マニュアル P.278 [11．4] ＜7行目から12行目＞から）

(3) ＜事例12＞（その6）のポイント

1) 万が一他者の特許権等を侵害してしまい、その被侵害者の特許技術を技術的に回避できない場合、ライセンシーとしては被侵害者に懇請して、実施許諾の交渉をする。ライセンシーと被侵害者との間の交渉の結果、首尾よく、合理的な条件で実施許諾を受けられることになれば、ライセンシーは被侵害者に対して一定の実施料を支払うことになる。その場合、ライセンシーは、ライセンサーに対する実施料と被侵害者に対する実施料とダブルで実施料を負担せねばならない。

2) 実施料は製品の販売価格に上乗せされるのが常であるから、被侵害者に対して支払う実施料相当分が、販売価格を割高にする。その割高価格でその市場で競争が可能かということになる。競争相手のいない市場であれば、どのような価格設定もできようが、そういうケースは稀である。この事例も、例外ではなかった。

3) 一方、ライセンシーは、侵害問題とは別に、許諾製品の製造設備などに相当の事前投資が必要な場合もある。ライセンシーは、当然、そうした投資に見合った利益を期待している。そのような場合、ライセンシーとしては許諾製品の製造中止は何としても回避したい。許諾製品の製造を継続するためには、ライセンシーは被侵害者に実施料を支払うことも厭わない。しかし、被侵害者に支払うべき実施料は、販売価格や利益を考慮すれば、できるだけ抑えたいというのが自然であろう。

4) 他方、ライセンサーは、自己の特許権等が他者特許権等を侵害しないことについて、ライセンシーに対して何ら保証を与えていない。しかし、

現実問題として、ライセンサーがライセンシーに対して許諾した特許権等が他者特許権等を侵害してしまった以上、ライセンシーは被侵害者から被侵害技術の実施許諾を受けなければ、ライセンサーとのライセンス契約を維持継続することができない。それはライセンサーについても同じことがいえる。かような状況が想定できる場合に、ライセンシーが被侵害者に対して支払う実施料の一部をライセンサーが負担するという考え方はあり得る。

5) ライセンサーのライセンシーに対するこうした許諾技術に対するセイフティネット（⇨ライセンシーが被侵害者に支払う実施料のライセンサーによる一部分担）の提供は、ライセンサーとライセンシーとの間の信頼関係をより確実なものにする効果もまた大きいと思われる。

(4) ＜事例12＞（その6）の英語表現

1) "notwithstanding"
前置詞としては "in spite of" と同じ；副詞としては "nevertheless" と同じ；接続詞としては "although" と同じ。

2) "should Licensee be required to pay any royalty to any third party"
「万が一ライセンシーが支払い要求を受けるようなことがある場合には」の意。これは "if Licensee should be required to pay ……" と同じで、if が省略され、倒置法によって、主語と助動詞の位置が入れ代わった形である。

7 契約解除＜事例12＞（その7）

(1) ＜事例12＞（その7）の紹介

> If, a license from such third party for such third party's patent or other industrial property rights is unavailable, however, the parties hereto shall (a)<u>seek a solution acceptable to both parties hereto</u> provided however that if the parties hereto are unable to find out any such solution, and then in the event that Licensee (b)<u>is obliged to discontinue the manufacture and sale of Licensed Product</u> under this Agreement, either party hereto shall (c)<u>have the right to terminate this Agreement</u>, without payment of any damages or penalty to the

201

[第Ⅱ部] 第9章 保証と責任（Warranties and Liabilities）

other party hereto, by giving a sixty (60) day's written notice to the other party hereto.
（拙著実務マニュアル P.276 - P.277 [11.4]＜14行目後段から同項最後まで＞から）

(2) ＜事例12＞（その7）の訳文

　しかし、そうした第三者の特許またはその他産業財産権に対する第三者からのライセンスが得られない場合、本契約両当事者は双方にとって受諾可能な解決を探さなければならない。ただし、もしも本契約当事者がそうした解決策を見出すことができず、しかもライセンシーが本契約に基づく許諾製品の製造、販売を中止せざるを得ない場合、本契約当事者のいずれもが相手方当事者に対し60日の書面通知を送達することによって、本契約の相手方当事者に対し賠償や罰金を支払わずに、本契約を終了させる権利を有するものとする。
（拙著実務マニュアル P.278 [11.4]＜12行目から同項最後まで＞から）

(3) ＜事例12＞（その7）のポイント
1) 被侵害者と交渉をすれば必ずその侵害技術の実施許諾をしてくれるとは限らない。被侵害者と交渉が成立せず、またライセンサーとして代替技術を自ら開発できない場合、そうした侵害技術を含むライセンス契約を継続することはできなくなる。
2) いったん締結したライセンス契約が、ライセンサーの許諾技術に帰すべき事由にて履行できなくなれば、ライセンシーとしてはライセンサーに対して、損害賠償の請求をしたくなる。それは、契約論理とし、当然の帰結である。しかし、ライセンサーとしてはわずか数パーセントのロイヤルティでライセンシーの損害を賠償することは到底できないので、ライセンシーが被侵害者から侵害技術の実施許諾を受けることができず、お互いにライセンス契約を終了せざるを得ない場合、相手方当事者に対して損害賠償などを請求しないで解約できることについて当事者間で合意した。
3) 契約を終了する場合の予告通知を60日としている。ここで60日と決め

たのは、実務処理期間として決めたものである。それはライセンシング・ポリシーでもあった。
4) ライセンシーがライセンサーに対して、許諾技術が第三者の権利を侵害しないことの保証をどうしても要求する場合、ライセンサーとしてはライセンス契約の締結をあきらめるか、あるいは万が一のリスクを負担してライセンシーの要求を引き受けるか、それは経営判断である。

(4) ＜事例12＞（その7）の英語表現

1) "seek a solution acceptable to both parties hereto"
「本契約当事者双方にとって受け入れやすい解決を求める」の意。これは多様な場面で使える表現である。

2) "is obliged to discontinue the manufacture and sale of Licensed Product"
「許諾製品の製造・販売を中止せざるを得ない」の意である。
"oblige"の使い方をみてみる。
a. "The law obliges parents to send their children to school."
「法律によって親は子供を学校に通わせなければならない」の意。
他方、"be obliged to do something"といえば、「何かをすることを余儀なくされる」の意で、次のように使われる。
b. "They were obliged to sell their house in order to pay their debts."
「彼らは債務を支払うためには自分達の家を売らざるを得なかった」の意である。

3) "have the right to terminate this Agreement"
「本契約を終了させる権利を有する」の意。
契約書ではよく出てくる表現である。"right"の使い方については、第Ⅱ部第6章1(4)1)参照。

8 保証の排他性＜事例12＞（その8）

(1) ＜事例12＞（その8）の紹介

Licensor's warranty pursuant to the foregoing provisions of this Article shall

[第Ⅱ部] 第9章 保証と責任（Warranties and Liabilities）

be (a)<u>sole and exclusive</u> and shall (b)<u>replace</u> any other liability, warranty, guarantee or condition (c)<u>which is imposed upon Licensor by law or customarily or implied by the context hereof</u>.

（拙著実務マニュアル P.277［11.5］から）

(2) ＜事例12＞（その8）の訳文

　本条項の上記規定に基づくライセンサーの保証は、唯一にして排他的なものであり、コモンロー上もしくは慣習上ライセンサーに課せられたまたは本条項の文脈により黙示されたその他いかなる賠償責任、瑕疵担保保証、金銭保証または条件に取って代わるものとする。

（拙著実務マニュアル P.278 － P.279［11.5］から）

(3) ＜事例12＞（その8）のポイント
1) 本条項においてライセンサーが約束した保証が、この契約では、すべてであることを明記している。コモンロー上または商慣習上保証が要求されることがあっても、本契約においてライセンサーがライセンシーに対して約束する保証は、本条項にて規定したものだけであることを強調している。保証に関しては、日本の法律でも、英米法系の国の法律でも、契約当事者間の合意が優先するとする考え方が一般的である。
2) 本条項以外の本契約の他の条項において、文脈上からライセンサーによる保証が読み取れたとしても、それもこの条項は排除している。それが瑕疵担保保証であれ、金銭的な保証であれ、あるいは本契約の条件であったとしても、保証に関する限り、本条項において規定した保証以外の保証は一切排除するとしている。
3) この条件は、ライセンス契約の保証条項にぜひ挿入しておきたい。

(4) ＜事例12＞（その8）の英語表現
　この条項全体の英語表現は、ほとんどそのまま他の契約でも利用できる。
1) "sole and exclusive"
　「唯一にして排他的なもの」の意。
　"sole" と "exclusive" の使い方についてみてみる。

ａ．"a sole right"

　　「専権」の意である。

　ｂ．"a sole license"

　　「専用実施権」の意。カナダの特許法では、ライセンサーも同権利を実施できる。

　ｃ．"an exclusive license"

　　「排他的実施権」の意。カナダの特許法では、ライセンシー以外には、ライセンサーであっても同権利を実施できない。カナダの企業との特許ライセンス契約で「排他的実施権」の意で、"a sole and exclusive license"と書いたら、意味がわからなくなる。

2) "replace"

　"A replaces B."といえば、「AがBに取って代わる」の意である。

3) "which is imposed upon Licensor by law or customarily or implied by the context hereof"

　ａ．「コモンロー上もしくは慣習上ライセンサーに課せられたまたは本条項の文脈によって黙示された」の意である。

　ｂ．"by law"についてはすでに説明したが、本事例は米国企業との契約であるから「コモンロー上」という意味である。

　ｃ．"customarily"は「商慣習上」の意であるから、契約相手方当事者の国の商慣習も当然に含まれる。

　ｄ．"implied by the context hereof"は「本条項の（または「本契約の」）文脈によって黙示された」の意であるので、「その他いかなる賠償責任、瑕疵担保保証、金銭保証または条件」について考える際には、たとえば、反対解釈が成り立つような文脈では、当然そういう解釈も考慮に入れる必要がある。

　ｅ．"hereof"は、「本契約の」または「本条項の」のどちらの意味にも解釈できるが、ここでは狭い意味で「本条項の」の意のほうを採用した。ちなみに、拙著実務マニュアルマニュアルでは「本契約の」のほうを採用した。この事例のように、読者によってどちらにも解釈される書き方は好ましくない。この場合であれば、"hereof"に代えて"of this Article"または"of this Agreement"と明記すべきである。起草者は意図的に曖昧な書き方をしたのかもしれない。

第10章　ライセンサーの産業財産権（Licensor's Industrial Property Rights）

　ライセンサーの産業財産権は、多くの場合、ライセンス契約の主題そのものである。そのライセンサーの産業財産権に関し契約締結後に何らかの瑕疵が発見されるとか、あるいは何らかのトラブルが発生するといった場合、ライセンス契約の履行そのものが難しくなる可能性がある。しかし、一度契約を締結した以上、いずれの契約当事者にとっても、そう簡単に契約を止めるわけにはいかない。また、契約を止めないまでも、何らかの善後策を講じなければならなくなる。そのような場合に、どのような考え方で、どのような手順を踏んで、どのような対応をするのかについて、契約時に合意しておく必要がある。

　それでは、具体的に、ライセンサーの産業財産権に関しどのような瑕疵やトラブルが考えられるのか。

　ライセンサーの産業財産権の瑕疵といえば、たとえば特許ライセンス契約であれば、ライセンサーが許諾した特許権そのものが無効になる場合が考えられる（特123条）。特許権の無効審判請求訴訟を起こすのは、ライセンシーの場合もあれば、第三者の場合もあり得る。そのような場合、どのようにライセンス契約を処理するのかについて、契約時に合意しておく必要がある（⇨ライセンシーが許諾特許についてライセンサーと争う権利を認める一方、ライセンサーは、その場合、契約を解除できる権利を留保することが考えられる。こうしたライセンサーおよびライセンシーのそれぞれの権利を契約書に規定することについて、公取指針は不公正な取引法に該当しないとしている＜公取指針第4－4－(7)＞）。

　また、ライセンサーが何らかの理由で許諾特許権の維持を放棄するような場合も考えられる。ライセンシーとしては、そのようなことが起こり得ないように、ライセンサーに許諾特許権の維持を義務づけたい。

　あるいは、許諾特許が第三者の権利を侵害することがあるかもしれない

[第Ⅱ部] 第10章 ライセンサーの産業財産権（Licensor's Industrial Property Rights）

（⇨侵害する可能性は3つ考えられる。①無審査特許との衝突が考えられる。②審査官の数と審査件数を考慮するとき＜「特許行政年次報告書2011版」P.7、P.8、P.11参照＞、実体審査も決して完璧とはいえないという現実。および③米国におけるサブマリン特許の脅威が未だ解消していない、など＜2011年10月現在＞）。ライセンシーが被侵害者である第三者に実施権許諾の交渉をしても、実施権を得られないこともあり得る。その場合、どのようにライセンス契約を終了させるのか。仮にライセンシーがその第三者から実施権を得ることができたとしても、ライセンシーはその第三者に実施料を支払わなくてはならない。その第三者へ支払う実施料は、ライセンシーがすべて負担するのかどうかについても、契約時にライセンサーと合意しておく必要がある。

　ライセンサーは、許諾特許が第三者の権利を侵害する可能性がある以上、基本的に許諾特許の有効性を保証することはできない。一方、許諾特許が他社特許によって侵害される可能性もある。したがって、ライセンサーとしては、いずれの侵害トラブルがあった場合でも、直ちに、ライセンサーに報告するようライセンシーに対して義務づけておきたい。

　そもそも特許権というのは、発明者が一定の条件の下で特定の発明を独占的に使用する権利を得たものであるが、それは決して絶対的な権利ではないことにも留意すべきである（⇨発明はあくまで発明者個人の財産であり、特許権も国が発明者に付与するものではなく、発明者が国に対して特許権という形で自己の発明の保護を要求した結果得られる権利にすぎない。つまり、発明者が自己の発明を特許出願し、公開し、登録をすれば、公開の代償として国から特許権という形で独占権が付与され、より確実な法的保護を受けることができ、より経済効率の良い収益が期待できるという仕組みの中で発明者が享受できる権利である。しかも、その権利は権利登録した国に限られる。したがって、その権利は人権とか生存権といった一般に世界で通用する絶対的な権利ではない）。したがって、許諾特許の責めに帰すべき事由によりライセンス契約を終了させる場合、ライセンサーがライセンシーの損害を賠償する等の責めを負わないように契約で合意しておきたい。

1 ライセンサーの専権事項＜事例13＞（その1）

(1) ＜事例13＞（その1）の紹介

> It shall be (a)at Licensor's sole discretion whether or not to apply for, obtain and maintain any of Licensor's Patents or other industrial property rights in Licensed Territory or elsewhere in the world provided that it shall be at Licensor's own costs and expenses to apply for, obtain and maintain any of Licensor's Patents or other industrial property rights (b)for and under the name of Licensor.
>
> （拙著実務マニュアルP.346［12.1］から）

(2) ＜事例13＞（その1）の訳文

> 　許諾テリトリー内または世界のどこで、ライセンサーが特許または他の産業財産権の出願、取得または維持をするか否かは、専らライセンサーの判断によるものとする。ただし、ライセンサーのためにまたライセンサーの名前で、ライセンサーが特許またはその他の産業財産権の出願、取得または維持を行うのは、ライセンサー自身の費用負担とする。
>
> （拙著実務マニュアルP.347［12.1］から）

(3) ＜事例13＞（その1）のポイント
  1) 特許権等産業財産権の出願・維持・管理をどのように行うかは、専らライセンサーの政策判断によることを確認している。
  2) ライセンサーが自己の名前で行う出願・維持・管理のための費用は、当然、ライセンサーの負担であることを明記している。

(4) ＜事例13＞（その1）の英語表現
  1) at Licensor's sole discretion
     「ライセンサー独自の判断で」の意。"discretion"は、「人間の行動、判断あるいは選択の自由裁量」を意味する。別に、「思慮分別」や「慎重さ」も意味する。
     　前者の例は、"at discretion"「ご隨意に」、「無条件で」；"at one's dis-

[第Ⅱ部] 第10章 ライセンサーの産業財産権（Licensor's Industrial Property Rights）

cretion" ⇨ "at the discretion of one"「思い通りに」「勝手に」「自由に」などの意となる。

後者の例は、"act with discretion"「慎重に行動する」など。

2) for and under the name of Licensor

「ライセンサーの名前（名儀）で」の意。詳細、第Ⅱ部第8章3(4)1)参照。

2　特許権等の有効性、支払義務および解約権＜事例13＞（その2）

(1)　＜事例13＞（その2）の紹介

> Licensor guarantees neither the (a)<u>novelty</u>, (b)<u>usefulness</u> nor validity of any of Licensor's Patents or other industrial property rights hereunder, and the expiration of any of such Licensor's patents and other industrial property rights during the life of this Agreement shall in no way affect the obligations of Licensee under this Agreement provided however that the (c)<u>invalidation</u> of or (d)<u>any challenge by Licensee to such Licensor's patents and other industrial property rights</u> for any reason after the execution of this Agreement shall (e)<u>entitle Licensor to terminate this Agreement</u> forthwith with a written notice thereof to Licensee without any damages and further that in such a case Licensee agrees to such termination as may be proposed by Licensor.
>
> 　　　　　　　　　　　（拙著実務マニュアル P.346 － P.347［12.2］から）

(2)　＜事例13＞（その2）の訳文

> ライセンサーはライセンサーの特許またはその他の産業財産権の新規性、有用性または有効性を保証しないし、また本契約に基づき許諾されたライセンサーの特許権またはその他産業財産権が本契約有効期間中に期限満了となっても、本契約に基づくライセンシーの義務には何ら影響を及ぼさないものとする。ただし、本契約締結後、何らかの理由により本契約にて許諾されたライセンサーの特許権またはその他産業財産権が無効となった場合またはライセンシーが異議申立てを行った場合、ライセンサーは損害賠償を支払う

> ことなくライセンシーに対する書面通知をもって直ちに本契約を終了せしめる権利を有するものとし、さらにそのような場合にはライセンシーはライセンサーの提案どおりそうした契約終了に同意する。
>
> （拙著実務マニュアルP.347［12.2］から）

(3) ＜事例13＞（その２）のポイント
1) ライセンサーは、許諾特許権等の新規性、有用性または有効性について保証しない。
2) 許諾特許権等の有効期限が、本契約有効期間中に満了しても、本契約に基づくライセンシーのロイヤルティの支払義務は残る。
3) 契約締結日以後契約有効期間中に、何らかの理由で、ライセンサーの許諾特許権等が無効になるかまたはライセンシーが異議申立てをした場合、ライセンサーは契約を終了できる。
4) 契約終了は、書面通知とするが、賠償金などは払わない。
5) ライセンシーはライセンサーから契約終了の提案を受けた場合、同意することを約束する。

(4) ＜事例13＞（その２）の英語表現
1) "Novelty"
「新規性」の意。新規性の意味について、特29条（特許の要件）1項では3つの喪失事由を挙げ、これに該当しないものは新規性ありとしている。すなわち「公知になっている」⇨「非公知性」;「公然と実施されている」⇨「非公用」;「刊行物に掲載されている」⇨「刊行物に非公表」を、新規性の3要件としている。なお、米特102条にも特29条1項と同様の規定がある。
2) "Usefulness"
「有用性」の意。「有用性」について、特29条（特許の要件）1項では、「産業上利用することができる発明をした者は、……、その発明について特許を受けることができる」としている。すなわち、「産業上利用できる」ことが「有用性」の意である。
3) "Invalidation"

[第Ⅱ部] 第10章 ライセンサーの産業財産権（Licensor's Industrial Property Rights）

「無効（性）」の意。"invalidation" は "invalidate"（法的に無効にする）の名詞。"invalidate" の反対語は "validate"（法的に有効にする）。"validate" の名詞は、"validation" と "validity" の2つあるが、"validation" は「確認する」「批准する」の意の "validate" の名詞で、「法的な有効（性）」という意味での名詞は "validity" である。

4) "any challenge by Licensee to such Licensor's patents and other industrial property rights"

「こうしたライセンサーの特許権およびその他産業財産権に対するライセンシーによる異議申立て」の意。"challenge" は、通常の意味では、「兆戦」「やりがいのある課題」「やりがい」などの意であるが、知財の世界では「異議申立て」または「拒否」の意でよく使われる。また「説明要求」などの意もある。"challenge" は "to" を伴い、"to" の後には "challenge" の対象が来る。ここでは、"such Licensor's patents and other industrial property rights" が "challenge" の対象である。

5) "entitle Licensor to terminate this Agreement"

「ライセンサーに本契約を終了させる権利を与える」⇨「ライセンサーには本契約を終了する権利がある」⇨「ライセンサーには本契約を終了することができる」の意。"be entitled to do ……" については第Ⅰ部第8章3(1)4) 参照。

3　侵害報告義務＜事例13＞（その3）

(1)　＜事例13＞（その3）の紹介

> Licensee shall immediately inform Licensor of any infringements upon Licensor's Patents and other industrial property rights by unauthorized third parties which may (a)<u>come to Licensee's knowledge</u>.
> 　　　　　　　　　　　　（拙著実務マニュアル P.347 [12.3] から）

(2)　＜事例13＞（その3）の訳文

権限のない第三者がライセンサーの特許またはその他の産業財産権を侵害

3　侵害報告義務＜事例13＞（その3）

していることを知るに至った場合、ライセンシーは直ちにライセンサーにその旨通知しなければならない。

（拙著実務マニュアル P.348 ［12.3］から）

(3)　＜事例13＞（その3）のポイント

　第三者による許諾特許権の侵害について、ライセンシーに対して監視と報告の義務を課している。

(4)　＜事例13＞（その3）の英語表現

　1)　"come to Licensee's knowledge"

　　「結局ライセンシーの知るところとなる」の意である。

[第Ⅱ部] 第11章 契約期間および契約終了（Term and Termination）

第11章　契約期間および契約終了
（Term and Termination）

　契約書は契約当事者の相互の約束を文書に認め、確認したものである。その契約を解消するには、解消するに足る合理的な理由が必要である。しかし、どのような理由であれば契約を解消するに足る合理性が認められるかについては、それぞれの国の国民が今日まで発展させてきた契約に対する考え方によって異なる。

　我々の主題は、英文特許・ノウハウライセンス契約である。したがって、契約の終了についても英米法の契約理論や法律規則等に照らして考えなければならない。

　一般論として、ライセンス契約の契約目的および契約履行の観点から考えた場合、「実施許諾条項」と「支払条項」が最も重要な条項であることはすでに述べた。一方、契約法務、すなわち、契約のリスク管理の観点から契約を考えた場合、契約を終了させるべきときに、契約を適切に終了させることができるように合意をしておくことが、契約の目的（⇨情報の開示と対価の受領；情報の受領と対価の支払い）を達成することと同じくらい重要である。契約有効期間中にどのような事態が発生したら契約を終了できるのか、またその場合、契約当事者双方にどのような権利や義務が発生するのかについて明確に契約で合意しておかねばならない。結婚話と離婚条件を同時に決めるようなものだが、それが契約法務のリスク管理の原点である。

　英法の考え方によれば、契約当事者が契約義務から解放される方法(Discharge of Contract) は4つあるとされる（C & F's Law of Contract 1976 P.521 参照)。

① 　契約当事者の双方が契約で約束したことを完全に履行すること
② 　明示的な合意による。その場合、契約の全面的終了か、部分的終了かは契約条件次第である。
③ 　Frustration の理論に基づく契約の終了
④ 　契約相手方当事者による契約違反が理由で、一方の契約当事者が契約

を終了する。その場合、契約違反をしていない方の当事者は、契約上のすべての債務から免責される。

また、契約の履行・不履行という観点からみると、通常、契約の履行が不十分ということは契約違反に相当する。しかし、特定の状況下においては、契約の履行が不十分であっても、容認されることがある（Excuses for Non-Performance ＜不履行事由＞）（C & F's Law of Contract 2006 P.674 ～ P.675 参照）。それは、下記5つの場合である。

① 契約締結後一方の当事者が履行しないまたは別なやり方で履行することで両当事者が合意をした場合
② 履行不能または Frustration の状況下に陥った場合
③ 不測の事態が発生し、契約を終了させるということではないが、履行不能事由がある場合。たとえば、被雇用者がインフルエンザで仕事ができなかったというような場合である。それは、雇用契約上は契約不履行、契約違反に相当する。
④ 前記②③の状況を除けば、不測の事態が起ったからといって契約の不十分な履行が許されるということはコモンローでは考えられない。不測の事態による契約の不履行を正当化するためには、明確な契約規定を設けるしかない。
⑤ 原則として、一方の当事者が期限どおり履行しない場合、他方当事者は訴えを起こすことができ、しかもこの時点で、適正な出訴期限が開始する。出訴期限が終了すれば、訴訟を維持することはできなくなる。

米法では、上記の基本的な英法の考え方に加えて、「契約を破る自由」という考え方があることはすでに第Ⅰ部第4章6にて述べたとおりである。

さて、契約の終了について、契約書の起草という観点からみてみる。

まず、契約期間を明定する。契約期間を明定するためには、契約の始期を確定しなければならない。契約の始期とは契約の発効日のことである。契約の発効については、契約当事者が契約書に署名をしても、必ずしも法的に有効になるとは限らない場合がある。契約が発効しなければ、その契約を履行することはできないので、契約の発効確認手続についても契約にて合意しておく必要がある。たとえば、契約調印後、相手方当事者の政府による契約承

[第Ⅱ部] 第11章 契約期間および契約終了 (Term and Termination)

認が得られない場合に、調印した契約を無効にすることで合意しておくこともある。

契約の始期が定まれば、契約期間は当事者間の合意によって定めることができる。

問題は、契約期間を全うせずに契約を終了せざるを得ない場合にどうするかである。前記の契約終了の4つの考え方のうち、①は特に問題はない。問題となるのは、②から④までである。これら3つの問題について規定することになる。FrustrationやForce Majeureは、別条項で規定されるのことが多い。

実務では、これらの考え方とは別に、合意によって契約をいつでも終了させることができる旨契約に規定することもある。しかし、特許・ノウハウライセンスの場合、契約終了事由は、契約に明記して合意するのが一般である。その契約終了事由としては、契約違反、M&A、当事者の破産等について合意することが多い。

なお、契約の終了に関連して避けて通れない損害賠償の問題は、次章に譲る。

1 契約の発効および契約期間＜事例14＞（その1）

(1) ＜事例14＞（その1）の紹介

> This Agreement shall become effective on the date on which this Agreement is executed by the parties hereto and shall, unless earlier terminated pursuant to the provisions of Sections 13.3 to 13.6 of this Article, continue to be in force for ten (10) years thereafter.
>
> （拙著実務マニュアルP.356［13.1］から）

(2) ＜事例14＞（その1）の訳文

> 本契約は、両当事者によって署名された日に即日発効し、本条項13.3から13.6の規定に従い早期に契約が終了されない限り、以後10年間有効に存続するものとする。
>
> （拙著実務マニュアルP.358［13.1］から）

(3) ＜事例14＞（その1）のポイント

1) 契約は契約当事者間の署名で、直ちに発効するとする国が多い。これもそうした事例の1つである。
2) ただし、不可抗力事由、その他不測の事態が発生し、契約が予定した契約期間を満了する以前に終了せざるを得ない場合がないとはいえないので、そうした場合を想定して、unless 節が挿入されている。

(4) ＜事例14＞（その1）の英語表現

特に記すべきものはない。

2 契約の延長または更新＜事例14＞（その2）

(1) ＜事例14＞（その2）の紹介

> If either party hereto wishes to extend or renew this Agreement, such party shall notify the other party hereto in writing of its desire to extend or renew this Agreement at least one (1) year prior to the expiration date thereof and this Agreement shall be renewed upon such terms and conditions as the parties hereto may agree upon at least six (6) months prior to the expiration date. Notwithstanding the foregoing, if no agreement to extend or renew this Agreement has been reached six (6) months prior to the expiration date, either party hereto shall have the right to extend or renew on the same terms and conditions for a one (1) year period provided however that the license shall be non-exclusive and no minimum royalty shall be applicable.
>
> （拙著実務マニュアル P.356 [13.2] から）

(2) ＜事例14＞（その2）の訳文

> 一方の当事者が本契約を延長または更新することを希望する場合、希望する方の当事者は相手方に対して、契約期間満了日の少なくとも1年前に本契約の延長もしくは更新の希望について書面にて通知しなければならないものとし、更に本契約は、本契約当事者が契約期間満了日の少なくとも6ヶ月前に合意できる諸条件にて更新されるものとする。上記に拘わらず、契約期間満了日6ヶ月前に本契約の延長もしくは更新の合意に至らなかった場合、本

[第Ⅱ部] 第11章 契約期間および契約終了 (Term and Termination)

> 契約当事者はいずれも1年間は同じ契約諸条件にて延長もしくは更新する権利を有するものとする。ただし、その場合のライセンスは、非排他的なものとし、ミニマム・ロイヤルティは適用されないものとする。
>
> （拙著実務マニュアルP.358－P.359［13.2］から）

(3) ＜事例14＞（その2）のポイント

1) 契約の延長また更新を規定する場合、いつから交渉を開始し、いつまでに終了するかを予め契約で合意をしておくのが実務的である。この事例では、契約満了日の1年前に意思表示をして、契約満了日の半年前までに条件について合意するとしている。

2) 予定された契約満了日の半年前までに契約延長条件等について合意できない場合、契約の基本的条件である排他的実施権が非排他的実施権に自動的に変更され、その他条件は元の条件でさらに1年間延長されるということになっている。したがって、排他的実施権を確保したいとライセンシーが思えば、契約満了日の半年前までに契約延長条件等について合意をしなくてはならない。

3) 契約満了日の半年前までに合意するとしたのは、新しい更新条件に対応する場合も、契約を終了する場合も、その諸準備に必要な時間と考えた。

(4) ＜事例14＞（その2）の英語表現

特に記すべきものはない。

3　契約違反および重大なる過失＜事例14＞（その3）

(1) ＜事例14＞（その3）の紹介

> In the event that either party hereto should (a)commit a material breach of and/or (b)gross negligence of its obligations under this Agreement and if such defaulting party has not (c)cured such breach and/or negligence (d)not later than sixty (60) days after having received a written notice of breach and/or negligence from the non-defaulting party, the non-defaulting party shall have the right to terminate this Agreement forthwith by giving (e) a written notice

of termination to the defaulting party at any time within thirty (30) days (f) after the lapse of said sixty (60) days.

(拙著実務マニュアル P.357 [13.3] から)

(2) ＜事例14＞（その3）の訳文

> 　一方の当事者が本契約に基づく自己の義務について重大な違反およびまたは重大な過失を犯し、しかも不履行当事者が非不履行当事者から、違反およびまたは過失について、書面による通知を受領後60日以内にこうした違反およびまたは過失を矯正しなかった場合、非不履行当事者は、上記60日間経過後30日以内であればいつでも、不履行当事者に対して契約終了通知を書面にて出すことによって即刻本契約を終了させる権利を有するものとする。
>
> 　　　　　　　　　　　　（拙著実務マニュアル P.359 [13.3] から）

(3) ＜事例14＞（その3）のポイント

1) 本事例は、相手方当事者が重大な契約違反（material breach）や重大な過失（gross negligence）を犯した場合には、60日の予告期間プラス30日以内に、非不履行当事者が不履行当事者に対し書面で契約終了を通知すれば、契約を終了させることができるとする。たとえば、ライセンシーがロイヤルティを支払わない場合や、ライセンサーが契約で約束した期日どおりに技術資料をライセンシーに引き渡さない場合などは、重大な契約違反や重大な過失に該当する可能性がある。

2) 重大な契約違反（material breach）とは何か。契約を解消するほど重大な契約違反とは、基本的な契約違反（fundamental breach of a contract）に該当するような違反でなければならないとされる。イギリスの裁判所は、基本的契約違反の判断要素として、次の2つを挙げている。①契約が破棄されるまでの間、当事者がそのことをどのくらい重要と考えていたか。②契約違反の結果、現実に生じた事態の深刻さの度合がどのくらいであるか。

　すなわち、それは停止条件または先行条件（condition precedent）であったか、あるいは、その約束に違反に対しては損害賠償だけよいと考えて

[第Ⅱ部] 第11章 契約期間および契約終了（Term and Termination）

いたか（付随的条項 <warranty>）を裁判所が判断する。
3) 重大な過失（gross negligence）とは何か。「重大な被害が他人に及ぶことを予見できるにもかかわらず注意を払わずに行為し、被害が発生した場合、その行為者には重大な過失があるとされる。わずかな注意を払うことを怠り、不注意の度合いが大きい点で、通常の過失（negligence）と区別される」（英米法辞典）。
4) 60日という催告期間があれば、これらの義務を果たすことは通常可能であろう。それができないような状況に契約相手方当事者が陥っているのであれば、それはもはや契約を履行する意思がないか、あるいは意思があってもできない状況にあると判断され、解約という結論になってもやむを得ない。

(4) ＜事例14＞（その3）の英語表現
1) "commit a material breach of its obligations"
「重大な義務違反を犯す」の意。"breach"の動詞は、"commit"が使われる。"breach"を形容する詞は、"a gross breach of the rules for ……"などと"gross"などもよく使われる。
　　a. "breach of contract"
　　　「契約違反」の意。「契約違反」とは、契約を構成する約束を履行義務の時期がきているにもかかわらず、正当な理由もなく履行しないことである。その不履行は約束の全部であろうと、一部であろうと、違反は違反である。
　　b. "breach of covenant"
　　　「約定違反」の意。「約定違反」とは、作為、不作為を問わず、合意した約定を履行しないことを意味する。
　　c. "breach of duty"
　　　「義務違反」の意。「義務違反」とは、一般に、道徳的あるいは法的義務違反のこと。不法行為による賠償責任を負う前提となる注意義務違反も含まれると解される。
　　d. "breach of promise"
　　　「約束違反」の意。「約束違反」とは、法的拘束力のある約束だけは

なく、社交上の約束違反も含まれると解される。
   e．"breach of trust"
     「信託違反」の意。「信託違反」とは、受託者が信託条項の義務に反することである。「信託の本旨に反して信託財産を処分すること」「善管注意義務」「分別管理義務」「自己執行義務等の忠実義務違反」等がその典型例といわれている。
   f．"breach of warranty"
     「担保違反」、「保証義務違反」の意である。
2) "commit a gross negligence of its obligations"
   「重大な義務過失を犯す」の意。"gross negligence"（重大な過失）とは、重大な被害が被害者に及ぶことを予見できるにもかかわらず注意を払わず、被害者に被害が及んだ場合、重大な過失があるとされる。わずかな注意を怠り、不注意の度合いが大きい点で普通の過失（negligence）と区別される。
3) "cured such breach and/or negligence"
   「違反およびまたは過失を矯正した」の意。"cure"は、「治癒」の意で、違反行為を改めたり、過失を修復したりすることを意味する。
4) "not later than sixty (60) days after having received a written notice of ……"
   「……の書面通知受領後60日以内」の意。"after"であるから、書面通知を受領した翌日から起算して60日以内ということで、60日目も含まれる。
5) "a written notice of ……"
   「……に関する書面通知」の意。"a notice in writing of ……"でもよい。
6) "after the lapse of said sixty (60) days"
   「同60日経過後」の意。60日経過後の61日目から物事を行うことができる。

[第Ⅱ部] 第11章 契約期間および契約終了 (Term and Termination)

4 破産宣告等 ＜事例14＞ (その4)

(1) ＜事例14＞ (その4) の紹介

> In the event that either party hereto should (a)become adjudicated bankrupt, (b)go into liquidation, (c)receivership, (d)insolvency or (e)trusteeship or (f) make an assignment for the benefit of creditors of such party, (g)the adversely affected party hereto shall be entitled to terminate this Agreement forthwith by giving a written notice of termination to the defaulting party provided however that the adversely affected party shall be relieved from its obligation to give such notice if the defaulting party is unable to receive such notice.
>
> (拙著実務マニュアル P.357 [13.4] から)

(2) ＜事例14＞ (その4) の訳文

> 　本契約の一方の当事者が、破産宣告を受けたり、清算状態に入ったり、管財人の管轄下に入ったり、支払不能になったり、または受託者の管轄下に入ったりまたはこうした一方の当事者の債権者のために財産譲渡した場合、不利益を被った方の当事者は、不履行当事者に対し書面による契約終了通知を出すことによって、即刻本契約を終了させる権利を有するものとする。ただし、不利益を受けた方の当事者は、不履行当事者が同通知を受領できない場合、同通知を出す義務を免れるものとする。
>
> (拙著実務マニュアル P.359 [13.4] から)

(3) ＜事例14＞ (その4) のポイント

1) 契約の一方当事者が「破産宣告を受ける」、「清算状態に入る」、「破産管財人の管轄下に入る」、「不渡りなどを出して支払不能状態になる」、「財産が破産管財人の管理処分権に委ねられる」、あるいは「財産が債権者の利益のために譲渡される」という状態は、契約の他方当事者が解約を主張する十分な合理的根拠になり得る。

2) 上述のような解約事由が発生した場合、非不履行当事者は不履行当事

者に対し、書面で契約終了通知を出すことによって、直ちに契約を終了できるとしている。

3) しかし、不利益を受けた非不履行当事者は、そうした契約終了通知を不履行当事者に対し送達しようとしても、不履行当事者がそうした通知を受領できない状態にあることも十分に想定できる。そのような場合には、不利益を受けた非不履行当事者は不履行当事者に対し、必ずしも同通知を出さなくてもよいとしている。

(4) ＜事例14＞（その4）の英語表現

1) "become adjudicated bankrupt"
「（裁判所から）破産宣告を受けた状態」の意。

2) "go into liquidation"
「清算状態になる」の意。"liquidation"とは、会社や法人などの財産について債権を取り立てたり、財産の換価を行ったり、債務の弁済を行ったり、あるいは残余財産を分配することを意味する。

3) (go into) "receivership"
「管財人の管轄下に入る」の意。"receivership"とは、裁判所によって任命された財産保全管財人（receiver）が、利害関係者のために倒産者の全財産を掌握・管理・換価・分配を行うことを意味する。

4) (go into) "insolvency"
「支払不能状態になる」の意。米国の統一商事法典（UCC/1-201(23)）では、"insolvent"を次のように定義している。

「『支払不能（insolvent）』とは、(A)真面目な議論（bona fide dispute）以外に、一般的に通常の営業過程で債務の支払ができないこと、(B)支払期限が到来している債務の支払ができないこと、もしくは(C)連邦破産法上の意味での支払不能を意味する」。

また、米国の破産法では、"insolvent"を次のような趣旨で定義し、バランスシート上「債務超過」の意としている。

「法主体の債務が、非課税もしくは詐欺的に譲渡された財産を除き、公正な評価で、その資産より大きい場合には、支払不能である。それは支払不能に関する伝統的な破産バランスシートテストである。パートナー

シップに関しては、その定義は、パートナーシップの負債に対するジェネラルパートナーの債務として修正計算される。現行法における本定義上のそれとの相違は、支払不能の定義上の免税財産の除外にある」とされている（Conell Law School HP US Code Collection から連法破産法に関する"legislative statements"から）。

5）(go into)"trusteeship"

「受託者の管轄下に入る」の意。"trustee"は、「受託者」の意。受託者とは「信託が設定される場合に、"trust property"（信託財産）の"legal title"（コモンロー上の権原）を保有し、それを固有財産から分別して専ら"beneficiary"（受益者）の利益のために管理、運用、処分する義務を負う者」とされる（英米法辞典）。なお、title（権原）とは「ものに対する財産的権利を基礎づける法的行為や出来事、またはこれによって取得された法的地位ないし権利主張の根拠」（英米法辞典）と定義される。

6）"make an assignment for the benefit of creditors"

"assignment for the benefit of creditors"は法的慣用表現で、「債権者のための財産譲渡」（英米法辞典）の意で、「債務者が債権者に債務を弁済する目的で、その財産の全部または大部分を譲渡し、その使用・収益・処分を譲受人に委ねること」（英米法辞典）と一般に説明されている。したがって、"make an assignment for the benefit of creditors"は「債権者のために財産譲渡する」の意。こうした譲渡は、支払不能の場合によく行われ、「譲受人は、一種の受託者とみなされ、受益者である債権者のために行動する義務を負う」（英米法辞典）とされる。類似の表現として、"general assignment"（財産を全部譲渡すること）、"partial assignment"（財産の一部を譲渡すること）、"special assignment"（特定の債権者のためにのみ行う譲渡）、"fraudulent assignment"（債権者を欺く目的で行う譲渡）などがある。なお、「"general assignment"は、コモンロー上の倒産手続として発達したもので、現在では、州の制定法によって規律されることが多い」（英米法辞典）といわれている。

7）"the adversely affected party hereto"

「不利益を受けた本契約の当事者」の意。"adversely affected"は、「悪

影響を受けた」の意から「不利益を受けた」の意になる。"party hereto" は、"party to this Agreement"の意であるから、「本契約の当事者」の意になる。

5　吸収合併等＜事例14＞（その5）

(1)　＜事例14＞（その5）の紹介

> In the event that (1) (a)<u>a change in ownership of</u> either party hereto occurs which results in (b)<u>a change in the controlling interest of</u> such party to an unrelated entity, due to merger, acquisition, sale, (c)<u>restructuring</u> or (d)<u>regrouping</u> involving in whole or in part such other party, or (2)either party (e)<u>makes a material change in the nature of its business activities</u>, and either such change (f)<u>has a material adverse effect on the ability of</u> such party to perform its obligations under this Agreement (for example, either party hereto discontinues its Licensed Product business), the other party hereto shall have the right to terminate this Agreement forthwith by giving a ninety (90) day written notice to the involved party or its legal successor and such involved party or its successor shall (g)<u>have the right to cure such default</u> in the ninety (90) day perio d .
>
> 　　　　　　　　　　　　（拙著実務マニュアル P.357［13.5］から）

(2)　＜事例14＞（その5）の訳文

> (1)　一方の当事者の全部または一部が吸収、合併、売却、再構築またはグループ再編成されたために、その一方の当事者の所有権に変更が生じた結果、無関係な法主体（entity）に対するその一方の当事者の利害関係に変更が生じる場合、または
> (2)　一方の当事者がその事業活動の本質において重大な変更をもたらし、しかもこうした変更が本契約上の当事者の義務遂行能力に重大な悪影響を及ぼす場合（たとえば、一方の当事者が自己の許諾製品事業を止める）、他方当事者は、吸収合併などに巻き込まれた当事者またはその法律上の継承者に対して、90日の書面通知を出すことで即刻本契約を終了させる権利を有するものとし、そのように吸収合併などに巻き込まれた方の当事者またはそ

[第Ⅱ部]　第11章　契約期間および契約終了（Term and Termination）

の法律上の継承者は、その90日の期間の中でそうした不履行を矯正する権利を有するものとする。

(拙著実務マニュアル P.359－P.360［13.5］から)

(3)　＜事例14＞（その5）のポイント

1)　ここでは2つの典型的なケースを想定している。1つは、一方の当事者が吸収・合併されたり、株式を買い取られたりして、その所有権に変更をきたした結果、第三者に対する利害関係にも変更をきたしてしまう場合である。もう1つは、たとえば、諸般の事情により、一方の当事者が許諾製品の事業から撤退する場合である。

2)　前記いずれの場合でも、本契約の他方当事者は、実質的に経営権を支配している第三者または一方の当事者の法的な継承者に対して、90日の猶予期間を与えて、契約を終了することができるとしている。

3)　一般条項として「契約譲渡禁止条項」がある。そこではライセンス契約が当事者間の固有の契約であるから、相手方当事者の承諾なしに当該契約を第三者に譲渡してはならないと規定している。しかし、現実には、吸収、合併などは吸収合併が終ってから相手方当事者から連絡がくることが多いのも現実である。

4)　前記のような諸事情で契約相手方当事者の経営実態が変質してしまった場合、他方当事者としては契約時点で予見していた契約に関わる諸リスクの本質が変ってしまうわけであるから、契約目的を達成できないおそれが十分にあり、解約権を行使せざるを得ない場合が多い。

5)　解約権を行使する場合も、契約準拠法によって、実務にはかなりの相違がある。契約相手方当事者が破産し、契約を解除する場合、破産法は契約相手方当事者の国の破産法が適用される。破産法が適用される前に、契約を解除する場合は契約準拠法が適用される。その場合、日本法が契約準拠法であれば、2011年9月6日現在でいえば、当該ライセンス契約の登録がなされているかどうかで対応は異なる（⇨今年5月31日に可決・成立し、平成23年6月8日に法律第63号として公布された特許法の改正によって、通常実施権の存在＜⇨ライセンス契約締結日とその発効日＞を立証

すれば、第三者に対抗できるようになった。ただし、本改正法の施行は公布の日から１年以内とされており（平成24年４月１日施行予定）、詳細は省くが、施行されるまでは現行法に基づき登録がなされていなければ第三者に対抗することはできない）。米国の州法を契約準拠法としている場合は、当該契約法に準拠して解約を行うことになる。

(4) ＜事例14＞（その５）の英語表現

1) "a change in ownership of ……"
「～の所有権に変更」の意。

2) "a change in the controlling interest of ……"
「（当事者が）支配する利害関係に変更が生じること」の意。"interest"は多様な意味を持つ言葉である。「興味」「関心」「利益」「利害関係」「利権」「利子」「（利害）関係者」「影響力」等々である。"a matter of great interest"といえば、「重要な事柄」「重要な関心事」の意。

3) "restructuring"
"restructuring"とは、会社自身の力でまたは外部の力を利用して会社の組織や財務面を再構築することである。会社の合併、敵対的企業買収、レバレッジド・バイアウト（leveraged buyout）、会社分割、会社再生などは、その典型的な形態である。このような事態が契約の一方の当事者に起った場合、契約の所期の目的を達成することが危うくなるおそれが十分にある。また、このような問題で契約の相手方当事者に関わる第三者が競争会社であったような場合には、契約の他方当事者としては、契約の継続は難しくなる。

4) "regrouping"
組織の再編、会社の合併・分割などすべてを指す。"restructuring"と"regrouping"の間に区別があるわけではない。そもそもこの２つの言葉に厳密な定義はない。しかし、一般的によく使われるということで、解約事由の１つに列挙しなければ、"restructuring"や"regrouping"では解約できないということになりかねないので、一般にはこうした表現も解約事由の１つとして列挙される。

5) "makes a material change in the nature of its business activities"

[第Ⅱ部] 第11章 契約期間および契約終了 (Term and Termination)

「事業活動の本質に重大な変更をきたす」の意である。経営の支配権が代われば、事業の変質はあり得ることである。
6) "has a material adverse effect on the ability of ……"
「……の能力に重大な悪影響を及ぼす」の意。「悪影響」を及ぼす先は "on" の後にくる。
7) "have the right to cure such default"
「過失を治癒する権利を有する」の意。"have the right to do ……" で「……する権利がある」という意味であるが、"the right" と "the" が付いているので特定の権利を指す。ここでは「債務不履行を矯正すること」である。「債務不履行を矯正する」とは、「債務を履行すること」である。

6　不可抗力事由 ＜事例14＞ （その6）

(1)　＜事例14＞ （その6）の紹介

In the event that either party hereto should be prevented from (a)fulfilling its obligations under this Agreement by Force Majeure under Section 16.1 lasting continuously for a period of one hundred eighty (180) days, the parties hereto shall (b)use their best efforts to seek a mutually acceptable solution. If no such solution is found within a period of ninety (90) days thereafter, either Licensor or Licensee shall have the right to terminate this Agreement forthwith by giving a written notice of termination to the other party hereto without paying any damages to the other party hereto.

（拙著実務マニュアル P.358 [13.6] から）

---

(2)　＜事例14＞ （その6）の訳文

　本契約の一方の当事者が180日間継続して16.1条に基づく不可抗力によって本契約上の自己の義務履行を妨げられた場合、本契約当事者は相互に受諾可能な解決策を探るべく最善の努力を尽くすものとする。その後90日以内にこうした解決策が見出せない場合、ライセンサーもライセンシーも本契約の相手方当事者に対し、賠償を支払うことなく、本契約の相手方当事者に対し書面による契約終了通知を出すことで、即刻本契約を終了させる権利を有す

> るものとする。
>
> 　　　　　　　　　　　　（拙著実務マニュアル P.360［13. 6］から）

(3)　＜事例14＞（その6）のポイント
1)　不可抗力条項は、契約絶対の考え方を排するため、契約にはなくてはならない一般条項の1つである。
2)　「不可抗力」というのは、大陸法における1つの概念であって、英米法の"frustration"とは異なる。しかし、日本企業が契約の一方の当事者である場合、英米法に基づく契約であっても、一般条項として"frustration"に代えて不可抗力条項を挿入することもある。
3)　個別の契約で不可抗力条項を挿入する場合、不可抗力とはどのような概念でどのような事象が不可抗力に該当するのかについて、具体的にかつ明確に定めなければならない。想定される不可抗力事象は、契約の内容、契約を取り巻く政治および経済などの環境によっても異なる。
4)　不可抗力と金銭債務の関係について、民法（民419条3項）は、不可抗力事由を以って金銭債務を免れることはできない旨定めている。ただし、外国企業との契約書においては、準拠法が日本法ではない限り、その旨文言で明確に規定するのが実務的である。
5)　不可抗力事態が発生した場合の事態収拾手続についても具体的に定めておくのが望ましい。本事例では、不可抗力事態が180日間継続し、その後90日以内に善後処理ができない場合には、契約を終了すると定めている。

(4)　＜事例14＞（その6）の英語表現
1)　"fulfilling its obligations"
　　「その義務を果たす」の意。類似表現で"perform its obligations"という言い方もある。
2)　"use their best efforts"
　　a．"best efforts"の曖昧性
　　　"use their best efforts"は、「最善の努力をする」の意であるが、"best efforts"の使い方について、カナダの著名な勅撰弁護士John T.

[第Ⅱ部] 第11章 契約期間および契約終了（Term and Termination）

RamsayQ.C は、"Dreadful Drafting: The Do's and Don'ts of Licensing Agreement"（"The LESI GUIDE to LICENSING Best Prctices"edited by Robert Goldscheiderand published by John Wiley & Sons, Inc. in 2002, P.86-P.87）において、次の趣旨のことを指摘している。
　b．"best efforts"が使われる理由
　　(a)　"best efforts"を使う理由として、次の3つの理由を挙げている。
　　　a)　精密な書き方をして、契約相手との間の信頼関係を壊したくない。
　　　b)　市場の販売見通しがよくわからない。
　　　c)　"best efforts"といえば誰でも解ると起草者が考えている。
　　(b)　"best efforts"の問題点
　　　　"best efforts"の問題点として下記を指摘している。
　　　a)　信頼関係の崩壊
　　　　　契約相手との信頼関係を重視して、「ベストを尽くす」という曖昧表現にするが、その信頼関係が崩れたとき、その曖昧表現が仇になる。
　　　b)　"best efforts"の限界
　　　　　その製品がライセンシーによって的確に活用されていないとライセンサーが判断したとき、何をもって"best efforts"とするのかが問題になる。
　c．カナダにおける解釈
　　カナダでは、"best efforts"は、下記のように解釈されており、"best efforts"などという曖昧表現を安易に使うと、結局、危険で不確かな立場に身を置くことになると、勅撰弁護士John T. RamsayQ.Cは警告している。
　　(a)　役務費用に関しては、合理の限界を超えない。
　　(b)　ただし、条件がなければ、あらゆる手段を尽くさねばならない。
3)　"efforts"に係る形容詞の使い方
　　"efforts"に係る形容詞の使い方の例をみてみる。
　a．"make all reasonable efforts to do ……"

「……するためにあらゆる合理的な努力をする」⇨「あらゆる合理的な努力をして……する」。
　b．"devote its best efforts to the promotion and licensing of the Licensed Software"
　　「許諾ソフトウエアの促進とライセンシングに最善の努力をする」⇨「最善の努力をして許諾ソフトウエアの促進とライセンシングを行う」。
　c．"make utmost efforts to promote the use of the Licensed Products"
　　「許諾製品の使用を促すために最大限の努力をする」⇨「最大限の努力をして許諾製品の利用を促す」。

7　損害賠償請求権＜事例14＞（その7）

(1)　＜事例14＞（その7）の紹介

> Any termination of this Agreement pursuant to the provisions of Sections 13.3 to 13.6 of this Article shall be in addition to, and (a)<u>shall not be exclusive of or prejudicial to, other rights or remedies</u>, if any, that the non-defaulting or adversely affected party has (b)<u>hereunder or legally</u> on account of any default, action or occurrence on the part of the other party hereto.
> 　　　　　　　　　　　　（拙著実務マニュアル P.358 ［13.7］から）

(2)　＜事例14＞（その7）の訳文

> 　本条の13.3項から13.6項の規定に基づく本契約の終了は、非不履行当事者または不利益を被った当事者が、他方当事者側の不履行、行為または事件の発生により、本契約上またはコモンロー上有するその他権利または救済があれば、そうした権利または救済に追加されるものであって、これらの権利や救済を排除または侵害するものではない。
> 　　　　　　　　　　　　（拙著実務マニュアル P.360 ［13.7］から）

(3)　＜事例14＞（その7）のポイント
　1）　本事例で言及している13.3条から13.6条の契約終了事由とは、前記「＜事例14＞（その3）」、「＜事例14＞（その4）」および「＜事例14＞

(その5)」を指す。

2) 一方の契約当事者の責めに帰すべき事由で、他方の契約当事者が契約を終了した場合、他方の契約当事者は契約上請求できる権利に加えて、コモンロー上請求できる権利があれば、その権利も行使できることを明記している。

3) とにかく、契約書は当たり前のことを当たり前に明記することで契約当事者間の共通の認識を確認することが大切である。

(4) ＜事例14＞（その7）の英語表現

1) "shall not be exclusive of or prejudicial to, other rights or remedies"
「その他の権利または救済を排除したり、侵害したりしない」の意。
　このフレーズを分解すると次のとおり：
⇨ "exclusive of other rights", or "exclusive of other remedies", or "prejudicial to other rights", or "prejudicial to other remedies"

2) "hereunder or legally"
「本契約上またコモンロー上」の意。"hereunder" は "under this Agreement" の意。この事例は米国企業との契約で米国の州法が準拠法となっていたので、この "legally" ⇨ "by law" は、単に「法律上」の意ではなく、「コモンロー上」の意である。損害賠償の請求権はコモンロー上の権利である。

第12章　派生的損害賠償
　　　　　（Consequential Damages）

　本条項は、ライセンサーの許諾技術（情報）の欠陥等に起因してライセンシーが派生的に被る可能性のある損害について、ライセンサーが契約上賠償責任を負わないことを明確にするものである。ライセンサーが派生的損害の賠償責任を負わないまたは負うことができない理由は、ライセンサーが受け取る僅かなロイヤルティと引き換えに、多大な賠償責任を負わされるのでは、正常な商取引として成立し得ないからである。こうしたライセンサーの意思に法的効果を与えるためには、ライセンサーが派生的損害賠償の責任を負わないことについてライセンシーとのライセンス契約において明確に合意をしておく必要がある（⇒後述 UCC §2-715 のオフィシャル・コメント2参照）。

　そもそも、派生的損害とは何か。派生的損害の典型的な例を挙げるならば、「得べかりし利益の損失」または「逸失利益」（lost profit）などを多くの人は思いつくであろう。あらためて"consequential damage"を英米法辞典で引いてみると、「間接的損害」および「派生的損害」の2つの訳語が出てくる。「派生的損害」について「売主の契約違反から時に生まれる損害」で、「例えば、瑕疵担保違反（breach of warranty）の結果発生した人身損害（UCC §2-715(2) 参照）」と説明している。

　そこで、UCC §2-715(2) を参照すると、「売主の契約違反の結果生じる派生的損害賠償金（consequential damages）には、下記を含む」とある。

　「(a)通常のまたは特別の要求事項および必要事項で、売主が契約時に知るべき理由があり、しかも代品入手（cover）などで合理的に防ぐことができなかった結果生じたすべての損失（any loss）」、および

　「(b)保証違反の結果、相当な因果関係から生じた（proximately resulting）人身または財産に対する被害（injury）」とある。

　オフィシャル・コメントによると、(2)項(a)について、売主の契約違反により買主が派生的損害を受けた場合、買主は売主に対してその損害を請求できるとしている。ただし、買主が代替品を入手できる場合は、買主に損害賠償

[第Ⅱ部] 第12章 派生的損害賠償(Consequential Damages)

の回復は認められないとしている(オフィシャル・コメント2参照)。

　また、前提条件も設けず、商人として免責(excuse)条項も挿入していない場合、売手はあらゆる場合に派生的損害賠償責任を負う。売主は派生的損害賠償のリスクを負いたくないのであれば、契約上救済限度を定めておくべきだとしている(オフィシャル・コメント3参照)。

　さらに、派生的な損失の範囲は買主が立証しなければならないが、損失の範囲の立証には算術計算的正確性よりも、むしろその範囲の決め方が合理的であることのほうが大切で、その方法は問わないとしている(オフィシャル・コメント3参照)。

　(2)項(b)については、「通常の保証違反に関する原則である」としている(オフィシャル・コメント5)。「被害の原因となった瑕疵を見つけようともせずに商品を使用したためにその被害が発生した場合、その『相当な原因(proximate cause)』という問題は、買主が検査をしていれば見つけられたであろうのに、そうした検査をしないで商品を使用することが果たして理にかなったものかどうかということで決まる。仮に買主が検査をしないで使うことが合理的ではないとすれば、あるいは買主が使用前にその瑕疵を実際に見つけていれば、その被害は保証違反の結果相当な関係から生じたものではないということになる」(オフィシャル・コメント5)としている。その場合、損害賠償の請求はできない。なお、「再販というのは要求事項の1つであって、そのことについて、売主は(2)項(a)の意味で知るべき理由がある」としている(オフィシャル・コメント6)。以上、UCC§2-715(2)の規定は、売主をライセンサー、買主をライセンシーに置き換えて読むことができる。

　ところで、日本法とアメリカ法では、契約違反に対する考え方に違いがある。ライセンス契約が有償の双務契約である以上、契約当事者が契約にて合意した義務に違反した場合、非違反者は違反者に対して損害賠償を請求できるとする考え方は、日本法においても(⇨知財契約の法律相談Q77－解説1参照)、アメリカ法においても(⇨樋口契約法3章、4章、15章参照)同じである。ただし、日本法では過失責任の原則があり「債務を履行できないことについて過失が必要」(知財契約の法律相談Q77－解説2(1))とされるが、アメリカ法では「契約には債務者の責めに帰すべき事由を要しない」(樋口契約法P.6上19

また、アメリカ法では、契約違反に対して損害賠償が認められるのは、「通常損害」と「特別損害」に限られるとされる（樋口契約法 P.293上1－2行目）。「通常損害」（general damages）は、「契約当事者の個人的事情にかかわらず、契約違反によって通常生ずると考えられる客観的な損害をいう。「客観的」という意味は、客観的に市場価値ではかられるということであり、かつ現実に損害が発生する必要はない」（樋口契約法 P.300上5－8行目）とされる。すなわち、通常損害の金額は、市場価格または代替品価格と契約価格との差額としてとらえられる。

　他方、「特別損害」（special damages）は、「履行期における履行自体の価値ではなく、履行によってそれ以後上がる利益または不履行によってもたらされる損失をいう。この内容は、通常、原告の個人的事情に関わる性格のものであり、契約の目的物の客観的な市場価格には反映されない」（樋口契約法 P.301上3－6行目）とされる。

　特別損害には、通常損害には求められない特別の下記要件が求められる（樋口契約法 P.302参照）。

① 損害を確実に金銭に換算できること。すなわち、損害額を合理的に立証できること（⇨これを確実性のテスト（certainty test）または確実性の原則という）。

② 損害を可能な限り少なくするための努力をすること。その分は損害額から減額される（⇨これを回避可能な結果のテスト（avoidable consequences test）または回避可能な結果の原則という）。

③ 損害賠償は、契約締結時点で契約当事者が約束した種類と範囲に限定される（⇨これを予見可能性の原則（foreseeability rule）という）。

　他方、アメリカ契約法では、契約違反に対する救済とは「履行利益」、「信頼利益」および「原状回復利益」の1つまたはそれ以上を保護することとされている（⇨リステイトメント2・344条参照）。

　履行利益（expectancy）（expectation interest）とは、取引交渉から得られる利益（the benefit of the bargain）を得る利益のことで、それは契約を履行したのと同じ状態に債権者を置いた場合に得られるものであるとされる（⇨リステ

[第Ⅱ部] 第12章 派生的損害賠償（Consequential Damages）

イトメント 2・344条(a)項参照）。つまり、契約違反があったと裁判所が判断した場合に、裁判所が破られた約束を強制し、期待されたものを保護するもので、それは契約が締結された時に被害者が期待していたものであるとされる（⇨リステイトメント 2・344条（救済目的）の「コメントa」参照）。

信頼利益（reliance interest）とは、契約を信頼して行動した結果生じた損失の補償で、契約を締結していないと同じ状態に債権者をおくことである（⇨リステイトメント 2・344条(b)項参照）。信頼利益は履行利益と同じになる可能性はあるが、通常は、より少額である。なぜなら信頼利益には被害当事者の逸失利益は含まれないからである（リステイトメント 2・344条の「コメントa」参照）。「信頼利益はリステイトメント（⇨リステイトメント 2・349条「コメントa」）によれば、基本的信頼利益（essential reliance）と付随的信頼利益（incidental reliance）に2分される。前者は、契約の相手方の約束を信頼して自らの履行をするために費やした費用を指し、後者は、相手方の履行を前提に付随的取引の準備等で費やした費用を指す」（樋口契約法 P.74、(3) P.75上1－4行）とされる。

原状回復利益（restitution interest）とは、債権者が他方当事者に与えた利益を回復する利益のことである（⇨リステイトメント 2・344条(c)項参照）。原状回復利益は履行利益または信頼利益と同じになる可能性はあるが、通常は、それらより小さいといわれている。なぜなら、原状回復利益には、被害当事者の逸失利益も、他方当事者に何等利益をもたらさないような、契約を信頼して出捐した費用などは含まれないからである（⇨リステイトメント 2・344条「コメントa」参照）。

履行利益が必ずしも完全な賠償にならない（⇨樋口契約法 P.295＜履行利益の賠償≠完全賠償＞参照）との批判はあるが、一般原則としては、損害賠償は履行利益の賠償が原則であるといわれている。そこで履行利益の算定が重要になる。履行利益の算定は客観的でなければならないが、状況により多様である。

ここで留意すべき点は、履行利益は通常損害の形をとることもあれば、特別損害の形をとることもあり、いずれも履行利益である。したがって、履行利益は、これら2種類の損害内容が重複していない限り、両方を合算したも

236

のと考えられる（⇨樋口契約法 P.297参照）。

　最終的には、裁判所が契約事案の諸般の事情を勘案して、損害賠償額を決定する。その裁判所の裁量権については、リステイトメント2・351条(3)項に規定されている。すなわち、裁判所は予見可能な損失に対する損害賠償金には制限をつけることができる。また、逸失利益の賠償を排除し、信頼利益の損失に対してだけ賠償を認めるとか、あるいは衡平と正義に基づき裁判所が判断する場合には、別なやり方ができるとしている。

　以上、契約法務の観点から総括すると、正確なリスク計算は、正確な利益の確保につながる。また、現実の取引では、リスクのない契約はない。特に、ライセンス契約のように長期間にわたってしかも外国企業と契約する場合、必ず計算できない種々さまざまなリスクが伴う。許諾技術に関する技術的なリスクのみならず、相手国のカントリーリスク、リーマンショックのような世界的な経済リスク、異常気象による天然風水害など数え上げればきりがないほどリスクがある。そのリスクは、契約期間が長くなればなるほど、高くなる。肝心なことは、リスクが発生したときの対応として、契約の早期終了や損害賠償などについて予見可能な限り、契約上きちっと合意をしておくことである。

1　派生的損害賠償＜事例15＞

(1)　＜事例15＞の紹介

> Notwithstanding anything to the contrary contained elsewhere herein, Licensor shall in no manner be liable to Licensee for any (a)<u>loss of time</u>, (b)<u>earnings</u> or (c)<u>profits</u> or any other (d)<u>consequential</u> or (e)<u>special damages</u> which may be suffered by Licensee due to the causes or reasons attributable to defects or omissions in Licensor's Proprietary Data furnished to Licensee by Licensor hereunder or (f)<u>negligence</u> or any other faults on the part of Licensor in connection with this Agreement provided however that Licensor shall at its own costs and expenses correct or modify such defects or omissions, if any, in such Licensor's Proprietary Data.

（拙著実務マニュアル P.457から）

[第Ⅱ部] 第12章 派生的損害賠償（Consequential Damages）

(2) ＜事例15＞の訳文

> 本契約のどこかに反対規定があろうとも、ライセンサーはライセンシーに対して、本契約に基づきライセンサーがライセンシーに供与したライセンサーの財産的情報の瑕疵または欠落、または本契約に関しライセンサー側の過失またはその他瑕疵、の責めに帰すべき原因または理由により、ライセンシーが被る可能性のある時間、純利益（earning）または利益の損失、またはその他派生的または特別の損害（金）に関し、一切責任を負わないものとする。ただし、ライセンサーは万が一こうしたライセンサーの財産的情報に瑕疵または欠落があった場合、自己の費用負担にてこれら瑕疵または欠落の訂正または修正を行うものとする。
>
> （拙著実務マニュアル P.457 － P.458 から）

(3) ＜事例15＞のポイント
1) 許諾技術データに含まれる瑕疵や欠落が原因でライセンシーが派生的損害も含めて何らかの被害を受けることがあっても、ライセンサーは限られた範囲でしか責任を負わないという点がポイントである。
2) 限られた範囲とは、許諾技術データに瑕疵や欠落あった場合には、ライセンサーの費用負担においてこれらのデータを訂正または補填をするということだけである。
3) 仮に本条項以外の他の条項において、許諾技術データに瑕疵や欠落あった場合にライセンサーが何らかの責任を負うように解釈できる表現があったとしても、ライセンサーはこの条項で約束したこと以外の責任は一切負わないことを宣言している。

(4) ＜事例15＞の英語表現
1) "loss of time"
「時間の損失」の意。たとえば、許諾技術資料に瑕疵があり、許諾製品の当該部分を再度製作しなければならないとすれば、そのために使われる時間は余分な時間で、その時間に予定していた事業があり、それができなくなったとすれば、その事業から得られる期待利益は、明らかにライセンシーにとっては損失である。そうした時間の損失は、合理的に立

証される限り、損害賠償の対象になり得る。

2) "earnings"

「利益」または「稼得利益」の意。「純利益とほぼ同一の概念であるが、一般に前期損益修正の累積的影響額を控除する前の純利益(net income ⇨ comprehensive income)」（英和会計経理用語辞典）のことをいう。

なお、"comprehensive income" は「包括的利益」の意で、「取引その他の事象が企業に及ぼす影響についての広範な測定値であり、出資者による投資および出資者への配分から生じる持分（純資産）の変動を除き、取引その他の事象および環境要因からもたらされる一会計期間の企業の持分について認識されるすべての変動。⇨ earnings」（英和会計経理用語辞典）とされる。

3) "profits"

「利益」または「利潤」の意。「利益」について「会計上は、収益が費用を上回る額。イギリスで一般的に用いられている（"gross profit", "ordinary profit", "net profit", "retained profit" など）が、アメリカでは "income" が一般的」（英和会計経理用語辞典）とされる。

4) "consequential damages"

「結果損害（金）」または「派生的損害（金）」については、本章導入部において説明した。

5) "special damages"

「特別損害（金）」については、本章導入部において説明した。

6) "negligence"

私法上または刑法上の「過失」の意。過失というのは、不法行為であり、通常人が払うべき注意を怠ることを意味する。過失により損害を引起こした場合、行為者は損害賠償の責任を負う。以下英米法辞典を参照してその要点をまとめる。

行為者には常に相当程度の注意義務が求められるが、相当程度の注意義務とは、「その情況におかれた通常人（reasonable man）が払うであろう注意であり、行為者の主観的な注意の程度ではなく、客観的に求められる基準である」とされる。その注意義務の範囲は、「その行為による危

239

険の及ぶことが通常予見される範囲」とされる。注意義務に違反することは、「行為者がその行為または不作為によって、他人を不合理な被害の危険にさらすこと」になる。「行為者の作為・不作為、他人に対する相当の注意義務、他人に不合理な被害の危険を生じる注意義務違反という3要素が、過失ある行為（neglect act）を構成する……」とされる。

　過失ある行為の認定は、「現実に生じた事実と、その情況における行為者の行為は不合理であったという証拠に基づいて」なされる。「行為が不合理とされるかどうかは、その行為による危険の規模（危険の重大性と確率）と行為の有用性とを比較して判断される。危険の規模が有用性よりも大きい場合、その行為は不合理であるとされ、したがって過失ある行為とされる。さらに、過失ある行為となって（因果関係）、損害が発生したという2要件が充足されると、negligenceが成立し、被害者に損害賠償請求権が生じる」とされる。

　因果関係の認定は2段階で行われる。「まず、過失ある行為は、損害の事実上の原因とされるかどうかが判断」される。その過失行為が損害の事実上の原因であると判断さた場合、「さらに損害の法定原因（legal cause）とされるかどうかが判断される」とされる。法定原因についての判断は、「行為から生じた結果（損害）のどの範囲までを行為者（被告）の責任とするかという政策判断」であるとされる。

　損害については、それはあくまでも「人身または財産に対する現実の損害（actual damage）でなければならない」とされる。通常の過失の場合、故意過失（intentional torts）と異なり、実際に受けた損害を被害者（原告）が立証できなければ損害賠償を得ることはできない。

第13章　完全な合意
　　　　　（Entire Agreement）

　本条項は、契約で合意したこと以外の約束を排除する規定である。契約書は、契約当事者間の最終的な合意の結果としてまとめ上げられた記録であり、証拠である。したがって、契約書に明記または挿入されていない合意(⇨書面であろうと、口頭であろうと)が存在していたとしても、そのような合意は排除される。このような考え方を一般的に「口頭証拠の原則（parol evidence rule）」という。この考え方こそ、アメリカ法の特徴の1つである。

　UCC/2-202によると、契約当事者が合意内容（⇨契約条件）を自己の意思として最終的（final）にしかも完全な形（complete integlation）で記録（record）（⇨UCC/1-201条「一般定義」(31)項によると、「記録とは、有形の媒体に記入された情報または電子的またはその他の媒体に保存され、知覚できる形式で検索可能な情報を意味する」と定義されている（UCC 2010年版）。2003年改訂以前は「文書」となっていたものが、昨今の電子取引の発展の実情に合わせて「記録」と改訂された）したとき、この合意内容について、記録以前に行われた当事者間の了解や交渉に関する口頭の証拠などによって、追加、変更、補充、否認することは認められないとされている。つまり、契約書作成に至るまでの過去の交渉経緯の中で作成された各種覚書、確認書、メモ書きおよびその他各種記録にて合意された内容も、契約書に盛り込まれない限り契約当事者を拘束することはできない。したがって、契約実務としては、個別の事柄の個別の合意等については、必要に応じ、契約書の「付属書」として契約書に一体化しておく必要がある。その際、契約書の「付属書」が契約書の一部を構成することを契約書の中で明確に位置づけておく必要がある。さもないと、「付属書」は単なる参考資料とみなされ、契約当事者を拘束する法的効力を持たない文書とみなされるおそれがある。

　英米においても有償契約は、口頭でも契約として成立するが、文書によらなければ法律上強制執行できない契約がある。米国の詐欺防止法（statute of frauds）（UCC/2-201(1)）では、5000ドル以上（⇨2003年の改訂時に、それまでの

[第Ⅱ部] 第13章 完全な合意（Entire Agreement）

500ドルから5000ドルに改訂された。ただし、契約額については州により異なる場合がある）の売買契約は、契約当事者（⇨代理人、仲介人を含む）が署名した記録によるものでなければ、訴訟または抗弁によって強制執行することはできないとされている。商人間では、合理的な期間内に契約を確認する文書を、発信人にとって十分な内容で、相手が受け取り、受信人がその内容を知り得る理由があるのであれば、それは上記5000ドル以上の売買契約の要件を充足していると考えられる。ただし、受取人がその契約確認記録の内容について異議がある場合、その契約確認記録を受領後10日以内に異議申立ての通知を発信人に返事しなければその異議は認められないとされる（UCC/2-201(2)）。

また5000ドル以上の売買契約について、強制執行できるか否かを判断する際に、UCC/2-201(1)の要件を充足していなくてもその他の点で有効な下記内容の契約は、強制執行が認められるとされる（UCC/2-201(3)）。

① 商品が買手の特注品で、他人に売るのは適当ではなく、未だ履行拒絶通知は受け取っておらず、しかもその商品が特注品であることを合理的に立証することができる状況で、すでに製造を開始しているかもしくは調達手配済みのような場合である（UCC/2-201(3)(a)）。

② 強制執行を受ける側の当事者が訴訟手続や証言またはその他宣誓で、契約の締結事実を認めている場合である。ただし、契約で認められた商品数量しか強制執行はできない（UCC/2-201(3)(b)）。

③ 支払済み、受諾済みの商品または受領済みで受諾済みの商品に関する場合である（UCC/2-201(3)(c)）。また、契約は、本条項に基づき強制執行できるわけであるが、その場合、契約期間が1年（⇨2003年改訂以前は書面契約が適用される契約書の要件として1年を超えることが入っていた）未満であるか否かは問わないとされている（UCC/2-201(4)）。

米国の詐欺防止法は英国の詐欺防止法（1977年制定）を継承したが、英国の詐欺防止法は、保証契約および不動産契約に関する一部を除き、1954年に廃止された（⇨英国政府（OPSI = Office of Public Sector Information）が無償公開している「英国制定法データベース（The UK Statute Law Database）」（http://www.statutelaw.gov.uk）参照）。米国の詐欺防止法についてもいろいろ批判はあるが、廃止の動きは「現在のところ大きいものではない」（樋口契約法 P.140［アメリ

242

カの状況］上4－5行）といわれている。

　本条項は、英米法系の国々の企業との契約では、必ず挿入される一般条項の1つである。日本国内の契約では、「完全な合意」条項ではなく、信義誠実の原則に基づく「協議」条項を挿入するのが一般である。しかし、そうした大陸法系の国々の企業との契約においても「完全な合意」条項を挿入するほうが、両当事者にとって好都合であるとの判断があるのであれば、挿入することはできる。過去の複雑な経緯を払拭したいときには、この条項は威力を発揮する（メリット）。反対に、過去の合意などを本契約に反映させたい場合に、不用意に本条項を挿入すると、生かしたい過去の合意も無効にしてしまう（デメリット）ので、注意が必要である。

1　完全な合意＜事例16＞

(1)　＜事例16＞の紹介

> This Agreement (a)constitutes the entire and only agreement between the parties hereto regarding (b)the subject matter hereof and (c)supersedes any other commitments, agreements or understandings, written or oral, that the parties hereto may have had.
>
> （拙著実務マニュアル P.463［21.1］から）
>
> No modification, change or amendment of this Agreement shall be binding upon the parties hereto except by mutual (d)express consent in writing of the (e)subsequent date (f)executed by a duly authorized officer or representative of each of the parties hereto.
>
> （拙著実務マニュアル P.463［21.2］から）

(2)　＜事例16＞の訳文

> 　本契約は、主題に関し本契約当事者間の完全にして唯一の合意であり、本契約当事者のそれまでの書面または口頭の約束事、合意事項または了解事項に取って代わるものである。
>
> （拙著実務マニュアル P.463－P.464［21.1］から）
>
> 　本契約は改訂、変更または修正されても、本契約当事者はそれによって一

[第Ⅱ部] 第13章 完全な合意（Entire Agreement）

> 向に拘束されないものとする。ただし、両者の明白な書面による同意があり、本契約当事者各々の正当に授権された役員または代表者が契約日以降の日付でそれに署名した場合は、この限りにない。
>
> （拙著実務マニュアル P.464 ［21.2］から）

(3) ＜事例16＞のポイント
1) 本事例は、完全な合意の典型的な書き方の1つである。
2) 「本契約」が契約の主題に関して当事者間に存在する唯1つの完全な合意で、これ以外に合意はないとしている。換言すれば、「本契約」締結時までに取り交わした書面または口頭の約束、合意または了解もすべて本契約に集約されていなければならない。
3) 契約書の署名は、当然、契約書に署名ができる権限を正当に授権された者しかできない。
4) 契約の改訂、変更または修正は、正当に署名権限を与えられた者によって署名された文書で確認されたものしか有効ではない。

(4) ＜事例16＞の英語表現
1) "constitute(s)"
「構成する」の意。
2) "subject matter"
「主題」「テーマ」の意。本契約の主題は、許諾技術の取引である。
3) "supersede(s)"
「に取って代わる」「の後任となる」の意。ここでは "replace" と置き換えることができる。
4) "express consent"
「明白な同意」の意。"express" の反対語は、"implied" である。
5) "subsequent"
第Ⅱ部第5章2(4)5)参照。
6) "execute(d)"
「署名された」の意。通常「実行する」の意だが、契約書では「署名する」「捺印する」「交付する」または「（契約書などを）作成する」などの意である。

第14章　紛争処理

　本条項では、契約当事者間の紛争の処理方法について合意する。外国企業とのライセンス契約に起因して発生するトラブル処理は、当事者間の話し合いで解決がつかない場合、裁判または仲裁機関に付託することになる。

　国際的な契約に関する紛争を裁判によって解決することを志向する場合、まず、管轄裁判所について予め契約で合意しておくのが望ましい。なぜなら、当事者間で合意がなくても提訴はできるが、裁判管轄権がない裁判所に提訴しても、訴えは却下されるからである。さらに、裁判の場合、「国際裁判管轄権」「外国判決の承認・執行」および「国際的訴訟の競合」などの問題にも（⇨これらの問題については、知財契約の法律相談Q84（裁判による紛争処理）P.756に詳しい）十分留意のうえ、本条項の起草をする必要がある。また、裁判所以外の仲裁機関では、特許権の有効性に関わる紛争などについては最終的な判断ができないなどその紛争解決能力に限界があるので、企業によっては、ライセンシング・ポリシーとして、仲裁機関などではなく裁判所の判断を求めることにしているところもあるようだ。

　一方、ライセンス契約に係る紛争には、多くの秘密情報がかかわることから、一般に公開されることを原則とする裁判よりも、秘密保持のより確実な仲裁等の裁判以外の解決手段を利用することが多いのも事実である。仲裁によって、紛争を解決する場合、仲裁に付託する旨の合意が必ず必要であるので、予め契約にて紛争は仲裁に付託する旨合意しておくのが一般である。

　また、前述のとおり、仲裁機関には最終判断のできない性質の問題もある。そこで、仲裁になじむ紛争の種類と仲裁になじまない紛争の種類について、社団法人日本機械工業連合会・財団法人知的財産研究所が平成3年5月に発行した「知的財産権からみた仲裁制度に関する調査報告書」（⇨平成2年12月～平成3年3月にかけて、国内企業270社＜回答205社＞および外国の知的財産分野の弁護士個人22人を対照に、仲裁に関し行ったアンケート調査の報告書P.131)を参照し、表14－1にまとめた。

〔表14－1〕

仲裁になじむ紛争	仲裁になじまない紛争
(1) 高い秘密性が要求される対象を含む紛争	(1) 特許権の有効性に関わる紛争
(2) 紛争事実を公にしたくない紛争	(2) 国の政策に関わる紛争
(3) どちらかと言えば、技術的性格の濃い紛争	(3) 法律そのものにかかわる紛争
(4) 上訴せずに1回の判断で迅速に処理したい紛争	(4) 環境問題にかかわる紛争
	(5) その他公益的視点からの判断が求められる紛争

　表14－1に集約した問題点を踏まえ、仲裁に付託する場合、仲裁に付託すべき紛争の種類を特定するのが望ましいといわれている。また、仲裁機関、仲裁場所、仲裁言語、仲裁人の数、仲裁準拠法などについては、予め契約にて合意しておくのが一般的であり、また実務的でもある。それは裁判制度を利用する場合に、管轄裁判所について予め契約で合意しておくのと同じ理屈である。

　なお、仲裁機関について、知的財産ビジネスに関する紛争処理を専門的に扱う仲裁機関を選ぶか、またはこれまで長い歴史と豊富な実績を誇る国際商事取引に関する紛争処理を取り扱う仲裁機関を選ぶか、2つの選択枝がある。それぞれ一長一短があるので、事案の性質等諸般の事情を勘案して決めるのが望ましい。仲裁機関を選択するに際には、その仲裁規則を熟読し、準拠法規定が契約にない場合の取扱い（⇨準拠法規定のある仲裁機関としては、たとえばWIPO＜World Intellectual Property Organization:世界知的所有権機関＞、ICC＜International Chamber of Commerce:国際商工会議所＞などがある。一方、準拠法規定のいない仲裁機関としては、たとえばAAA＜the American Arbitration Association:アメリカ仲裁協会＞などがある）や、仲裁人や仲裁場所の決定、言語その他についても研究しておく必要がある。

　総括として、裁判と仲裁の相違点について、一般的に指摘されていること

を表14－2に整理した。

〔表14－2〕

項　目	裁　判	仲　裁
1．合　意	・公的な紛争処理で、強行性があり、合意は不要。	・私的な紛争処理で、事前の合意が不可欠。
2．再　審	・三審制（第一審⇨控訴審⇨上告審）	・一審制
3．紛争対象	・いかなる紛争も訴訟の対象になり得る。	・仲裁で解決できない紛争がある（⇨表14－1参照）。
4．裁定者	・当事者は、裁判官を選べない。	・当事者は、仲裁人を選べる。
5．中立性	・裁判官は、その裁判所が所在する国の国民に限定される。	・合意によってどこの国籍の人でも仲裁人に選べる。
6．専門性	・裁判官は、必ずしも、個々の事案の専門家ではない。	・仲裁人は、一般的に、個々の事案の専門家として選任される。
7．公開制度	(1) 公開制度を採る国が多い（⇨日本の場合、憲82条に基づく）。 (2) 秘密情報の漏洩リスクが完全に払拭されたわけではない。 (3) 判例の公開によって、判決の予測を可能にし、戦略もたてやすい。	(1) 非公開制度 (2) 秘密情報の秘密保持が容易。 (3) 判例が非公開で、裁定の予測困難、戦略が立てにくい。
8．準拠法	(1) 当該裁判所の所在する国の国際私法による。 (2) 合意された準拠法が適用されるとは限らない。	(1) 合意された準拠法が適用。 (2) 合意がない場合、仲裁機関の仲裁規則による。
9．言　語	・裁判所が所在する国の公用語	・当事者間の合意で自由選択
10．場　所	・一般的に、当事者の一方の国において行われる。	・当事者間の合意により、第三国を選択することもできる。
11．執行性	・一般的に、自国の判決を外国において執行することは困難が伴うといわれている（⇨日米間には「日本国とアメリカ合衆国との間の友好通商航海	・一般的に、裁判に比べて仲裁の方が執行しやすいといわれている。特に、ニューヨーク条約などの国際的な条約加盟国同士の場合（⇨ニューヨー

		条約」＜昭和28年10月28日条約第27号／効力発生　昭和28年10月30日＞があり、出訴権および商事仲裁について、相互に承認している＜同条約4条＞）。	ク条約とは、「外国仲裁判断の承認及び執行に関する条約」＜昭和36年7月14日　条約第10号／効力発生　昭和36年9月18日＞の通称。本条約は16条から成る。この条約締約国メンバー（1999年12月14日現在、122ヶ国）の詳細については、WIPOホームページを参照。）。
12.	処理時間	(1) 再審は紛争処理時間を長引かせる。 (2) 集中審理ではなく、時間がかかる（⇨全国地裁の知財訴訟第一審の審理期間は平均で15.6カ月＜最高裁判所事務局行政局参事官中吉徹郎著「知的財産訴訟の現状と平成16年4月からの新しい制度」参照＞）。	(1) 再審はなく、紛争処理は比較的短い。 (2) 集中審理で、紛争処理は比較的短い。
13.	経済性	・長い処理時間に比例して、費用も高い。	(1) 短い処理時間に比して、費用も安い（⇨取り扱う問題によっては、短時間で処理することが難しい場合もある）。 (2) 処理時間が長引けば、費用もそれだけ高くつく。

1　WIPO仲裁による紛争解決＜事例17＞

(1)　＜事例17＞の紹介

> Any disputes, (a)controversy or claim (b)arising under, out of or relating to this Agreement and any subsequent amendments of this Agreement, including without limitation its (c)formation, validity, (d)binding effect, interpretation, performance, breach or termination, as well as non-contractual claims, shall be referred to and finally determined by arbitration in accordance with the WIPO Arbitration Rules. The (e)arbitral tribunal shall consist of three (3) arbitrators. The place of arbitration shall be Tokyo, Japan. The language to be

used in the (f)arbitral proceedings shall be English. The dispute, controversy or claim shall be decided in accordance with the laws of Japan.

(拙著実務マニュアル P.473から)

(2) ＜事例17＞の訳文

契約の成立、有効性、拘束効果、解釈、履行、違反または終了など本契約および本契約のその後の修正に基づく、またはそれから派生した、またはそれに関連した紛争、議論または請求並びに契約とは無関係な請求は、WIPO の仲裁規則に従って最終的に仲裁に付託され、決定されるものとする。仲裁裁判は3人の仲裁人から構成されるものとする。仲裁場所は日本国東京とする。仲裁手続において使用される言語は英語とする。紛争、議論または請求は日本国の法律に従って決定されるものとする。

(拙著実務マニュアル P.473 － P.474 から)

(3) ＜事例17＞のポイント

1) 仲裁に付託すべき紛争

仲裁に付託するのは、「契約の成立、有効性、拘束効果、解釈、履行、違反または終了など本契約および本契約締結後の修正に関連した紛争、議論または請求」並びに「契約とは無関係な請求」であるとして、仲裁に付託すべき問題の種類と範囲を明確に規定している。「契約とは無関係な請求」とは、たとえば PL に絡んで第三者からライセンサーが損害賠償の請求を受けた場合などが考えられる。

2) 仲裁機関

この事例では WIPO に付託することで合意している。

3) 仲裁規則・手続

仲裁機関として WIPO としているので、当然、WIPO の仲裁規則に従う。

4) 仲裁付託合意

「最終的に仲裁に付託する」ことを明確に規定している。

5) 仲裁裁判所の構成員の数

「仲裁裁判は3人の仲裁人から構成される」ことで合意している。なお、

[第Ⅱ部] 第14章 紛争処理

　WIPO の仲裁規則では、「仲裁裁判所は当事者が合意した仲裁人の数で構成される」(14条(a)) としたうえで、「仲裁人の数について当事者間で合意がない場合、仲裁裁判所は 1 人の仲裁人で構成される。ただし、仲裁センターが事案のあらゆる状況に鑑みて仲裁裁判所は 3 人で構成するのが適当と独自に判断する場合は、この限りにない」(14条(b)) としている。
　6) 仲裁地
　　本事例では、仲裁地について日本国東京で合意している。
　7) 仲裁で使用される言語
　　本事例では、仲裁地は東京であるが、仲裁手続で使用される言語は日本語ではなく、英語としたところにライセンシーに対する配慮がある。
　8) 準拠法
　　「紛争、議論または請求は日本国の法律に従って決定される。」としているので、この事例では、仲裁の準拠法は日本法である。

(4) ＜事例17＞の英語表現
　1) "controversy"
　　「論争・議論」の意。controversies と複数形でも使われる。
　2) "arising under, out of or relating to ……"
　　「"relating to" または "in connection with" の文言が使用されている場合と、単に "arising out of" だけの場合とは、仲裁の対象となる範囲が異なる……」(岩崎英文契約 P.206) といわれている。たとえば、国際契約の有効性そのものが争われるとき、"arising out of" だけの場合は、契約そのものの有効性は仲裁の対象にならないと解されるので、その契約の有効性を訴訟で争った後に、その契約が有効となった暁にあらためて、その他の紛争を仲裁にかけることになる。他方、"relating to" または "in connection with" だけの場合は、契約の有効性についても仲裁の対象になるので、訴訟で決着をしようと思ってもできないとされる。
　3) "formation"
　　「契約の成立」の意である。
　4) "binding effect"
　　「(契約上の) 拘束力」の意である。

5) "arbitral tribunal"
「仲裁裁判所」「仲裁廷」の意である。
6) "arbitral proceedings"
「仲裁手続」の意である。

[第Ⅱ部] 第15章 準拠法（Governing Law）

第15章　準拠法（Governing Law）

　契約書は、契約当事者がお互いに相手方当事者に対して、自己の権利と義務の履行について約束したことを確認する文書である。その約束した権利や義務が適切に履行されなかった場合や契約書の文言解釈について意見の相違が生じた場合、第三者の客観的な判断を仰ぐことになる。その際の判断基準として、契約準拠法は重要である。契約準拠法が異なれば、契約の解釈も異なる。契約準拠法条項は、契約書の中で最も短くまた最も重要な条項であるといえる。かように重要な契約準拠法の選択について、当事者同士の関係が悪くなった状況下では、冷静で合理的な話し合いは期待できない。当事者同士の関係が良好な契約締結時点において、契約準拠法の選択について友好協議を行い、合意しておくのが最も望ましく、合理的であり、それがまた一般的でもある。

　契約の準拠法については、日本を始め多くの国（⇨たとえば、イギリス、フランス、ドイツ、イタリア、アメリカの一部の州など＜知財契約の法律相談Q83（準拠法）、P.751参照。＞）では、当事者の意思を尊重する当事者自治の原則に則り、当事者が選択した法律の適用が認められている。通則法7条は、当事者自治の原則に則り、当事者による準拠法の選択に関し、次のように定めている。

　「法律行為の成立及び効力は、当事者が当該法律行為の当時に選択した地の法による」。

　一方、当事者の意思とは無関係に客観的に、たとえば、契約締結地の法などを一律に適用する考え方がある。こうした客観主義または非意思主義を採用する国（⇨ブラジル、アルゼンチン、アメリカの一部の州など）もあるが、少数といわれている（⇨知財契約の法律相談Q83（準拠法）、P.751参照）。

　契約準拠法の選択も契約条件の1つであるから、お互いの交渉によって決められるものである。契約条件の交渉過程においてお互いに自国の法律の適用を主張した結果、交渉がデッドロックに乗り上げることもあり得る。そのような場合に、交渉決裂を回避し、契約をまとめることを優先的に考え、契約準拠法については敢えて規定を設けない、第三国の法律を準拠法として選

択することでまとめる、あるいは折衷案的に、被告地の法律を準拠法として選択するということも、現実問題としてはあり得る。これらの対応は、それぞれ一長一短がある。

まず、準拠法の選択について当事者の意思が契約上明示されていない場合はどうなるか。「当事者の意思を推定して準拠法を決定することが基本」（⇨知財契約の法律相談Q83（準拠法）、P.753.「(2) 客観主義の採用」の項2行目）といわれている。その場合、当事者の意思を推定するための契約事情が重要な判断材料になる。たとえば、契約内容として特許実施が行われている国がどこか、契約書の言語は何語か、あるいは契約締結地がどこかなどが考慮されることがある（⇨知財契約の法律相談Q83（準拠法）、P.752「(1) 当事者黙示の意思の探求」参照）。

他方、当事者の意思とは無関係に、客観的な契約事情を斟酌して準拠法を決めることもある。通則法8条1項は、次のように規定している。

「前条の規定による選択がないときは、法律行為の成立及び効力は、当該法律行為の当時において当該法律行為に最も密接な関係がある地の法による」。

「前条の規定による選択」とは、契約当事者による準拠法の選択のことを指す。「当該法律行為に最も密接な関係がある地」とは、一般的には法律行為が行われた地と解されるので、契約締結地ということになる。しかし、特許・ノウハウライセンス契約の場合、特許やノウハウが生じている国と解することもできるし、あるいはライセンサーやライセンシーの国と解することもできる。訴訟であれば裁判官が紛争事案の種類、性質、紛争の経緯、その他諸般の事情を考慮して、準拠すべき法律を決めることになる。ただし、仲裁の場合は、そうした判断をする場合もあり、しない場合もあり、またできない場合もあり得る。

ライセンシー側に配慮すべき特別の事情がない限り、一般的には、ライセンサーの本拠地の法を準拠法とすることが多い。その理由は、ライセンサーがライセンシーに対して許諾技術を実施許諾してはじめて、ライセンシーは許諾技術を使用して許諾製品を製造、販売することができる。つまり、ライセンス契約の究極の目的であるライセンサーからライセンシーへの技術移転は、ライセンサーが所在する国においてライセンサーが一方的に行うもので

253

ある。こうした事実関係を踏まえれば、ライセンス契約に最も密接に関連する地は、ライセンサーの所在する国である。また、法律行為において特徴的な給付を当事者の一方のみが行うときは、その給付を行う当事者の所在する地の法が最も密接に関連する地の法である（通則法8条2項）という特徴的給付の理論においても、ライセンサーの所在する国の法を準拠法とすることは合理的であるという考え方である。

次に、契約当事者双方の妥協策として、第三国の法律を準拠法として選択した場合、契約当事者は、当初想定していた契約準拠法と当該第三国の法律と相違すると思われる重要事項については、あらためて契約条件として契約書に盛り込むなどの慎重な実務対応が必要である。

最後に、被告地主義についてであるが、これは一方の当事者が他方当事者を訴える場合、被告が所在する国において訴えを起こさなければならないとする約束である。被告が所在する国において訴訟を行うということは、被告の所在する国の民事訴訟法に従い、被告の所在する国の証拠法に従って訴訟手続を行わねばならないことを意味するので、契約当事者としてはお互いに簡単には訴訟を提起できないという精神的抑止力が働き、できるだけ話し合いによって問題を解決しようとする努力が双方に生まれるという効果がある。しかし、それでは、本当に解決しなければならない問題が生じたときに、公正な解決の手段が実質的に排除されるおそれがあるという根本的な問題が残る。被告地主義を採用する場合は、自分が原告の立場に立つ可能性が高いのか、それとも被告の立場に立つ可能性が高いのか、またその他契約相手方当事者との個別の事情なども十分に考慮して、慎重に判断しなければならない。

なお、特許、商標など知的財産権に関しては、その権利が付与され、保護されている国の法律が適用される。これは、知的財産権制度を有する国々で共通した理解である。

契約書の起草実務の観点からいえば、たとえば日本の法律の考え方に基づき起草した契約書を英米法の法体系を有する国の法律に基づいて解釈されるようなことが起ると、起草者が意図した契約リスクの分担や回避が十分に担保されないばかりか、より大きなリスクを抱えこむおそれがある。要は、契約準拠法としてどこの国の法律（⇨米国の場合は、どの州法）を選択するかで、

契約書の書き方も変わる。

　ノウハウの保護のあり方などについて子細に検討すれば、日本の保護法よりもアメリカの州法のほうが手厚い保護が得られる場合もあり得る。それは保護対象となるノウハウの性質や使われ方などにもよると思われるので、具体的案件においては個別に検討し、具体的に対応する必要がある。

　紛争処理を裁判で行うことを志向する場合は、裁判の行われる地の法律が当事者間で合意した法に優先して適用される事実に鑑み、準拠法の問題は裁判地の確保とあわせて検討する必要がある。

　結論としていえることは、ライセンサーが契約準拠法として自国の法律を主張することには、特徴的給付の理論に基づくもので、一定の合理性があると考えられる。また、契約準拠法を選択しないまた折衷案には、それぞれより多くのリスクが伴うことを覚悟する必要がある。さらに、国によっては、客観主義を制度として有する国もあるので、その場合はそれに対応した契約準拠法条項の起草を考えなければならない。

1　問題のある事例＜事例18＞

(1)　＜事例18＞の紹介

> This Agreement (a)is governed by (b)Japanese law.

(2)　＜事例18＞の訳文

> 本契約は、日本法に準拠する。

(3)　＜事例18＞のポイント

　本事例の規定の仕方では、「この条項は、契約成立にだけ適用する意思で、契約の履行については適用する意思がないものと認定される場合がある」といわれている（岩崎英文契約 P.212、4）①）。その場合、契約の履行に関しては、裁判所等が独自に判断することになる。

(4)　＜事例18＞の英語表現

[第Ⅱ部] 第15章 準拠法（Governing Law）

    1) "is governed"
       「支配される」「管理される」の意。
    2) "Japanese law"
       第Ⅱ部第1章1(4)2)参照。

2　簡潔な表現の事例＜事例19＞

(1)　＜事例19＞の紹介

> This Agreement shall be governed by and (a)<u>construed</u> in accordance with (b)<u>the laws of Japan</u>.
>
> （拙著実務マニュアル P.503から）

(2)　＜事例19＞の訳文

> 本契約は、日本の法律に準拠し、解釈されるものとする。
>
> （拙著実務マニュアル P.503から）

(3)　＜事例19＞のポイント

　契約が、日本の法律によって支配され、日本の法律に従って解釈されるということは、契約の成立や履行も日本の法律が適用されるという意味である。

(4)　＜事例19＞の英語表現

    1) "construe"
       "construe"は「解釈する」の意。その名詞は"construction"である。"construction"は「建設」「構造」の意と「解釈」の意がある。「建設」「構造」の意で使われた場合の動詞は、"construct"であるが、「解釈する」の意で使われた場合、その動詞は"construe"である。
    2) "the laws of Japan"
       第Ⅱ部第1章1(4)2)参照。

3　丁寧な表現の事例＜事例20＞

(1)　＜事例20＞の紹介

> The formation, validity, construction and performance of this Agreement are governed by the laws of Japan.

(2) ＜事例20＞の訳文

> 本契約の成立、有効性、解釈および履行は、日本法に準拠する。

(3) ＜事例20＞のポイント

　本事例は、契約の成立、有効性、解釈および履行について日本法の支配を受ける旨具体的に明記されているので、わかりやすい。

(4) ＜事例20＞の英語表現

　特記すべきことはない。

●参考文献●

凡例に明記した文献を除き、本文中に参照した文献およびその他英文ライセンス契約実務上推薦したい図書を列挙する。

1 ライセンス関係

(1) LESI Guide to Licensing Best Practices――Strategic Issues and Contemporary Issues (John Wiley & Sons, Inc., 2002)

(2) Licensing Best Practices ――Strategic, Territorial, and Technology Issues (John Wiley & Sons, Inc., September 2005)

(3) CEEM Royalty Rate and Deal Terms Survey, September 2010 by Licensing Executives Society (U.S.A. and Canada), Inc.

(4) 石田正泰著『知的財産契約実務ガイドブック』(㈳発明協会、平成20年9月27日)

(5) 石田正泰著『技術経営におけるオープンイノベーション論―戦略的知的財産契約により実効性確保』(㈳発明協会、2010年8月31日)

(6) 財団法人知的財産研究所編『知的財産ライセンス契約の保護』(雄松堂出版、2004年11月19日)

(7) 野口良光著＝石田正康補訂『実施契約の基礎知識―理論と作成―』(発明協会、2002年11月)

(8) 発明協会研究所編『実施料率〔第4版〕』(発明協会、1993年8月25日)

(9) 城山康文著『特許クロスライセンス契約』(中山信弘先生還暦『知的財産法の理論と現代的課題』弘文堂、2005年)

(10) 弁理士龍神嘉彦著『論説　米国ライセンシーの倒産に備えた契約交渉術―特許が競合会社に転売されないように』(日本知的財産協会会誌『知財管理』53巻10号、2003年)

2 知的財産法関連

(1) 中山信弘著『工業所有権法　上』(弘文堂、1993年12月15日)

(2) 中山信弘著『特許法』(弘文堂、2010年8月31日)

(3) 金井高志著『民法でみる知的財産法』(日本評論社、2008年4月30日)

(4) 辻本一義＝吉田哲＝平井昭光＝神田安積＝有阪正昭＝水野みな子＝大

木健一編著『特許・知的財産 Q&A500』(経済産業調査会、2001年2月15日)
(5) 川口博也著『基礎アメリカ特許法』(発明協会、2000年1月31日)
(6) ヘンリー幸田著『米国特許法逐条解説＜第4版＞』(発明協会、2001年7月18日)
(7) 尾島明著『逐条解説 TRIPS協定〜WTO知的財産権協定のコンメンタール〜』(日本機械輸出組合、1999年3月)
(8) Y.S.CHANG合同特許法律事務所『韓国知的財産権法令集2009』(Y.S.CHANG合同特許法律事務所、2009年6月10日)
(9) Y.S.CHANG合同特許法律事務所『韓国知的財産権法令集 施行令・施行規則編 2009』(Y.S.CHANG合同特許法律事務所、2009年8月20日)
(10) JETRO『(国別)摸倣対策マニュアル』(JETROホームページから入手可能)
(11) 斉藤達也編著『外国特許制度 アジア編』(発明協会、2009年11月30日)

3 商事法、倒産法、競争法、その他法律関係その他

(1) Selected Commercial Statutes For Secured Transactions Courses 2010 Edition including Uniform CommercialCode (with) Official Text with Comments (by) Carol L. Chomsky, Christina L. Kunz, Linda J. Rusch, Elizabeth R. Schiltz, WEST
(2) 尾崎哲夫著『UCC(アメリカ統一商事法典)の基礎知識』(自由国民社、2005年10月29日)
(3) S.J.D. 法学博士福田守利著『アメリカ統一商法典 第2編「売買」』(アメリカビジネス法辞典付録A、㈱商事法務、2011年1月21日)
(4) 福岡真之介著『アメリカ連邦倒産法概説』(㈱商事法務、2008年4月15日)
(5) 渡邉光誠著『最新 アメリカ倒産法の実務』(㈳商事法務研究会、1997年8月7日)
(6) バンバール・アンド・ベリス法律事務所編『EC競争法』(㈱商事法務、2007年10月30日)
(7) 村上政博著『独占禁止法』(弘文堂、1996年3月15日)
(8) 小出邦夫著『逐条解説 法の適用に関する通則法』(㈱商事法務、2010年6月2日)

4 法律英語・技術英語関係

参考文献

(1) 長谷川俊明著『新　法律英語のカギ―契約・文書』（Lexis Nexis 雄松堂出版、2006年6月8日）

(2) 平野進編著『技術英文のすべて　第7版』（丸善株式会社、1991年4月）

5　辞典・辞書関係

(1) "Black's Law Dictionary, Eighth Edition" by Bryan A.Garner, Editor in Chief （2004, West, a Thomson Business）

(2) 柴田光蔵著『法律ラテン語辞典』（日本評論社、2004年2月15日）

(3) マイケル・スワン著、金子稔＝廣瀬和清＝山田泰司訳『オックスフォード実例現代英語用法辞典』（桐原書店・オックスフォード大学出版局、1985年7月10日）

(4) S.J.D. 法学博士守田守利著『アメリカビジネス法辞典』（㈱商事法務、2011年1月21日初版）

6　その他

(1) 知的財産戦略本部「知的財産推進計画2008」（2008年6月18日）

●事項索引（英文）●

− A −

AAA 246
ABA 22
above 51
above-mentioned 51, 95
abuse one's rights 158
according to 123
accrue 150
acquire the right 158
act with discretion 210
action 53
action at law 54
actual damage 240
advance payment 145
adversely affected 224
adversely affected party 224
advise of 130
aforementioned 51, 95
aforesaid 51, 95
agree 131
agree (as to) ＋ how to do something 132
agree about ＋「ものごと」(名詞) 132
agree on ＋「ものごと」(名詞・動名詞) 131
agree to ＋「ものごと」(名詞・動名詞) 131
agree with ＋「人」または「ものごと」(名詞) 131
agree ＋ that-clause 131
agree ＋ to 不定詞 131

agreement 80
ALI 22
alien 54
American Bar Association 22
American Law Institute 22
and 127
and/or 93, 127
Anglo-American law 12
any 92
appearance 54
appendix 10
application data 105
application for patents 184
apply for patents 184
arbitral proceedings 251
arbitral tribunal 251
arising out of 250
as for 129
as may be owned or controlled by 106
as promptly as practicable 186
as the case may be 191
assign 55
assignment for the benefit of creditors 224
assume (undertake) an obligation 159
at all events 136
at discretion 209
at law 54, 174
at one's discretion 209
at the request of 126
authorities 165
authority 165

261

事項索引（英文）

authorization 165
avoid 55
avoidable consequences test 235

― B ―

bar 55
be authorized by 165
be authorized to do 165
be entitled to …… 51
be limited to 87
be ＋ agreed 133
bear 135
become adjudicated bankrupt 223
before-mentioned 95
benefit of the bargain 235
best efforts 229
bills of materials 105
binding effect 250
board and lodging 138
boarding house 138
breach of contract 220
breach of covenant 220
breach of duty 220
breach of promise 220
breach of trust 221
breach of warranty 221, 233
by law 205
by means of 101
by virtue of 56

― C ―

cancel an obligation 159
case law 12
cause it to be done 101

cause of action 54
certainty test 235
challenge 212
change 180
change in ownership of …… 227
change in the controlling interest of …… 227
charge 55
civil law 12
claim a right to the use of 158
close 151
commercial practice 194
commit 220
commit a gross negligence 221
commit a material breach 220
compilation 31
comprehensive income 239
condition precedent 219
confidentiality undertaking 173
consequential damages 233
consideration 79
constituent elements 168
constitute(s) 244
construction 256
construe 256
continental law 12
contingency 160
contract 80
controversy 250
cost 182
costs 182
Court of Chancery 18
cover 233
criminal pleading 94

事項索引（英文）

cure　221
curis regis　18
customarily　205

― D ―

damages　55
deed　55
discretion　209
descriptions　105
device　31
directly or indirectly　165
discharge an obligation　159
disclose (information) to (a person)　164
divulge (information) to (a person)　164
down payment　145
due to　196

― E ―

earnings　239
efforts に係る形容詞　230
elect to do ……　184
entire agreement　71
equitable interest　54
equitable relief　174
equitable remedy　54
essential reliance　236
estopple by representation　198
evade an obligation　159
exception　55
exclusive license　205
exclusive of　232
excuse　234

execute(d)　244
exercise (use) one's rights　158
expectancy　235
expectation damages　26
expectation interest　26, 235
expenses　182
express consent　244

― F ―

fall within the exceptions　167
feed-back　181
find (finding)　55
fit for any particular purpose or use　193
for any purpose other than ……　169
for the purpose of　130
force majeure　216
foregoing　52
foreseeability rule　235
formation　250
formula　31
fraudulent assignment　224
free from defects　193
free of charge　186
frustration　19, 24, 214, 215, 216
frustration of the common venture　19
FTC　39
fulfilling its obligations　229
fundamental breach of a contract　219
furnish　186

― G ―

GATT　32, 33
general assignment　224

263

general dameges 235
general provisions 6
give somebody the right to do 158
grant a right 158
grant-back 177
gross invoice price 99
gross negligence 219
gross profit 239
guarantee 191

― H ―

have access to …… 165
hand 55
hardship 17
have the right to do …… 157
have the right to vote (of voting) 158
hear (hearing) 55
henceforth 95
hereafter 51, 90
hereby 89
herein 51, 89
hereinafter 52, 90, 95
hereinafter referred to as 77
hereinbefore 52, 90, 95
hereinbelow 91
hereof 91, 205
hereto 52, 89
heretofore 52, 90
hereunder 90, 99
hereunto 95
hold 55
hold in confidentiality (information) 164
hold-harmless clause 195

― I ―

ICC 246
ignore an obligation 159
impossibility 19, 25
impracticability 19, 25
in any case 136
in any event 136
in case 101
in case of 130
in connection with 250
in consideration of 79, 83
in either event 136
in equity 54, 174
in lieu of 101
in no event 136
in no manner 159
in no way 159
in that event 136
in the case of 130
in the event that 101, 187
in the interest of 101
in the name of 184
in the natural (or "normal", or "usual") course of events 136
in the public domain 165
in the possession of 122
in whole or in part 164
in (the) event 136
incidental reliance 236
including but not limited to …… 168
including without limitation 105, 168
income 239
indemnification 6
indictment 94

事項索引（英文）

information 94
infringe 199
initial payment 145
injury 173, 174, 233
insolvency 223
insolvent 223
installments 145
intending to be legally bound 79
intentional torts 240
invalidate 212
invalidation 212
irreparable damages 17
irreparable injury 173
is authorized 101
is binding upon 101
is empowered 101

— J —

Japanese law 77, 256
judgment 94
jurisdiction 22
just 134

— K —

Kings Bench 17

— L —

laws of Japan 256
Law Reform (frustrated contract) Act 1943 20
lay (impose) an obligation on a person 159
legal 53
legal cause 240

legal interest 54
legal remedy 54
letters 55
letters patent 55
leveraged buyout 227
license 112
life 103
liquidation 223
literature 105
local 138
lodging 138
lodging for the night 138
lodging house 138
Lord Chancellor 18
loss of time 238
lost profit 233

— M —

made and entered into 76
making an integral part hereof 123
material breach 219
may 50
meal 139
means と shall mean 87
misrepresentation 198
moderate 134
modify 179
move (motion) 55
much traffic 139

— N —

National Conference of Commisioners of Uniform State Laws 22
neglect act 240

265

事項索引（英文）

negligence 239
negotiable instrument 95
net income 239
net profit 239
Net Selling Price 147
no later than 101
no waiver 6
non-transferable 111
not later than 122, 221
notice 6
notwithstanding 201
novelty 211

— O —

oblige 203
of course 55
on account of 180
on and after 101, 102
on and from 102
on condition (that) 134
on his own application 101
on or before 102
on the ground that ＋ 節 167
on the part of 102
one-way traffic 139
one-way traffic street 139
or 128
ordinary profit 239
otherwise 99

— P —

Paradine v. Jane 事件 18
parol evidence rule 241
part of the public domain 168

part of …… 167
partial assignment 224
party 166
patent applications 105
patentable or not 106
pattern 31
pay transportation to …… 139
pecuniary allowance 182
perform its obligations 229
permanent injunction 17
pleading 94
possess 78
preceding 53
prejudice 55
prejudicial to 232
premises 53, 95
presents 55
principal office 77
profits 239
promisee 26
promisor 20, 25
provided that 133
providing (that) 134
proximate cause 234
proximately resulting 233
purchase 55
pursuant to 102

— R —

reasonable 134
reasonable man 239
reasonable price 134
receive an injury to one's pride 174
receivership 223

事項索引（英文）

recitals　83
record　241
referred to as ……　53
regrouping　227
relating to　250
reliance interest　236
remain under written obligation to 〜 to do ……　171
remedies　6
remedy　174
replace　205
represent　198
respectively　191
Restatement of the Law　23
restitution interest　236
restructuring　227
result in ……　173
retained profit　239
revenue　182
right　113, 157, 203
room with board (meals)　139
rooming house　139

— S —

said　53, 95
same　95
seek a solution　203
serve (service)　55
service flat　138
set forth　129, 144
shall　49
show　100
sole license　205
sole right　205

soley responsible for ……　194
special assignment　224
special damages　235
specialty　55
specifications　103
standing　55
statute law　12
statute of frauds　241
subject　169
subject matter　244
subject to [the provisions of ……]　103, 111, 118, 122
subsequent to　148, 244
suit　53, 180
suit in equity　54
supersede(s)　244
survive　175

— T —

take the sole responsibility for ……　194
Taylor v. Caldwell 事件　19
the same　53
thenceforth　95
thereabout　96
thereafter　96
thereby　52, 96
therefor　95, 96
therein　96
thereinafter　96
thereinbefore　96
thereof　52
thereto　96
theretofore　96

267

事項索引（英文）

thereunto 95
thereupon 97
therewith 95
third party 166
through no fault of 166
to the best of its belief 198
to the best of one's ability 198
to the best of one's knowledge (judgement) 198
to the best of one's recollection (memory) 198
to the effect that 102
to the effect that …… 100
traffic 139
traffic accident 139
traffic law 139
traffic light(s) (signals) 139
traffic regulations 139
traffic sign 139
transport 139
transportation 139
transportation charges 139
TRIPS 30
TRIPS 協定 33, 34
trust property 224
trustee 224
trusteeship 224
try (trial) 56

― U ―

under confidentiality obligation 166
under the name of 184
under the provisions of 102
under-mentioned 95

undertake 149
undertaker 149
undertaking 149, 173
undisclosed information 33, 34
Uniform Trade Secrets Act 30
unreasonably 134
until such time as 102
upfront payment 145
usefulness 211
UTSA 30

― V ―

vagueness doctrine 71
validate 212
validation 212
validity 212
virtue 56

― W ―

warrant 191
warranty 220
whatever is so 136
whatsoever 95
whensoever 95
whereas 53
whereas-clause 3, 78
wherein 52
whereof 95
wheresoever 95
whether in writing or oral 104
whichever is so 136
wholly or partly 164
whosoever 95
will 50

268

WIPO　246
with reference to　102
with the prior written permission of　113
within the scope of　130
within-named　96
without the express written consent of　113
without the right to sublicense　111
without the written permission in advance of ……　169
without the prior permission in writing of ……　169
without ther prior written permission of ……　169
witnesseth　53, 77
World Trade Organization　32
written law　12
witten notice of ……　221
WTO　32

● 事項索引（和文） ●

－アルファベット－

EC 設立条約　43
M&A または J/V のツール　61, 64
win-win の関係　68

－あ行－

曖昧性の法理　71
曖昧な表現　49
アドバンスト・ペイメント　142
アプリケーション・データ　105
アメリカ法律家協会　22
アメリカ法律協会　22
……以外の目的で　169
異議　55
異議申立て　212
一括払い実施料　142
逸失利益　233
一身専属的な役務提供契約　20
一般原則　40
一般条項　9
イニシャル・ペイメント　141
違法性の判断基準　41
印刷物　105
訴えの利益　55
営業（経営）感覚　67
営業秘密　30, 161
英米法　12
エクイティ　17, 22
淵源　13
王座　17
応訴　54
覚えている限り　198

－か行－

海外生産拠点の確保　60
解決を求める　203
外国判決の承認・執行　245
開示する　164
開発投資の回収　59
回避可能な結果のテスト　235
確実性のテスト　235
瑕疵担保違反　233
過失ある行為　240
過失に因らない　166
稼得利益　239
管財人の管轄化　223
完全な合意　71
監督型　119
技術供与目的　59
技術情報の開示　120
技術的な相互補完　60, 63
技術導入の形態　65
技術導入の目的　62
期待していた利益　26
基本的信頼利益　236
基本的な契約違反　219
義務違反　220
義務を負わせる　159
義務を回避する　159
義務を相殺する　159
義務を果たす　159, 229
義務を引き受ける　159
義務を無視する　159
客観主義　252
救済　9

事項索引（和文）

協議事項　3
競業避止義務　152
競争制限効果　41
競争促進効能　41
競争品　155, 156, 157
共通の事業の目的不達成　19
許諾技術の価値評価　62
許諾形態　62
記録　241
金銭的な手当て　182
グラントバック　42, 177
グローバルな技術戦略、販売戦略　62, 65
経営資源および開発時間の節約　63
刑事訴答書面　94
契約違反　220
契約絶対の原則　18
契約の成立　250
契約目的不達　21
決して……ではない　159
厳格責任　24
権限を与えられている　165
現実の損害　240
原状回復利益　236
限定型　85
権利がある　157
権利消滅　14
権利侵害等のトラブル解消　61, 64
権利としての　55
権利の喪失　55
権利放棄　9
権利を与える　158
権利を獲得する　158
権利を行使する　158

権利を付与する　158
権利を濫用する　158
故意過失　240
考案　31
控除型　85
公正競争阻害性　37
構成要素　168
（契約上の）拘束力　250
公有に属する　165
合理の原則　41
効力　56
国王評議会　18
国際裁判管轄権　245
国際的訴訟の競合　245
個別制限条項　40
コモンロー　16
コモンローとエクイティ　15
根拠として……　168
困難　17

－さ行－

債権者のための財産譲渡　224
債権者を欺く目的で行う譲渡　224
財産の一部を譲渡すること　224
財産を全部譲渡すること　224
再販価格維持　42
裁判官と学者　14
裁判所の許可の要らない　55
材料表　105
詐欺防止法　241
産業財産権の瑕疵　207
時間の損失　238
事実を認定する　55
自社開発　62

271

事項索引（和文）

実行困難性　19, 21, 25
支配する利害関係に変更が生じること　227
支払不能　223
司法と立法府　14
市民法　12
収益　182
重大な過失　219
重大な契約違反　219
修復し難い損害　17
受託者　224
出廷　54
受約者　26
純利益　239
商慣行　194
助言型　119
署名　55
所有権に変更　227
知る（判断のつく）限り　198
新規性　211
信じている限り　198
信託違反　221
信託財産　224
信頼感　68
信頼利益　236
審理する（審理）　55
審理する（正式事実審理）　56
水平的制限　42
スライド式実施料　141
清算　223
正式起訴状　94
成熟した技術　177
制定法　12
セーフティ・ゾーン　41

世界貿易機関　32
説示　55
説明書　105
先行条件　219
全部または一部を問わず　164
訴因　54
送達する（送達）　55
相当な原因　234
訴答書面　94
損害賠償金　55

－た行－

対価の支払い　120
単独で責任を取る　194
代品入手　233
大法官　18
大法官府裁判所　18
大陸法　12
抱き合わせ契約　42
他社技術の活用　62
他社への実施許諾　59
担保違反　221
力の及ぶ限り　198
知的財産権　30
知的財産の自社活用　59
仲裁裁判所　251
仲裁廷　251
仲裁手続　251
仲裁になじまない紛争　246
仲裁になじむ紛争　246
直接、間接を問わず　165
直接話法　48
追加型　85
通常損害　235

事項索引（和文）

通常人　239
通知　9
定額実施料　142
停止条件　219
統一州法全国会議　22
当該法律行為に最も密接な関係がある地　253
当局　165
動議を出す（申立て；動議）　55
当事者自治の原則　252
当事者適格　55
導入技術依存　63
導入技術の価値評価　65
投票権がある　158
特徴的給付の理論　254
特定の債権者のためにのみ行う譲渡　224
特定物の滅失　20
特定目的や使用に適合　193
特別損害　235
特許出願　184
特許出願書類　105
特許証　55
特許を出願する　184
取引交渉から得られる利益　235
トレードシークレット　161

－な行－

捺印証書　55
捺印証書契約　55
……など　168
ノウハウ　32, 161

－は行－

陪審員制度　15
配列　31
破産宣告を受けた状態　223
派生的損害賠償金　233
バランス感覚　67
判決　94
判事・判決する　55
販売拠点の確保　60
判例　13
判例法　12
非意思主義　252
被害　233
非開示情報　33, 34
非公知性　30, 31, 32
被告地主義　254
批准する　212
秘密管理　30, 31, 32
秘密情報　30
秘密に保持する　164
秘密保持義務に基づく　166
表示による禁反言　198
表明する　198
フィードバック　181
不可抗力　229
不可抗力条項　229
不可抗力と金銭債務　229
服従させる　169
不公正な取引方法　37
不実表示　198
付随的条項　220
付随的信頼利益　236
付属書　10, 122, 241
不測の事態　160

273

事項索引（和文）

不利益　55
不利益を受けた　225
不利益を受けた本契約の当事者　224
不履行事由　215
文書　55
平易な英語　48
米国統一トレードシークレット法　30
併用型　85
弁護士　55
編集　31
法域　22
貿易と関税に関する一般協定　32
包括的利益　239
法源　13, 24
方式　31
法思考　14
法曹のあり方　14
法定原因　240
法的に無効にする　212
法的に有効にする　212
法典の編纂　13
法務感覚　67
法律観　13
ホールドハームレス条項　195
補償　8
本案的差止命令　17
本状　55
本文書　55

－ま行－

マキシマム・ロイヤルティ　142
短い文章　48
３つの市場概念　41
ミニマム・ロイヤルティ　142

無遺言相続または法規定によらずに不動産の所有権を取得すること　55
無効にする　55
免責　234
「物」と「情報」　29

－や行－

約因　3
約定違反　220
約束違反　220
約諾者　20, 25
有用性　30, 31, 32, 211
譲受人　55
予見可能性の原則　235

－ら行－

ライセンサーの評価基準　64
ライセンサーのライセンシング・ポリシー　58
ライセンシーの選択　61
ライセンシーのライセンシング・ポリシー　58
ライセンシング・ポリシー　57
ライセンス契約の英語　47
ランニング・ロイヤルティ　141
ランプサム・ペイメント　142
利益　239
履行不能　19, 20, 25
履行利益　235
利潤　239
リステイトメント　23
略式起訴状　94
流通証券　95
利用権を主張する　158

理論闘争　69
例外に当たる　167
歴史的連続性　15
列挙方　85
レバレッジド・バイアウト　227

連邦通商委員会　39
漏洩する　164
ローマ条約　43
論理的な一貫性　72

あとがき

　本書は入門書ではあるが、著者が28年にわたって英文特許・ノウハウライセンス契約に関わって学んだことを凝縮したものである。本書の根底を流れる著者の考え方を箇条書きにしてみた。読者のご参考に資するところがあれば幸いである。

- 契約は論理の世界である。契約書も契約交渉も論理的整合性の維持が重要である。
- 国際的なライセンス契約においては、国民性の違いを正しく認識して、お互いに尊敬の念を持って接する心掛けが大切である。
- 主張すべきは主張する。主張しないことは、相手の論理を受け入れたものと相手に解される。それが欧米の文化である。そうした文化の違いや価値観の違いを認識することが必要である。
- 契約書に書かれていないことは、有効な約束にならない。
- 国際契約においては、争いになれば、契約書が唯一の頼りである。契約書は誰が読んでも同じ理解になるように書かねばならない。
- 契約書の起草は積極的に引き受けるのが望ましい。契約書の起草は、契約の議論の土俵づくり。契約の議論の土俵づくりは、契約交渉そのもの。議論しやすい土俵は、自分でつくるべし。
- 英文契約書の精読は、契約英語の習得の一番の早道である。
- 英米法に基づく契約は、すべて判例を論拠にしている。判例研究は、英米法の理解に不可欠である。
- ライセンス契約も、所詮、当事者間の妥協の産物である。理論と実務の調整こそ契約実務の醍醐味である。
- 契約交渉の成功の秘訣は、相互利益の均衡の実現努力にある。
- ライセンス契約は、当事者間の固有な事情によって支えられている。
- どのように詳細に契約条件を定めても、契約当事者間に信頼関係の構築がなければ、契約のスムーズな履行は期待できない。

<著者略歴>

小 高 壽 一（おだか ひさいち）

- 1962年3月：立教大学経済学部卒業
- 1962年4月：石川島播磨重工業株式会社入社
- 1997年12月：定年退職（機械輸出部部員、ブエノスアイレス駐在員、機械輸出本部業務部課長、営業法務部課長を経て、技術本部特許契約部部長代理）
- 1998年4月～現在：日本ライセンス協会会員
- 1998年9月－2000年4月：㈳日本国際知的財産保護協会国際法制研究室研究員

（社外活動）
- 1994年4月－1997年3月：日本知的財産協会（JIPA）『フェアトレード委員会』委員長
- 1996年9月－1997年3月：財団法人知的財産研究所『不正競争防止法委員会』委員

（執筆活動他）
- 1988年2月：1988年1月公布・施行の『中華人民共和国技術導入契約管理条例施行細則』に関するコメントを、日本国際貿易促進協会会誌『国際貿易』に投稿
- 1991年9月：JPA会誌『特許管理』1991年9月号掲載『論説 企業における不正競争防止法（営業秘密）への対応のために』トレードシークレット委員会名にて執筆
- 1993年5月：JPA会誌『特許管理』1993年5月号掲載『論説 営業秘密に対する報奨制度に関する一考察』執筆
- 1995年1月：JIPA会誌『知財管理』1995年1月号掲載『特集論説 不正競争防止法の各国比較』共同執筆
- 1997年3月：㈶知的財産研究所発行『不正競争防止法に関する調査研究 報告書』（1997年3月）の『大企業における営業秘密管理』を担当・執筆

著者略歴

- 2001年4月：社団法人日本国際工業所有権保護協会月報第46巻第4号"A.I.P.P.I"掲載『特集・生物多様性条約』ホルヘ・カブレラ・メダグリーア著『遺伝資源へのアクセス、伝統的知識の保護及び知的所有権：コスタリカの経験から学んだ教訓』の和訳
- 2002年5月：『英文ライセンス契約実務マニュアル』（㈱民事法研究会）執筆・出版
- 2005年9月〜：特定非営利活動法人日本知的財産翻訳協会機関紙『知的財産翻訳ジャーナル』に『ライセンス契約英語の常識―事例に学ぶ』を連載執筆
- 2007年4月：山上和則＝藤川義人編『知財ライセンス契約の法律相談』（青林書院）―『Q72競業避止義務』担当執筆
- 2007年11月：『英文ライセンス契約実務マニュアル＜第2版＞』改訂執筆
- 2011年6月：山上和則＝藤川義人編『知財ライセンス契約の法律相談＜改訂版＞』（青林書院）―『Q75競業避止義務』担当執筆

（その他）

- 2006年8月：日本ライセンス協会月例研究会で『ライセンシング・ベストプラクティス』について講演
- 2006年11月：東京理科大学専門職大学院にて学外講師として『ライセンシング・ベストプラクティス』について講義
- 2008年11月：東京理科大学専門職大学院にて学外講師として『国際知的財産契約の留意点』について講義
- その他：講演、セミナー講師、知財関連文献の翻訳（西語和訳、英文和訳、和文英訳など）

これだけは知っておきたい
英文ライセンス契約実務の基礎知識

平成24年2月25日　第1刷発行

定価　本体 2,700円（税別）

著　者	小高　壽一
発　行	株式会社　民事法研究会
印　刷	株式会社　太平印刷社

発行所　株式会社　民事法研究会
〒150−0013　東京都渋谷区恵比寿3−7−16
〔営業〕☎03−5798−7257　FAX03−5798−7258
〔編集〕☎03−5798−7277　FAX03−5798−7278
http://www.minjiho.com/　　info@minjiho.com

カバーデザイン／鈴木弘　ISBN978-4-89628-753-0 C2032 ¥2700E
組版／民事法研究会（Windows7 64bit+EdicolorVer9+MotoyaFont+Acrobat9 etc.）
落丁・乱丁はおとりかえします。

▶類書にない具体性・実戦性・利便性を備えた最新の書！

英文ライセンス契約実務マニュアル〔第2版〕

誰も教えてくれない実践的ノウハウ

小高壽一 著

A5判・706頁・定価 5,985円（税込、本体5,700円）

本書の特色と狙い

▶英文ライセンス契約の各契約条項について、「基本的な考え方」「公取指針」「実務の考え方」というように、「理論」と「ルール」と「実務」の三方から体系的に検証！ 「基本的な考え方」では、日米の法律、規則、判例、学説等を比較対照的に検証！

▶「実務の考え方」では、ライセンサーとライセンシーのそれぞれの立場から考察、検討を行い、対策にも論及！

▶「ライセンシングポリシー」に関しては、「ライセンシングポリシーとは何か」から始まり、ライセンシングポリシー策定のためにどのようなことを検討すべきか項目を定め、その内容を具体的に論及！ しかも、そうした議論は、ライセンサーとライセンシーのそれぞれの立場に立って言及！

▶「契約交渉」に関しても、事前準備のやり方から交渉テーブルについたときの交渉姿勢まで、実務経験に照らして具体的に論及！ しかも、そうした議論は、ライセンサーとライセンシーのそれぞれの立場に立って言及！

本書の主要内容

第1部　総論

第2部　各論（ライセンス契約条項）
Ⅰ　前文／Ⅱ　用語の定義／Ⅲ　権利および実施許諾／Ⅳ　技術援助／Ⅴ　支払い／Ⅵ　帳簿、報告書および監査／Ⅶ　販売促進／Ⅷ　競合禁止／Ⅸ　秘密保持／Ⅹ　ライセンシーによる修正および改良／Ⅺ　製品表示／Ⅻ　保証および責任／XIII　ライセンサーの工業所有権／XIV　契約期間および契約終了／XV　契約終了の効果／XVI　不可抗力／XVII　通知／XVIII　法律遵守／XIX　契約譲渡／XX　権利不放棄／XXI　派生的損害／XXII　完全なる合意／XXIII　紛争処理／XXIV　準拠法／XXV　末尾文言・署名

第3部　資料編

発行　民事法研究会

〒150-0013 東京都渋谷区恵比寿 3-7-16
（営業）TEL.03-5798-7257　FAX.03-5798-7258
http://www.minjiho.com/　info@minjiho.com